小饭 著

作家们的私密分享

后台谈话

作家出版社

目录

序　　　　产生连接　　　　　　　　　　　　　　　　　　　　…001

麦　家　你可以想象一个严肃的人在家中　　　　　　　　　　…001

范小青　仍然被"命运"追得屁滚尿流　　　　　　　　　　　…008

鲁　敏　我一直对时间深信不疑，也深表怀疑　　　　　　　…027

韩　东　宁愿打人一拳也不要骂人一句　　　　　　　　　　…040

葛　亮　家国情怀见乎君子之道，也可见乎烟火日常　　　　…049

金仁顺　作家就是忍不住要说话的那些人　　　　　　　　　…059

田　耳　相对于无意义，我对有意义更为谨慎　　　　　　　…070

王祥夫　文学是精神上的大汗淋漓　　　　　　　　　　　　…083

罗伟章　作家行使着对时间的权利　　　　　　　　　　　　…092

蔡　骏　作家之间最好不要抱团　　　　　　　　　　　　　…110

路　内　更庞大的事物会修正人们对文学的认知　　　　　　…121

马　拉　这世界上的任何一条狗都有可能登上月球　　　　　…133

畀　愚　深入往往就是迷失的开始　　　　　　　　　　　　…148

那 多　　怪物终于出现了，你的恐惧也就过去了　　… 158

薛 舒　　不能让角色思考，而要让读者思考　　… 171

顾 湘　　令我感到痛苦的是浪费时间　　… 181

王威廉　　一切历史都是未来史　　… 192

赵志明　　连着几天不做梦，我心里就会有点不踏实　　… 201

林 棹　　穿过困境写作，或在写作中穿过困境　　… 213

大头马　　我有另一个身份——侦探　　… 225

邓安庆　　觉得这事儿好玩儿就成了　　… 234

三 三　　此刻我是一块巨大而柔软的海绵　　… 245

曹畅洲　　小说家写作，只是让堕落更缓慢一点　　… 257

哥舒意　　只有偏执狂才能获得最后的胜利　　… 274

王若虚　　放屁亦有学问　　… 287

魏思孝　　文学没有过时，也没有时髦过　　… 299

序 产生连接

二十世纪的某些年里，一个叫作肖全的摄影师为诸多作家留下了肖像作品，后来这些照片以《我们这一代》作为书名结集出版。这件事一直让我很羡慕。我既羡慕肖全先生，也羡慕被肖全先生用摄影设备记录下的那些作家。不曾想到有一天我会用访谈的形式做了一件差不多的事。这一次我不用羡慕别人了。

失去过连接才意识到连接的重要性。谈话即是连接。

出现在这本访谈录里的作家，大致分为四种，有名气的，厉害的，有潜能的，以及我熟悉的。很多作家兼具其中两个以上。大部分作家都是国内各大重要期刊的常客，文学奖项的熟脸，甚至小部分作家的名字还进过畅销书作者榜。

在绝大部分访谈中，我尽力让自己处于一个学习者的身份。其次才是交流者。成名的作者身上理应都有值得打探的秘密。我的任务就是打探秘密，学习技法。我希望在和这些作家的对话里能问出惊世骇俗的问题，对方回答同样胆大包天。但这不现实。

我认为大部分作家会对自己过去的一些作品或多或少地不满意，认为有提升的空间，包括与我发生的这个访谈。

　　去年给学生上写作课的时候，我经常提到两本书，一本是《昨日的世界》，一本是《人类群星闪耀时》。编这本访谈录也经常想到这两本书，或者说只是想到这两个书名。

　　最近经常想到一句歌词：沉默是金。

　　那么，访谈是银吧。

麦家：你可以想象一个严肃的人在家中

　　麦家，当代著名小说家，1964 年生于浙江富阳，毕业于解放军工程技术学院无线电系和解放军艺术学院文学创作系（今中国人民解放军国防大学军事文化学院）。作品有长篇小说《解密》《暗算》《风声》《风语》《刀尖》《人生海海》等，获第七届茅盾文学奖。

　　小饭：麦家老师似乎深居简出，不太热衷参与国内大大小小的文学活动。是不是刻意保持专注在自己的创作上？麦家老师自我评价，在自律和时间管理上能给自己打个分吗？

　　麦家：确实不爱抛头露面，但不是为创作。写作无须那么专注，经年累月，足不出户。我是不想见人，尤其怕见生人。我有点轻度社恐，不享受交际和热闹——如果这是病，我不准备治它。我的日常生活极简单，就是读读，写写，健健身，十几年下来，已经定型，不要管理，已经自行在运转。这可能也是得益于

1

简单，越简单越有惯性。

小饭：这种生活惯性或者说生活方式大约是在什么时候养成的？是在尝试各种生活方式之后主动做的权衡利弊，还是不加干预自然而然直接得到的结果？你做"理想谷"以及"麦家陪你读书"，应该有想连接年轻人／读者的意愿（在一个采访里你甚至说疫情期间理想谷没人来会"觉得痛苦"），这些对你来说是不是属于一种社交补偿？

麦家：是的，搞理想谷就是为了交朋友，尤其是年轻的朋友。因为有点社恐，不爱去陌生的环境晃悠，就自己搞一个空间，这里我是主人，像家，就放松多了。应该说，我从来都不合群，不爱交际，但搞理想谷是近十来年的事。因为这得有条件才能搞，以前没条件，只有当孤家寡人。不过现在也好不了多少，本性其实是不好改变的。而且，我现在越来越甘于孤独，做一个孤家寡人。

小饭：你在小说中会在意速度感吗？你最知名的"谍战"这一类小说的创作，和其他题材的创作对你来说在语言和叙述上有不同的节奏吗？

麦家：当然，文学叙事说到底是节奏（速度）问题，语言轻重，情节快慢，对话和叙述的比例，等等都是要考究的。我甚至在乎"版式轻重"，不许堆积大段文字，达到一定面积必须断开，让版面喘口气。我的"谍战"不过是外衣，不会去追求"谍战速度"。

小饭：在创作中，你会被"正义"诱惑吗？会让人物充分展现"邪恶"吗？在你的创作中，会考虑人物的道德感吗？

麦家：生活中已经有太多的邪恶和罪行，如果文学再不能主张正义，这生活真不值得过。生活泥沙俱下，文学就是要给生活提纯、炼丹，像推演数理公式一样，把人精神层面的某些公式挖掘出来——它不是道德，道德是没公式的。

小饭：遣词造句，精妙的比喻，知识性（尤其是专业知识，行业知识），这些在你的创作中承担多大的功能作用？对故事而言它们是不是仅仅作为"工具"而存在？

麦家：我不相信故事是独立于词句、比喻等"工具"之上的。我一直认为，搞创作（任何形式）就是竞技体育，你去看赛场上，任何比赛，输赢均在毫厘间。据说，博尔特（短跑飞人）赢在呼吸上。文章是靠一句句话呼吸的。

小饭：很多作家会在写作的过程中产生大量废稿——可能是不得不废弃的情节，可能是最好要废弃的修辞。在写一个中长篇的时候，甚至会产生1:1的废稿。你有这方面的经验吗？你是怎么处理废稿的？

麦家：我第一部长篇《解密》出版字数就二十来万字，但写的字数少说过了百万。老实说，我在"废稿"里变出了它的姊妹篇，就是《暗算》，还有十来万字变成了几个中短篇，然后大约有四五十万成了真正的废料，只有沉睡在电脑里。我信奉好作品是烂作品堆出来的，即使我的新作《人生海海》，至少也有十万字（近一半）废料，否则难以想象，一部二十三万字的东西要写五年，就是在摸索，在不断否定自己。不会否定自己的写作，要么是个大天才，要么是个"盲人"，不识货的。

小饭：有人认为太雕琢语词和节奏，会让基本的叙事疏离于创作目标。但粗糙的语言又有伤文本质地。你在创作中是怎么做的？

麦家：我想，你必须做到既不雕琢也不粗糙，作家就是来解决这些问题的。我是通过慢慢写、反复改来解决问题的；如果这样你还达不到要求，就别当作家。

小饭：你曾经说过，"小说是通过写人的世俗生活来展现人活着的状态，以及复杂的精神世界"。对你来说，就写作而言，通俗文学，纯文学，类型文学（谍战、悬疑推理），哪一种更方便地到达这个目的地？到达这个目的地这三条路上各自会有什么样的困难？

麦家：文学没有那么多门第。德里达说：文学是一种允许任何人以任何方式讲述任何事（故事）的建制。我想关键不是什么类型，而是你讲的方式、内容，得不得体，称不称心。它没有标准，标准又无处不在，这就是文学，包括艺术也如此。

小饭：你的意思是，文学没有标准，还是说，文学有其标准但不可言说或无法规定？是动态的还是多样的？（这个问题可能不好回答，主要是我感叹"得体"和"称心"的说法非常精妙，但又觉得不太好具体理解。）

麦家：恰恰是标准太高了。作文是有标准或范文的，新闻稿和领导讲稿等公文，包括广告文案等等都是有基本形态的，但文学没有。因为没有，它才难，才需要你有开天辟地的才华，在"无中生有"。莫言对我《人生海海》中的主人公上校专门有个评价，说：这个人物（上校）生活中肯定是没有的，但他仿佛又是我们的朋友。我认为这是很高的肯定，其实也是回答了什么是好小说的问题。文学从来不是直接表现生活，打个不恰当的比喻，生活是草，文学是牛奶，作家是那头母牛。

小饭：是这样。我们也知道在国外，类型文学和严肃文学的区分正在越来越模糊。很多类型文学（题材上）的作品其文学品质甚至达到了很高的高度。但在中国似乎只有你做到了这一点。你觉得这是读者的问题，还是市场的问题，抑或是"圈内"的一种成见？如何突破这种成见？

麦家：我不敢当。金庸先生可以。

小饭：这么说来，金庸先生或其作品，最让你羡慕和敬佩的地方，可以说说吗？

麦家：我不了解金庸先生的作品，但他的武侠作品被专家认可并不断经典化，这是事实，众所周知。

小饭：你在自身的阅读建设上，从前和现在有什么样的更迭？

麦家：阅读是写作最好的准备。十年前我读的书百分之九十是文学方面的，而且主要是外国文学；这些年文学书的比例大概只占百分之三十了，更多在读历史、哲学，少量宗教。写到最后，你会发现，功夫在诗外。

小饭：也有人说性格决定命运。在文学上，什么样的性格会更适合写作？麦家老师的性格是怎样的？大部分读者和我身边的朋友，似乎对麦家老师本人的印象都很模糊。

麦家：海明威说过一句话：辛酸的童年是作家最好的训练，我认为是至理名言。作家和艺术家，总的来说，内心被伤过、扭曲过的有优势。性格？我想它不会限制当作家。性格决定命运，不等于决定职业。

小饭：海明威还有一句话流传甚广：一个人可以被毁灭，但不能被打败。性格或许不决定职业，但可能会决定个体在这个职业内的表现，以及职业的成就高度。比如，你认为海明威的个性，对海明威文学创作的影响总体是正面的还是负面的。或者说，这是一个互为因果的关系？

麦家：那句话是读者（评论家）对《老人与海》这篇小说的主题提炼，浪漫得很。其实没人知道什么人可以当作家，甚至也没人想知道。但总的说，病态的东西或人更接近艺术或艺术家。一棵树幼时被折断或受伤过，但大难不死，活成形了，往往是一棵比同类树要奇形怪状一些，也要艺术好看一些，那些病梅不就是为了艺术（好看）才被人整治成那样的？

小饭：那么作家的清贫会不会限制其创作，还是会激发其创作？打扰一个作家去勇敢和投入创作的最大敌人除了健康还会有点什么？

麦家：作家都是清贫的；因为清贫激发写作的典型例子是巴尔扎克、陀思妥耶夫斯基。作家交了好运，挣大钱了，对写作不见得好。写作总的来说是件苦活，得有东西把你关进笼子，有钱了笼子就关不住了。我每天健身，觉得只有身体好才能安心写作，延长写作时间。写作时间总长度对一个小说家来说是十分有利的。

小饭：那勤奋对作家来说是一个优势吗？人们通常有一个观察，在另一个类似的领域，比如绘画，好像太多的作品问世并不利于人们对一位画家的评价。你会刻意让自己尽量勤奋，保持多产，还是相对谨慎于自己的创作总量。

麦家：我是少产的，想多也多不了。

小饭：有一位前辈作家说他日常阅读最多的是关于宗教、哲学、各类评论性的著作和文章。因为害怕他的写作"轻佻，柔弱，顺溜，浮浅，有肉无骨"，你有没有这种恐惧和忧虑？如果有的话是怎么避免的。

麦家：没有。总的来说，我这个人过于紧，严肃，想轻浮都没门儿。

小饭：你在生活中是一直如此吗？还是会因为对象的不同而改变自己的一些生活态度或对话姿态？比如我想你在孩子面前，或者年轻时候在爱人面前，不太可能会这么"紧"，"严肃"——我只是设想不会那样。

麦家：我不会让媒体走进我家的，但你可以想象一个严肃的人在家中的表现。

小饭：我有一个朋友完成一部作品之后情绪会受影响，会"不高兴"好几天。另外一个朋友情况完全相反，写完了一个东西就会产生愉悦的情绪很久。麦家老师是怎样的？麦家老师会怎么看待这种产后情况？

麦家：有人高兴，有人不高兴；就同一个人——就我而言吧——有时高兴，有时会不高兴。这是一种现象，不值得探讨，因为不可能有结果的，因人而异，因时而异，风起云涌的，你根本不知圆心在哪里。

小饭：我能否知道影响麦家老师文学和写作的作家和作品名单？已经被更迭过的也想知道，甚至更迭的原因也想知道。

麦家：我四十年来的书单足可以写一本书，你看我的书单，不如去看一本书。因为我的书单是我的，你得去张罗你的书单，那就要不停地去阅读，去淘汰。阅读是自己的事情，像交朋友，一定要亲自去交，别让人介绍。

范小青：仍然被"命运"追得屁滚尿流

　　范小青，女，江苏南通籍，从小在苏州长大。1980年发表小说处女作。代表作有长篇小说《女同志》《赤脚医生万泉和》《香火》《我的名字叫王村》《灭籍记》等。发表中短篇小说五百余篇，以及散文随笔等。短篇小说《城乡简史》获第四届鲁迅文学奖，长篇小说《城市表情》获第十届全国"五个一工程"奖。获得第三届中国小说学会短篇小说成就奖、第二届林斤澜杰出短篇小说奖、汪曾祺短篇小说奖、第二届吴承恩长篇小说奖、第四届施耐庵文学奖、首届东吴文学奖大奖。有多种作品被翻译到国外。

　　小饭：范老师你好，很高兴你能接受访谈。我受到《巴黎评论作家访谈》的影响，也许这个访谈会更多关注你的生活细节和文学观念——先从这个问题开始怎么样：你是否能说说第一次和文学产生连接的时刻？或许是在二十岁甚至更小的时候，我猜想这会是一个美好的记忆。

范小青：我和文学产生连接，首先肯定是阅读文学作品。但是我的最早的阅读，却不是通过眼睛，而是通过耳朵。小时候在家里，听到母亲和外婆说《红楼梦》，其中最著名的"只有两只石狮子是干净的"，也是在听不懂的时候听到了并且记住了。直到多年后自己读了《红楼梦》，才知道母亲其实不是在说《红楼梦》，而是借着《红楼梦》在说世间的风霜雨雪。然后长大了一些，当了知青下放农村，生产队的知青点有一些比我们年长一点的老三届知青，他们在农村已经待了好些年，吃足了苦头，那时候他们的念头，就是上调回城，还有就是互相借书看。我比他们小一点，而且不在知青点上，我没有看到他们互相交换着的那些世界名著，但是我偶尔听到他们谈论过。其中让我惊叹和震撼最大的一本书叫《基度山伯爵》，我听了他们断断续续的讲述，简直不敢想象世间还有如此精彩的故事。我激动又兴奋，迫不及待，立刻去贩卖给和我同龄的一个同学（也是知青）听，可惜的是，我在听故事的时候，就没怎么听明白，记得不是很清楚，我的口才又很差，结果只是干巴巴地讲出了几句话，说有一个人，受到陷害，被关进地牢，碰到了一个什么人物，教他怎么复仇——然后呢，然后就讲不出来了。至今我还记得我的那位同学眼睛朝我眨巴眨巴的，不知道我是什么意思，怎么讲了几句就没了呢。其实本来我也就只听了个开头。这大约就是我从十岁到二十岁之间和文学的连接。

现在回想，我在二十岁之前，所有读过的文学作品，加起来肯定不到十本。

接下去的阅读，就是真正的阅读了。进入大学中文系，在大一大二的两年中，我几乎读了图书馆资料室大部分的世界文学名著和中国古代文学名著，真正开始进入了文学的世界。

所以，和文学产生连接，其实不是一个时刻，也不是一个回忆，而是好多的时候和好多的回忆。很美好。

小饭：在不同的年纪和生活状态下，你会不会调整自己所写的对象——比如，在年轻的时候，会在故事中多写一些爱情。到了中年之后，写更多人心？那么，从现在到未来，你会把自己写作的重心放在何处？

范小青：写作肯定会随着年龄和生活状态的变化发生变化的，但更多的时候并不是刻意地调整，而是自然而然地转变。就如同我在写作时女性意识不强一样，我在写作时年龄意识也不强，直到今天，我也没有觉得自己是作为一个老年人在写作。

我的写作，基本上是从生活的感受中来，当然年龄肯定是感受生活的重要前提，所以年龄的变化，一定会带来对生活的不同的感受；而同时，我们的生活更是一直在变化，甚至是巨变，变得更复杂，更模糊，甚至更荒诞。对于一个依赖生活、对生活敏感的作家而言，我一直在有意无意中，调整自己的写作对象。只是这种调整，并不跟自己的身体或精神的变化成什么比例，比如说，年纪大了，就多写老年人。或者说，没有黄昏恋，就不写爱情了。我近期的作品，有写老年人的，但是大部分作品，仍然是写的年轻人。

从现在到未来，和从过去到现在一样，我的写作重心，一直在、也一直会在生活给予我的馈赠这里。

小饭：你说到一个作家的女性意识。现在社会面整体女性意识的提升，也在文学的"市场"中得到大量体现——很多女性作家在进行写作活动时会有这样的自觉性。我很想知道在十几二十年前，关于女性写作，那时候是怎样的评论氛围和舆论氛围？

范小青：十几年二十年前的女性写作，也同样是吸引"文学市场"的目光的，文坛对女性写作算是比较关注的，经常会有专为女性作家召开的研讨会，或者出版女性作家的丛书（相当多）等等，那时候女性写作好像感觉比现在要更受关注些（就文坛而论），现在更多的似乎是对作家迭代的关注，比如经常看到将作家们归为某某后，这个现象应该和整个社会是相连、相互影响的。

小饭：作为创作了几十年的"资深作家"，在写作上，你有未完成的感觉吗？比如，很多作品"没有写好"，似乎有遗憾。而总体创作生涯上，总是还想着往前更进一步……类似这样非常有紧迫感的对自己严格要求的作家，你觉得自己是其中之一吗？

范小青：我肯定就是其中之一。而且应该是属于表现比较"突出"的一位。一直到今天，我仍然觉得白天就是用来工作的，不能享受别的娱乐，我喜欢看电影电视剧，但是白天的时候，哪怕明明写作卡壳了，坐在电脑前煎熬，写出来的字自己看着都难受都厌烦，即便如此，那白天的时间也是不能用来观影观剧的，奇怪吧？

几十年的写作，为什么还在写，就是因为没有"完成"。其实，没有"完成"的，并不一定是指某一些具体的作品，"没有写好"的，也不一定明确是说哪一个作品没有写好。虽然不知道是否能够写得"更好些"，"更满意些"，但还在继续努力着；也没有很刻意地希望自己越写越好，因为"越写越好"是一个不大可能实现的梦想，或好或差，时好时差，甚至越写越差，这才是常态。还有就是对于"好"的理解和认同，因人而异，那就更不能把希望寄托在一个抽象的"好"字上了，经常我自己觉得这一次写出来的不错，却偏偏无人喝彩，或者，我心情忐忑地拿出一个作品，却有人赞赏。你能怎么办呢？所以说到底，写作就是一个人的精神生活，与外部因素当然有关，比如获奖了，当然写得更来劲，人来疯了。但是外部因素起不了决定的作用。起决定作用的肯定是自己内心的声音。

我的紧迫感一直是比较强烈的，自己也觉得奇怪，写了几十年，为啥还这么着急，急着要往哪里去呢。我曾经在近三十年前，就写过一篇随笔《快不过命运之手》，说的就是这种紧迫的心态。"我常常觉得头脑里一片空白，只知道自己是要写的，是要不停地拼命地写的，但心里常常很茫然，在人生的路上，在写作的路上，我已经奔跑得很累很累了，但我仍然拼命奔跑，我并不知道前面等待我的是什么。卡夫卡有一次写寓言，大意是这样的，他说有一只老鼠拼命地奔跑，它不知道它要逃避什么，它只是拼命地奔呀，它穿过大街小巷，终于跑进了一条长长的静静的安全的通道，老鼠正想松一口气，它看到了猫站在通道的另一出口，猫说，来吧，我等着你呢。

我不认为自己是一只老鼠，但是我和老鼠至少有一点是相同的，就是我和老鼠，我们都不知道为什么要奔跑，我们也不知道我们的终点是什么。

我们的一切，只在于奔跑之中。这命运排定了的。

在文章最后我还引用了索尔·贝娄的话："只有当被清楚地看作是在慢慢地走向死亡时，生命才是生命。"

其实到今天我也没有能好好理解这句话。二十多年过去了，我好像仍然是当时的那个"我"，一个老同志，仍然被"命运"追得屁滚尿流，想想也可笑。其实也不见得是什么玄而又玄的"命运"，就是一个人的性格而已。

小饭："我还有最想写的小说没有写出来，可又天长地久地不知道那最想要写的一部小说是什么，怎么去写它？"一位作家这样写道。你有这样的困惑吗？

范小青：我肯定还有最想写出来的小说，但不是指某一篇，也不是指某一部，而是一个并不具体的概念，那就是"写"。

"最重要的那部小说"是什么，我并不知道。有一种可能，可能对于我来说，人生中"最重要""最好"的小说早已经写出来了，但是我仍然在写作，为什么呢？既然"最重要"或"最好"已经出现，那么接下去的作品，岂不是永远不可能超过那个"最好"了？那么继续写作，是为了写出比那个"最好"差一点、更差一点的作品？

无所谓的。我有一位挚友，曾经对我说，你的写作高峰期早就过了，不写也罢，歇歇吧。我不会听他的。如果有人说我是个天生的写作者（主要指写小说），我会比较开心一点。说得夸张一点，我在平常的生活中，不是在写小说，就是在为写小说做准备。

小饭：你确实很专注。那么你在具体写作过程中，写熟悉的事物时会更自在，还是针对熟悉事物的想象，会更兴奋？会不会抗拒和躲避去写自己完全没有尝试（经历）过的相关领域？

范小青：通过写熟悉的事物，生发出更多更奇异的想象，最让人兴奋。举个例子，我在长篇小说《灭籍记》中写了一个不存在的人物，郑永梅，他只存在于各种证明里，各种写着他的名字的纸张，让他成为一个人人相信他存在的人。这是他的母亲叶兰乡为了不使自己显得与众不同而被怀疑所凭空捏造出来的一个人。这个母亲，身上有我母亲的一点影子，我母亲因为长年身体不好，无法在职场和社会的风刀霜剑中打拼，她总是缩退，特别敏感、脆弱，甚至有点神经质，我的童年和少年时期，就是在母亲的天长日久的担惊受怕的影响中度过的。我长大以后，对于母亲的这种感受，有了比较深的理解和了解。当然，我的母亲再怎么担惊受怕，也不会去捏造出一个孩子。但是在小说里，我可以极致地发挥想象力，所以就有了郑永梅这么一个既存在又不存在的人物。这个人物的创造，对于我的写作，是一次新的启航。

对于自己不熟悉的领域，之前和目前，我基本是回避的，这个主要是指写长篇小说时所选择的题材。但日后会怎么样我说不准，似乎在我的内心，有一种蠢蠢欲动的感觉，也许过不多久，我会去尝试。

如果在写作中涉及自己没有尝试或经历过的领域，那一定会学习、了解，反复核对，反复考量，但即便如此，露馅的可能还是会有的。

小饭：你不光在写作中充满热情和专注。我注意到你对社会工作的参与也是非常有效的。一些社会身份是否对你的写作有所帮助？能不能说几件印象深刻的事？

范小青：参与一些工作的体会，有两个简单化：

一是复杂的工作事务简单化。工作中往往会有很多程序，人的精力都消耗在许多无聊的程序中，所以在我能够作决定的时候，我一定会在合理合规合法的前提下，简化程序，直达目的。

二是复杂的人际关系简单化。人际关系是逃不脱的，既是你生存的法则，也隐藏着致命的危险，因为一旦卷入矛盾的旋涡，就是心灵长期纠缠、永不安宁的开始。（也有人乐在其中，那就另当别论。）所以在人际关系中，不纠缠，不争高低，不争输赢，放开心胸，用南京话说就是"多大个事啊"。

尽量做到两个简单化，不仅是节省时间，更是平和心态、平静心情，写作需要激情，同时需要静心。

有一些社会身份，决定了你要做一些你并不太乐意的事情，比如经常要开会，怕开会的人很多，当然不能一概而论，不是所有的会议都不想参加，只是有一些会议比较冗长沉闷无聊，是会让人郁闷的。但是我开会的时候通常不会觉得沉闷无聊，我会从"会"这里边发现写小说的种子。

比如说从前有一种状况，叫作"替会"，后来基本改正了。在"替会"中发生的真实的好玩的事情很多；再比如说走错会场、拿错讲稿、会标出差错等等，总之即便是枯燥的会议，只要你用文学的眼光去打量，去探究，也许真能发现文学的萌芽。

我自己就因为参加各种会议，写过一些与"会议"有关的小说。首先在长篇小说中，比如《城市表情》《女同志》这样的作品，肯定会写到会议，我有开会的"生活积累"。在某些中短篇小说中，我甚至只写开会的故事，比如《国际会议》《我们的会场》《出场》《你的位子在哪里》等等。

我的感觉是，任何的生活和身份，都会是收获。

我始终觉得，写作者需要培养自己对看似平凡普通甚至平庸生活的审美能力以及表现能力。

小饭：很多作家到了四十多岁，或者更后面一些……会有一个明显的创作欲的下降或者下滑——而你不是，无论是期刊发表还是出版，包括获得文学奖项，都保持着相当高的数量和水平。你是如何保持这样的创作主动性的？这方面有没有关于生活方式包括精神生活方式的独家秘诀？

范小青：没有独家秘诀，只有努力工作。生活方式是简单的，精神生活方式也是普通的。我的体会，所谓的写作激情，正是在写作中不断保持的。当然，在漫长的写作时光中，肯定会有低潮和高潮的不同时段，甚至有短暂的躺平，但是躺平以后会更加心神不宁，还是赶紧坐起来继续写吧！哈哈。

所以一直写到今天，我仍然有写不完的欲望，手里的一个作品尚未完成，心里已经想着下一个，再下一个。真是吃在碗里，望在锅里，贪念万重山，而且还这山望着那山高，那就永远也爬不完了。

小饭：在写作过程中愿意和亲朋或伴侣聊所写的内容吗？是否期待朋友们根据你所说的内容给出自己的意见？问个可爱的问题：是否听到朋友们肯定和赞许的意见会更高兴，如果有一些批评意见就会心里不舒服，但还是会加以反思？

范小青：写作过程中基本不和任何人聊写的作品，这好像是好多作家的习惯，当然一定都是传统意义上的作家。我记得我从前还有个可笑的习惯，在作品完成之前，是不能让人看的，即便家人走过身边，瞄一眼也不行，要用手挡起来，哈哈。也不知道这是一种什么样的奇怪心态，值得分析的。

其实我知道，这是很愚蠢的习惯，在其他创作门类比如影视剧本舞台剧本的创作中，大多是集体的智慧，集体的智慧肯定比一个人的想法要更智慧——至少你可以获得更多的判断机会和选择机会。只是几十年养成的习惯，自己的毛病，很难改变。

听到对我的作品的肯定和赞许，一定是高兴的，也可能表面还要假装谦虚，心中一定是得意扬扬，这是常态。听到批评意见，肯定是不太爽，尴笑。但是我一定一定会从中反省反思。不是我心胸开阔，是因为我喜欢我的工作，想把它做好，做得更好。至于能不能做得更好，那是另一个话题，前面我们好像已经聊过几句。我从来不认为只要努力，就能做得更好，但是我仍然在努力。

小饭：我听很多作家朋友说起你，说你为人温和……是一直如此吗？在世俗世界中的温和带给你精神世界和创作领域里最大的收益是什么？

范小青：温和不是因为我有格局有胸怀什么的，是因为胆小，因为畏惧。一个人对别人的态度和行为，必定是要反弹到自己身上的。我如果对别人凶，别人也会对我凶，我不希望别人对我凶，我希望大家都能和睦相处并各自努力，那么我先要对别人温和一点，就是这么简单。

有人会说，有些恶是没有任何理由的，那还温和得起来吗？

17

在过去的某些采访中，我有时候会说到小时候在似懂非懂的状态下听母亲所说的寒山寺的两个和尚寒山和拾得的对话，寒山问拾得："世间谤我、欺我、辱我、笑我、轻我、贱我、恶我、骗我，如何处置乎？"拾得答："只是忍他、让他、由他、避他、耐心、敬他，不要理他。"一般我都是说到这儿为止了，但是采访者通常会给补齐了，加上最后一句："再待几年，你且看他。"其实这一补，不仅是多余的，它就不是我的想法，因为我完全不要"再待几年，你且看他"。我不想看别人怎么样怎么样，我忙不过来，因为我写作、写小说还来不及呢。这是其一。其二，虽然我引用寒山的世间什么什么"我"，但那并不是我的感受，我很希望、也很努力地做一个武侠小说中经常会提及的"记吃不记打"的人物，因为老是记着别人打你，那种痛感就会跟随你一辈子，你一直就生活在"痛"中了——强调一下，我指的是人际关系中的个人的小"痛"，而不是更广泛的"痛"。

无论是在工作中，在人际关系中，在家庭里，我都较少发脾气，难道我就这么没有血性没有脾气吗？有的呀，它体现在我的写作中，我执拗、顽固，写了一篇又一篇，写不动也要写，写不出也要写，这不都是一个人的倔脾气吗，自己和自己过不去，我对自己好像不太温和。

当然也可以从另一个角度看，是我对自己太温和了，因为这个"自己"，成天想着的都是要写小说，所以我很宠这个"自己"，这个"自己"就很任性。

在世俗领域中的温和，让我的精神和心灵自由、开阔、平和、宁静，作为一个普通人，内心必然会有的复杂多虑、坏心思、歪主意、"私字一闪念"等等，都用来和自己的小说去纠缠，纠缠得越厉害就越赞，越舒畅，因为我在现实生活中的纠缠，统统到写作中去找出口，倾泻掉。

小饭：那么在世俗领域中，在人群中，你会优先关注到哪一类人，并和他们成为朋友？

范小青：感受到同频共振的人。

很难说出具体的标准，正派的人，善良的人，智慧的人，有趣的人，等等等等，我都喜欢，但是这些词都比较空洞，它们既是标准又不是标准。

所以我想，人和人交往相处，首先是直觉，然后是感觉，然后是天长地久。

小饭：在你的作品中，会不会有意识去写自己更好奇的人生风景（比如人心的幽暗曲径隐秘之处）？

范小青：当然会。一定会。

写作是一件有趣的事情，如果没有好奇之心，就无法发现新鲜奇异的一切，写作可能会变成日复一日的机械操作，雷同重复，那是多么无趣。之所以写了几十年还能保持写作兴趣，正是因为人生的风景中不断地有好奇之事之人出现，让你惊讶，让你欣喜，甚至让你怀疑人生。我们常看到一些作品，也在讲故事，也在写思想，写得也挺圆熟，没有纰漏，但就是不好看，无趣的沉闷的陈旧的文字和表达，让人失去阅读的兴趣，一个重要的原因就是缺乏好奇、写作路径依赖。

平凡的生活表面，没有更多的好奇让你去惊喜，但是如果能够敏感到触摸到平凡生活之内、之下的水底波澜，你就能发现，无论生活多么平淡甚至平庸，也同样有很多奇葩在那里等着你。

我近些年的写作，主要是从平凡的人生、平常的日子里，发现奇异的内涵，努力写出人物的奇异性。比如在长篇小说《赤脚医生万泉和》《香火》中，就有好些人物是奇异的。万泉和就是其中的一个代表。

这些人物，既是艺术创造，又有生活的根基，我在农村时见过他们，和他们相处过，他们不是天生存在于我的脑海中，更不是从天上掉下来，掉进我的小说里的。

我在长篇小说《战争合唱团》的创作谈中，有这样几句话："有的地方，它完全是天马行空，恣意妄为，而有的地方，却又如同泥巴一样笨重而邋遢，它可能就是植根于现实土壤中长出来的一个奇葩，这是一个杂交的文体文本，是由写作者的任性和混乱的现实杂交而成。写作者的任性，是因为写作异象时的诱惑、冲动和自我挑战——无论这种任性，最后是走向成功还是走向失败，至少，尝试过了。"

小饭：这个问题比较"坏"——有没有那么一刻，范老师觉得错误地选择了文学，选择了写作——起因是，因为文学创作而给生活带来了非常糟糕的经历或人际上的麻烦？

范小青：从事任何职业，都可能给生活带来非常糟糕的经历或人际上的麻烦，文学并不见得就特别强烈。但是因为写作者多半心思复杂缜密，又爱钻牛角尖，想得太多，想象力（甚至是幻想）太强大，所以在文学的人际关系中，确实经常会遇到一些难题。我的化解方式就是简单化。我的为人处世之道就是绵中藏绵。如果用负负得正的说法来诠释，那么绵绵可能也是另一种形式的锋芒呢。

有人说我温和，温和的人似乎给人的印象都是慢性子，其实我恰好相反，我是一个很急的急性子，所以我不耐烦走复杂的程序，无论是工作也好，生活日常也好，与人相处也好，有时候就会简单到很粗疏，得罪人而不自知。这是一面，另一面，若真的被人得罪了，可以不在乎，无所谓。

记得在二十年前的一次会议上，那是大家对我的作品的研讨，陆文夫老师开头讲话，鼓励我一番，最后说，小青是一个最怕得罪人的人。然后就是会议开始，主持会议的黄毓璜老师说，小青虽然是一个最怕得罪人的人，但同时她也是一个最不怕被人得罪的人，所以你们畅所欲言，有什么说什么，她不会生气的。

陆文夫老师和黄毓璜老师已先后离开我们。离去的师友，他们一直都在我心里。

我没有觉得自己错选了文学创作这条路，不是因为我觉得自己在这条路上多有成就，多么了不起，而是因为，一、我没有尝试过走其他的路，也许别的路上风景更好，可惜我没有遇到也就无从比较，无法得知。二、我在写作的人生中，有困惑有苦恼，但也始终是有乐趣的、很开心的。

你的问题大大地勾起我说话的欲望，我再废话几句。说到人生的道路，我在下放当知青的时候，积极参加劳动，要求进步，大约在1976年的春天，县委要选拔年轻干部，我也在名单中，恰好那一天来考查时，作为大队团支书的我，被大队派了一个活儿：名义上是带领团员青年平整土地，实际上是平整人家的坟地。真的不作兴，罪过罪过。

这边在大队部，对我的考查并不顺利，大队书记不赞成，这事情很轻易地就黄了。大队副书记是支持我的，所以他特意站在我们回来的路口等我，但他也是有原则有组织纪律的，不便多说，就只对我说了一句：再锻炼锻炼。

后来过了一阵儿，麻木不仁的我忽然思想了一下，这大概是扒人家坟头的报应吧。

现在回想，如果当时的考查通过了，我会走上一条什么样的路，我最后会是什么样子，我完全无法预测。

再回来说到你的问题，有没有哪怕一瞬间觉得错选了职业，好像没有。也许有过，但是"忘记"了。有的时候，在写作最困难的时候，通常是在长篇的写作过程中，碰到瓶颈，而且长时间卡在瓶颈中，很焦虑，很郁闷，走投无路的感觉，即便那样，也没有责怪自己选错了行，只是怀疑自己的能力、精力、体力等等。

小饭：你曾说你最大的特点就是"忘记"，这是一门技术活儿——我很想知道，这是你一种学习和处世的自我选择之后的应变机制吗，觉得大部分事物其实对自己的精神生活并不重要？

范小青：我的"忘记"，原因之一，我本身就是个忘性较大的人，而且脸盲。如果一个人的长相没有什么特征，我可能见过三次都记不住。真的很不礼貌。原因之二，是一种自觉或不自觉的心理暗示。

大部分的事物，甚至说得绝对一点，任何的事物，对精神生活都有作用。但是人不能吃得太饱，那样会胀肚子，不消化，如果不加选择，吃得不净不洁，还会生病，再如果胡乱瞎吃，可能会食物中毒。我们经历的所有事物之于我们的精神生活，如同食物之于我们的肠胃。

重要的东西，恐怕想要忘记也忘记不了。不重要的就不重要，忘记也罢。

"忘记"也不是绝对的，有时候，你觉得什么事情你是早已经忘记了的，可它却突如其来地闪现出来。闪现就闪现，如果是让你高兴的事情，就追忆一下，享受一番，如果是让你不高兴的事情，就立马划走它，再一次地选择"忘记"。

小饭：你在生活中，有文学之外的爱好吗？我是想问，比如说，有没有打麻将之类的"粗俗"爱好？对中老年人沉迷在与朋友的棋牌生活，怎么看？

范小青：文学之外的爱好：读书，追剧观影。我特别喜欢看电视剧，从美剧追到英剧，追到韩剧，近些时，我只看国剧了，我觉得国剧进步了，可以看一看，很开心。我会记下一些观剧观影的心得，没有什么用，就是因为看了有想法，却无人可聊，郁闷，就记下来自己看看了。我曾经想在哪里开一个类似影视评论的栏目，名称都想好了：剧说影享。这个是做做梦而已。

说到其他娱乐，我会打麻将，也会打牌，水平较差，但打的时候很用心，很努力。经常有朋友会学我打牌时的模样：皱着眉头，歪着脑袋，十分投入。这样一个形象就是我，我有时候觉得比写小说还认真。因为我不精于计算，也记不住牌。记不住的原因，一是记性不好，二是懒，不想记牌，目光短浅，只看着自己手里的牌，不照顾对家，不会配合，也不看大局。打麻将的时候，更是显得小家子气，所谓的苍蝇蚊子都是肉，是常常挂在嘴上自我解嘲的，想打大牌的麻友会被我的"垃圾和"反复地破坏情绪，真是对不起。好在现在不怎么打了，不是不想打，是因为腰椎和颈椎轮番着来报复我，因为前面的几十年，我超量地使用它们，奴役它们，它们很生气。更何况，我还要留点力气写作呢。

老年人的棋牌生活，只要有节制（不沉迷），不违法，没有什么不好。也不能说学画画，或者跳广场舞，就一定比打麻将打牌更高级更健康更道德，都是精神生活，各取所需。

小饭：以前有一个朋友跟你一样有记账的生活习惯。但一次他听说"记账"是毁掉了生活中某部分的乐趣……或许就是之前提到的可以"忘记"的那个部分。现在你还在生活中记账吗？记账的生活到底值得体验吗？

范小青：无论是对于生活还是生活习惯，每个人感受不一样，每个人在不同的时间段的感受也不一样。

至于记账，每个人的出发点也是不同的。我的记账，起源于大学毕业参加工作，刚有了自己的小家庭，完全是经济原因所致，经常入不敷出，就要节省开销，怎么节省呢，记个账，看看收入和支出的平衡情况，每个月可以反省反省有没有乱花钱。我想，这不只是我个人的情况，我们那一代人，都没有养成乱花钱的习惯。

如果记账会毁掉生活中的某部分乐趣，那么记账也一定会在生活中增添某部分乐趣，前提是因人而异。我个人的感觉，在从前，记账是我生活中的一个部分，没有了它，会若有所失。

现在也仍然记账，但已经不是我的主动行为了，银行卡，微信，支付宝里都有记账本，都替你记得清清楚楚。但是我仍然没有放弃用笔在纸质的笔记本上记下一些账目。这已经没有什么意义，只是为了习惯的习惯。

记账的生活值不值得体验，归结于每一个人对生活的不同态度，对于我这样的依赖生活的写作者来说，更多了一个渠道：对平凡生活中的文学的种子，如何发现怎么认识。

小饭：那么在文学生活中你是否也有"记账"的爱好？——每一年，写了多少东西，发表和出版了多少？

范小青：那是必然。对于生活中的琐碎日常，点点滴滴，都要记账，自己的辛苦劳动成果，肯定是要记录的。但是因为作品较多而且马马虎虎粗制滥造的更多，所以记得不够全面，多有遗漏。尤其是早些年写的散文作品，大多没有能够记下发表的报刊和时间，真的很对不住它们。还有一些手写的后来没能转成电子版的，可能就丢失了。但它们毕竟来过我的人生。

小饭：写了那么多作品，时至今日，最喜欢自己哪一部作品？哪一个人物？这个自我认知（或者说感悟）与外界对你的评价相对应吗？

范小青：自己的作品，手心手背都是肉，癞痢头儿子自己的好，没有"最喜欢"，只有"也喜欢""都喜欢"。

人物的话，比较喜欢万泉和，还有香火他爹，他死了还一直关心呵护着这个不是他亲生的儿子。

喜欢万泉和，和外界评价可能差不多，他虽然有点笨，但他毕竟是男一号哎。

香火他爹就不一样了，恐怕没有人会更在意一个死去的人吧。

小饭：我准备的问题差不多问完了。剩下一个有关音乐生活的问题，你喜不喜欢听王菲（或者邓丽君）的歌?

范小青：喜欢听邓丽君。但总的来说，对歌曲爱好一般般，更喜欢情节复杂的、烧脑的东西。

最后要特别谢谢小饭，和你聊天的过程，是一个十分享受的过程，也是一次不断思考、自我反省、争取进步的过程。你的问题，对于我今后的写作，许多都是带有启迪性的。像我这样一个"不在写作就在准备写作"的机器人，在获取写作灵感时又如同一个吸血鬼。

鲁敏：我一直对时间深信不疑，也深表怀疑

鲁敏，1973年生，女，江苏东台人。著有长篇小说《六人晚餐》《戒指》等，中短篇小说集《九种忧伤》《离歌》等，曾获鲁迅文学奖、人民文学奖等。

小饭：鲁敏老师好，很少有评论强调你的女性作家身份，这是否是你的某种设计？在写作中我们应当如何处理性别意识？

鲁敏：还是有一些的，这其实无法设计。不论读者还是评论者，人们天然地会把你"认知"为一位女性写作者。尤其早些年，每到妇女节，总会有晚报类媒体的采访，并且一定会问到诸如"你是如何处理好写作与家庭的关系？"这样的问题。有时活动请嘉宾，主办方也会很直率地说到，我们这场对谈目前都是男性，我们想请一位女性作家参与，这样显得比较均衡。

这也没什么不好。对性别问题，我不回避，也不强调。作为社会人，性别就像肤色、阶层、年龄、教育、职业、国别等一

样，不可能完全摆脱源远流长的傲慢与偏见，重要的是我们自己——不论男性女性还是跨性别——如何看待、如何处置自我，如果把傲慢与偏见化为独特的力量，不要被一时一地的"高看"或"低看"，"凝视"或"忽视"迷惑掉我们的内心。

在写作中，我没有就女性身体进行特别的发挥或利用。但一个重要的客观事实是：文本与叙事，会自带性别基因，就像天然会带有别的基因一样，还是前面说的，比如肤色、阶层、年龄、教育、职业、国别等方面。比如同样是写爱、写战争、写死亡，性别会跟上述这些因素一起，微妙地渗透和影响到文本。这很美好，也正因为这样，古今中外不同的写作者会创作出不同的作品。

小饭：什么是你早年深信不疑如今却深表怀疑的东西？什么是你早年深表怀疑现在却信任有加的东西？

鲁敏：不知是不是年纪的原因，觉得这样的问题就像"你最喜欢的一本书或电影或作家"一样，总感到有种难以达成的困难，很难从迷雾般的大脑深处，轻率地抓出一个特别合适的、一语中的的回答。

我稍微讲偏一点吧。我平常比较注意锻炼，因为读写时间太长，老那么坐着确实身体吃不消，当然健身也会带来一种"节制与克制"的自我愉悦感，但最最重要的，我是真的想"活久见"，这个世界太壮观了，好的坏的，都叫人贪念，都饱含着我所理解的强烈"文学性"。从这个角度而言，我并不惧怕衰老，我希望可以越老越好，甚至还时不时喜欢跟人讲讲我的年纪——现代人总是很讲文明、讲风度，说哎呀，不要暴露女士的年纪，我这时就会有点煞风景地一口讲出来——因为时间对写作者而言，是伴随与补养。衰老也是生之体验，与我们年轻时的体验，是等量齐观的馈赠，我会珍重对待这一份"老"的。

这样的心境在这些年越来越强了，假如说非得回答这两个问题——深信不疑与深表怀疑——那就时间吧，你可以把这个词同样代入两个问题。不是我玩文字游戏，是我一直对时间深信不疑，也深表怀疑。从早年到现在，我都在与时间进行亲切友好、意味深长的搏斗。

小饭：在你的公号《以父为名》一文后，有读者留言："我们这代人与父母之间的欲言又止、欲语还休似乎又难于言说的种种，现在回想起来总是令人无限唏嘘。"另外一位说："对故乡或者父母，有时候没有消息就是好消息，哪有那么多别人以为的美好。"你回复他们：我们都置身在同一条时间的河流。

如果有机会，重新踏入这旧河流，你会对十来岁的自己说什么？

鲁敏：其实不太好回答这样的假设，庄重美好同时也遍布苦涩的人生，即便是假设，也不可以在假设中重来。我在《金色河流》里，当王桑与谢老师反复地问孤儿河山，假如当初穆有衡没有抛下她们母女……我的态度可以说跟她是一样吧，我会像她一样大声地回答：是谁发明了"如果""假设""要是"这些词？发生就是发生了，绝不允许假设，那太懦弱了。

小饭：在完成一部（相对大体量的）作品之后，通常你会为自己做什么样的安排？在休假、社交等选项中，有没有价值排序？

鲁敏：我会把被耽搁的微小体量（比如约稿、随笔、书评等）工作先从任务清单上完成掉，也挺愉快的，扫雷一样全部做完，会有很好的心理舒适感——这显然还是工作优先模式。然后补看我此前来不及看的电影或不敢入坑的剧情片，觉得这是最好的放松与休息。还会见朋友，我在日常社交上比较吝啬，见朋友也倾向于见不太熟悉的另一个领域的朋友，归根结底，是要出去见"不同的人与事"，好像去吸吸人间滋味似的。这也包括自然山水，我不会专程出远门去休假，就在南京看看玄武湖爬爬紫金山也很满足，对我来说，它们已足够丰盛，四季消息草长莺飞都有，薄暮时分在湖边跑上五公里，简直太幸福了。

小饭："我以虚妄为业"，"持有虚构执照"，当中都包含了有意思的词语组合，想知道你是如何组合这些词的？或者能不能简单介绍一下这两个"句子"和"签名"。

鲁敏：前者是我的个人公号名，我有时（最初周更，现在差不多是月更季更了）会在公号里分享一些读书随笔，或推荐一些电影什么的。这短句取自我曾经的一篇创作谈，也大致暗含着我的一点心境。"虚妄"一词，并不具有悲观意味或是情绪指向，我觉得是一个客观认知吧，宇宙宏大，个体渺小，每个生命体都是从无到有，又将归往空空的旅程，需要平静地意识到这个客观局面。而从写作者角度来说，也可以看作是一个审美基调，我可能不是那种特别高昂型或激情派的写作者，整体温度上偏冷静一点。说到底，写作这行当是一个务虚的职业，对整个社会家国的进程帮不了什么大忙，但我依然会很当真、很认真地把虚妄这个"业"给执行到底。

再说，虚妄也好，虚构也好，都是我的职业特征，写小说，写虚构，不就是一个"讲故事"的人嘛，"说有还无、说无偏有"，再怎么上天入地，也是正当的，故顺手也就把"持有虚构执照"当作微信签名了。没啥特别含意，也会经常换。

小饭：一个作家写出的作品，哪怕是虚构的，是否能精准代表其所持有或认可的价值观？

鲁敏：只要是文学性的叙事呈现，都带有写作者的主观性与潜在的价值尺度，包括非虚构作品，在选取什么题材、什么人物、讲述什么样的故事时，其实天然地都带有价值观的信息。

相对非虚构而言，小说这样的虚构作品，所能负载的立场、美学主张、道德指认、社会性体察等，也即广泛意义上价值观的部分，当是题中应有之义。但是，能否"精准代表"，这得看了，从作家到读者，中间会有流失与变异，也有增加与拓宽。

比如，作家常有眼高手低之恨，也有写着写着，力道不逮，或思虑失焦，会有偏道的可能，甚或被笔下人物带着跑远了——倘若真能被人物带跑，这并不是一件坏事，就像福楼拜，会因为自己"写死"了包法利夫人而痛哭，在那样的时代氛围与道德钳制下，他无论如何也救不活包法利夫人了，他的价值观当然还在，但已经贴身到人物身上。这是一层，我们可以谓之为写作发生学当中的自然流变。

而到了读者那边，不同读者所处的时代、国度，以及其自身的经历、教育与审美，都是各个不同的基数，也自会与小说产生不同的叠加反应。作家想传达的价值观，到了读者这一层，可能会裂变出无数的小分支，有些分支可能完全相左。这也就是常言所谓的"一百个哈姆雷特"。同样，我们会有一百个林黛玉，一百个宋江。包括《三体》，其对未来人类宇宙生存定律的讨论，在读者当中也是各执一词的。这也是文学作品在传播与接受中的必然伴生。

所以这样一些过程下来，"精准代表"差不多就只能是一种理想主义的情况了。但我认为这些都是正常与合理的。文学中有许多的不确定性与微妙性，这正是文学的宽阔所在。

小饭：你的作品，比如《六人晚餐》是写到两个待重组的家庭，两位中年主人公各有一双儿女；比如像《金色河流》，写的是有钱小老头的晚年故事，想知道你创作故事素材的来源和路径？这是否是你认为的大部分作家的"取材"之道？

鲁敏：作家的早期作品，尤其像处女作、成名作一类，常跟个人经验密切相关，这时的灵感与素材来源，我常谓之为"一手生活"，写作有种近乎本能的激情与冲动，像我们熟知的许多古今名著皆是如此，宛若天成，元气饱满，比如大家熟悉的萧红的《呼兰河传》、莫言的《红高粱家族》等。我早期的许多作品，包括《六人晚餐》，多少都跟个人经历相关。我有单亲家庭经验，也有城乡接合部大厂区的生活背景，在九十年代国企改制过程中，耳闻目睹周围许多家庭的悲欢离合，《六人晚餐》里许多素材的来源都跟这样的"一手生活"有关。

但从创作的持久性与旺盛力角度来说，能够跨越个体经验，开拓更丰富多元乃至陌生的书写领域，是更具勇气与力量的职业期许。像王安忆老师，她后来所写的《天香》《一把刀，千个字》《考工记》等，都是另辟一个天地，专门在相关领域做足素材功课。包括在中国年轻读者中很有影响力的英国作家麦克尤恩，他早年的创作都跟他少年成长体验密切相关，因其暗黑残酷，得了一个"恐怖尤恩"的绰号，但在他近年的写作，像《甜牙》是冷战题材，《儿童法案》是社会性的宗教与生命主题，也都是他大量地阅读相关史料或卷宗所得来的素材。这些我们也可以笼统地称为"二手路径"。

我写《金色河流》，也是读了若干江浙一带小老板的个人回忆录，包括我下载下不同版本的四十年大事记，还有因为书里写到阿斯伯格综合征患者，写到古代戏曲等，所以一些研究资料、纪录片、剧本乃至教材，录音录像等资料，是有意识地进行分门别类的准备。

但无论是一手生活也好，二手路径也好，虚构能力和想象力仍然是第一位的文学才能，如若没有这个基本的功夫与能力，再丰富的个人经历，或是堆成小山的素材，那都只是素材而已。而与虚构基本功同样重要的，还要有强烈的"兴趣"，写作者于写作题材或主题，必然有一个内在的兴趣，才可能带动你自觉自愿地去进行一切的准备工作。我之所以要在《金色河流》里写这么一个有钱小老头，也是出于强烈的兴趣，我总觉得，作为社会物质进步、经济发展最基本盘的民间小老板与从商者们，总是很容易被大众简单粗暴地误会为"无商不奸""狡诈无良"为富不仁"等固有的形象，包括在文学作品里，也常常先天地带有道德主义的批判，我认为这是一种狭窄的习见，我想还原和伸张他们作为创业者、奋斗者的那部分，尤其他们作为初代的创业者，已经进入晚境，他们作为"人"的部分，如何处置和安放自己一生的创造，物质的，非物质的，都大可书写。

小饭：在《金色河流》《六人晚餐》等多部作品中你都会使用多重视角叙事，这是否能起到逃避某种二元对立式的价值道德判断和思考方式？你是何时开始熟练使用并认可这种叙事方法的？

鲁敏：这两个多重视角略有不同。《六人晚餐》是六个亲人的接力叙事，也就是说，对两个单亲家庭的二十多年，对于两家男女主人的两次分合，围绕大厂的改制与下岗，围绕一次大爆炸事故，围绕几个儿女的青春往事，我让六个家庭成员，接力式地进行故事推进，就像把摄像机绑在不同的人身上似的。

而《金色河流》，则主要是结合人物自身的特点，进行的人称变化。比如主人公穆有衡，因为他进入晚境，又刚刚中风，行将进入生命之河的终点，所以他有大量独白，带有不舍、回望、自省与留恋的复杂情绪，这个就是第一人称独白。而小说里的孤儿河山，因为她从小在孤儿院长大，缺少那种贴心贴意的亲情关系，她与自己相处的方式，就是对着镜子中的自我，商量和探讨她生活中的各种大事小事，这样，凡是河山的这部分，就是"你"开头的第二人称叙事。我后来看到一本心理学上的书，说孤僻或独居的人，确实会有"对镜自语"的这种与自我相处的模式，这也正好印证了我这个叙事视角的设计。包括，书里的长子，阿斯伯格综合征患者，次子，昆曲票友，他们也都会有适合他们的叙事模式。类似的吧，在这本书里，都是根据人物性格和特征来设置的。

我喜欢在小说里进行这些技术上的尝试，不仅长篇，我在中短篇里也会。比如在小说集《梦境收割者》里，我有一个短篇，全文都是对话构成，很有意思。还有一个短篇，按时辰来一节节设计事件与人物，他们轮流发生交集。

小饭：对一个作家而言，获得官方奖项是否是你写作事业至高的认可？抑或是希望从读者的追捧中得来这种认可？会在不被认可的情况下持续写作吗？是否有过这样的经历？

鲁敏：官方奖项与读者认可，这两者不应当成为一种矛盾。真正宽广的强大的写作，是可以抵达许多的面向。当然这两种评判与认可，会有差异，会有侧重，有时也有相左之处，这与写作者的体质、气息和旨趣相关。

每个写作者在初期都会有默默无闻的漫长阶段，别提任何奖项了，连读者也是冷落的。读者在买书选书时，有时也像买股票，还是喜欢追高追涨的，这是常情，要平静和理解。就像我们对不了解的专业领域，也会有这种势利和追随的选择。

不被认可的经历，当然过，也有苦闷与失落，但没有想过停止，因为我总体来说，在写作上还是有一点自信的。从另一方面来说，我确实也在写作与阅读里面获得了特别多的乐趣，好像这是我的钟形罩与小城堡，即便无人知晓，但于我而言，就是最大的爱好与寄托，这是最初也是最终的意义所在。这时坚持持续的写作与阅读，也许更接近写作的本来面目。

小饭：有人认为冒犯是作家的天职。哪一个作家可以在写作之外进行某种"冒犯"？在写作之外作家应否对自己的言论和生活方式进行自律？

鲁敏：职业和生活，我觉得是两回事。就像一个专职司机下班了，他坐地铁回家了。一个西点大厨下班了，他路上买几只包子或叫一份外卖回家。别的写作者我说不好，反正我在写作之外是比较"无色无味"的那种人,生活中比较循规蹈矩。有人常说我像会计或老师,当然我以前确实也做过不少年的秘书,做过小职员,我天生就比较平实、日常,完全的"不冒犯"。恰恰是因为这样,我在写作中,会释放出更多天马行空的想象力,也包括反常、叛逆、冒犯、拧巴等较为"戏剧性"的成分。这两者天然互补,互相成全。像我上一个长篇《奔月》,里面的女性主人公,甚至借着一次车祸,完全地离家出走,与所有人不告而别,她想通过这样的自我失踪,去寻求她作为个体的另外一种生活、另外一种可能性……

小饭:在现实主义写作的过程中,你是否由于社会道德或者对作品面世后预判中的社会舆论,控制过或者压抑过自己的某些想象力?

鲁敏:不会特别压抑。想象力本来就是小说家的特权,甚至是才华所在,开句玩笑,这基本就是我们写作劳动中的基本作业模式了。我认为无须过分担心社会舆论层面的审视,小说是关乎人与世界、人与生活、人与自己的,文学中的道德与社会层面的道德不是一回事。这是一个常识,就像《假面自白》《春风沉醉的晚上》《爱是不能忘记的》等。读者不会把小说中的想象与虚构与作家本人进行简单的挂钩和对照。

小饭:在过去的写作经验中,你是否曾在自己并不满意的作品上署名并加以出版和发表?

鲁敏:不满意的就扔电脑里直接就地云葬了。最近还扔掉一个四万多字的中篇。拿出来出版和发表的,首先得过了我自己这一关。

小饭：如果自己的一部作品得到了自己并不认可的褒扬或批评，你会做出自己的反应吗？

鲁敏：有不同的意见，褒扬或批评，都特别正常，这说明评论者对你有关注、有期待、有坦诚，我一直觉得这是好事情，错爱的不必当真，错批的倒要注意，我有时还会辗转托人去感谢。当然这并不表示我会完全地同意，因为写作者常常会有写作者反复盘桓的考虑。但批评确实也会帮助我反思，一定会有表达或书写上的误区，可以有一个警省之用。

小饭：文学的商业化、产业化，对你来说是一种障碍吗？

鲁敏：我还是比较乐于见到文学的商业转化，并进入产业链条的，我没有心理障碍。一来我是处于第一环节，我只负责"写小说"的这部分，这部分是很纯粹、幸福和自在的，我从来不会去考虑"可改编性"这样非常碍手碍脚、束手束脚的事情，而是完全按照自己的审美、自己的野心去创造出一个独立的世界，创造出不同的面孔和命运。前面我也说了，这正是写作本身的大乐趣所在。

而文学作为文化艺术消费的一部分，除了让人们阅读之外，当然还应当有别的可能性，从一部小说，变成话剧、舞剧、电影或网剧等等，以不同的文化产品模式，到达更多的人群中去。这从整体上来说，就是一个良性的产业链。就像我之所以会写《金色河流》一样，我对商业、经济、物质运转，是有着天然的兴趣与好感的，并且也在享用着商业文明所带来的速度、效率与娱乐等等。

小饭：对现在的文学生态，你有什么积极的建议和批判性的思考？

鲁敏：文学生态这个话题比较大，目力所及，确实分层也比较厉害，各种文体各种起伏，有烈火烹油的，也有冷落车马稀的，我愿意看到这样的活跃度，虽然这过程中也会伤害和遮蔽掉一些写作者，但我想，困境也常常是必由之路，蹚过这一段，你就成了强大者。

大的生态我讲不了，但对于可能处于生态夹缝或低伏期的写作者，我有一个小小建议：分析自己，认识自己，在写作的各种样态中，有自我满足自我陪伴的（如我前面说的钟形罩）、有当下 IP 型的，这是指产业化可能性比较大的，也即世俗意义上的大红大紫，也有长期野心型的，想通往经典之路，等等，你可能得问问自己，你到底想成为什么样的写作者，想清楚自己的期许之后，目标明确，你与写作的关系，你与整个文学业态的关系，也许会明朗一些。

小饭：最近听到或看到觉得比较有趣的一个观点是什么？或者比较有启发的一个观点是什么？文学哲学经济学都可以。

鲁敏：也不是观点，是一个方法论或思考角度吧，觉得挺有意思的。是民俗学者施爱东先生的著作《故事法则》里读到的，他在序言里提到，目下的学术研究中，"历时研究"比较常见，即带有时间线的纵深梳理，前因后果，发展阶段这样的研究推理，他在这本书里，主张要强化"共时研究"，即悬置时间影响，不考虑动态演变，把研究对象置于一个相对静态的、封闭的、隔绝于时间影响的独立空间系统。这个说来有点绕口，但如果把这种观察方法应用到文学审美或故事讲述中，就很有意味，就像我一直很喜欢"万有引力"论，就是除了时间的线性影响之外，我总觉得，空间里的他者与他物，对于我所讲述的人物与命运，也会发生极为奇妙的作用力，这个空间是极广义的，同一空间或异度空间，都大可探究。

韩东：宁愿打人一拳也不要骂人一句

韩东，1961 年生，小说家、诗人、编辑，"第三代诗歌"标志性人物，"新状态小说"代表。著有诗集、中短篇小说集、长篇小说、随笔言论集等四十余本，导演电影、话剧各一部。诗集《奇迹》获第八届鲁迅文学奖。

小饭：韩东老师好，你对自己作为作家的明确定位有吗？写什么、怎么写、为谁写等等问题是不是在一段时间后会进行自我调校？

韩东：我不喜欢称自己为"作家"，写作者吧。至于定位，首先这是一个行业，我要靠它维生，其次，行业有标准，尽量用高标准要求自己。很多问题也是在写的过程中逐渐想明白的。

小饭：一个年轻人经常"偷窃"你的句子和想法（借用引用，标明出处的方式）用在自己的作品中，够不上剽窃抄袭的程度，你会因此感觉烦扰吗？

韩东：不会，我会很高兴，甚至感到荣幸。

小饭：那如果一个不太知名的作家把你的作品改头换面发表了，基本够得上抄袭剽窃，你真的会感到受伤吗？这里有两种情况：一、他被发现和举报，被公之于众；二、他的行为不被大众知晓，仅仅是你发现了这回事。

韩东：受伤谈不上，会很愤怒。毕竟我要靠写作吃饭，所以"护食"的本能会油然而生。这种行为理应受到行业道德的谴责。蔚然成风是写作、传播环境变得恶劣的表现。

小饭：一个有抄袭劣迹的作家是否可以（被允许）继续发表和出版其新的原创作品？

韩东：当然可以。

小饭：如果有一个平台，或某些当事人在其所掌控的平台上对有抄袭劣迹的作家的发表申请予以拒绝，这是否超出合理授权？

韩东：平台要在合规合法的前提下办事。原则上我不赞同任何"封杀"，当然，阶段性的惩戒或者对于惯犯可有不同的对待。

小饭：文学写作上有哪些"罪行"？怜悯可以覆盖和宽容哪些"罪行"？

韩东：抄袭、剽窃都是法律上的罪行，文学写作上没有罪行。可能有恶，但那也是道德范围内的。在道德范围内，写作之恶最大的可能是助纣为虐，投机取巧、平庸恶趣次之。

小饭：要不要告诉一个平庸的作家，他写的是平庸的作品。对平庸的作家我们应该怎么说怎么做？

韩东：如果一个人尽力了，就应该恭喜。平庸是骂人话，我们最好不要骂人。平庸如果有意义的话，说到底也只能是一种自我认识。

小饭：我们什么时候可以骂人（对个体进行道德谴责）？

韩东：随时随地。但要记住，宁愿打人一拳也不要骂人一句，骂人比打人严重，它会进入灵魂。最严重的是，你骂的是你认识的人，被骂的人也认识你，这种一对一的攻击几乎可以永恒。你可以抽象地骂一堆人骂一种现象，也可以作为"群众"墙倒众人推地去骂某人，或者骂一个人但不是当面骂。这几种情况的严重性实际上是递增的。最厉害的是指着鼻子骂或者写文章点了名字骂，慎之慎之，己所不欲勿施于人。

小饭：自我认识绝大部分情况下也依赖于社会他者的评价和反馈，但温和的人不会反馈或只单一反馈（表扬）。这是否有损社会多元价值和他人的自我认识的校准？

韩东：社会批评永远重要，但最好不要针对具体的人，除非这个人是某种现象或者势力的象征。在那个位置上他理应承受"攻击"。

小饭："优秀的作家"是不是一个伪名词？优秀的作家是否被允许在很长一段时间内写出平庸之作？只要写出一篇杰作是否可以取得这个"优秀作家"的皇冠？

韩东：作家有优劣之别，作品亦然。我说过，只有那些不甘于平庸的平庸者是操蛋的。平庸不可怕，竭力掩饰平庸才可怕。实际上，关于自己是优秀作家还是平庸作家这样的担心才是平庸的。

小饭：平庸和优秀是否可以过渡？而过渡的动力是否可以来

自于平庸者的不甘于平庸？

韩东：我们所说的"不甘于平庸"大概还是指社会意义上的被承认、认可吧。如果较真，精神层面的，平不平庸你首先得忘却这个划分。人都是上帝的造物，极其精微难得，谈何平庸？换句话说，作为一个人我们没有任何自卑之理，但作为一个具体的人，"我"或"某某"又实在是无足轻重的。现在的情况往往相反，我们总是忘记我们是一个人，又总是为"我"试图证明点什么。

小饭：写作技巧总是花样繁多，似乎目的也未必相同。你如何理解费耶阿本德的"怎么都行"——如果他的这个说法也可以用在写作上？

韩东：丰富、多元或者多样性是文学艺术对文明而言的根本意义所在，在此我赞成"怎么都行"。但就个人工作而言，显然并不能如此。

小饭：刚刚开始写作的人，应该秉持"怎样都行"还是某种更容易"成功（写成了）"和简便的写作范式？

韩东：入手因人而异，喜好也各不相同。在这点上倒是"怎么都行"的。

小饭：同性恋是不是一种（可被接受的）变态？相对于生物学上的正态来说。

韩东：同性恋当然不是生物学上的变态，只是为特定的社会不容。社会或者文化使同性恋成为一个问题。

小饭：抑郁症呢？身患抑郁症可以保护自己不受伤害吗？

韩东：抑郁症伤害到自身，从个体健康的角度，可以说是一种疾病。起因不明，也因人而异，就具体病人而言亦有可能出于自我保护。

小饭：错误和疾病为什么能陪伴我们一生？你说过"修正行动，但不要自我谴责"，错误和疾病能被"修正"吗？

韩东：因为人的有限嘛，人是人不是神。既然如此，有对错的概念，那埋怨也无济于事，能改则改，改不了则可搁置。对己的宽容和对人的宽容是有因果关系的，刻薄寡恩的人生往往是严厉和不妥协的。

小饭："对己的宽容和对人的宽容是有因果关系的"，哪个是因，哪个是果？互为因果？如果两件事"互为因果"，是否代表两件事就是一件事的不同表达，可以被提炼成为一件事？

韩东：互为因果就是互相感染吧。也可以提炼为一件事，宽容比较好，胜于锱铢必较，胜于勉强。

小饭：互为因果的一大难题是，到底是先有蛋，还是先有鸡？还是上帝同时给了我们鸡和蛋？

韩东：这是语言游戏，就像问，先有人还是先有精子、卵子一样。有资格深究的是生物学家或者考古生物学家，但他们从不会问这类"文艺"的问题。

小饭：为什么人们的智识一再被训练和重视，"人群"却依然是愚昧的？

韩东：人的生存离不开集体，在最好的情况下集体的智商是个人智商的平均值。

小饭：那你是否同意这样一句话："一个民族的堕落首先是精英的堕落，而精英堕落的标志是开始不停抱怨民众的堕落。"

韩东：不赞同这样的说法，这样的表述太文学化了。精英因负有责任，问题更大倒是，民众也有自己的问题，但这里的因果关系不成立。最明显的因果还是制度和环境带来的。

小饭：以你的经验来看，周冬雨或张曼玉是好演员吗？什么是好演员？

韩东：得看什么标准了，我的标准有点高。

小饭："表演"这个词很有意思。是艺术，是技术；是动词，是名词。光"像"不行，哪怕"惟妙惟肖"也不足够。它仿佛是某种化学反应，但又不是化学方程式。很想知道韩老师关于表演（技术），你的一些标准。

韩东：赞同表演是艺术，技术——就像各类艺术一样，在表演中那是前提，但远远不够。"惟妙惟肖"当然不是标准。标准肯定是有的，但肯定不是某种定义，不是词语所能描绘的，标准只在"实例"中，伟大的表演艺术家的表演即是标准。

小饭：写作中存在表演吗？你会在写作中表演吗？在写作中什么时候需要表演？

韩东：写作中的表演是借喻，设想观众也就是读者的存在。写作中的"潜读者"一直是有的，只是，这个潜读者因人而异。很多人之所以喜欢炫耀，是因为他们的潜读者是些知识分子、饱读之士或者掌管你作品命运的权威。我的潜读者大概是那些想象中和我心意相通的人、懂行的人，我当然会取悦于他们。"为懂你的人而写"，我争取做到的也就是这些。

小饭：什么样的沙发让你坐着舒服？利于思考和写作。"舒适"对你来说重要吗？"饥饿感"呢？

韩东：抛开功能不说，老沙发、旧沙发更舒服一些，就像我喜欢穿旧衣服，不是节俭，就是穿起来舒服。舒服对我来说重要，但我对舒服的定义可能不是享受，享受这种舒服，而是遗忘。忘记自己身体的存在，就谈不上舒服或者不舒服了，佛教有一个词叫"轻安"。皮囊轻安了，思想才会集中。"饥饿感"当然重要，它几乎是做一切事的原始动力。

小饭：似乎饥饿是佛教中的八苦之一，八苦都是做事的原始动力吗？

韩东：饥饿并非八苦之一，它可以代表我们的原始欲望。八苦所言，有的是习性，有的是境遇，属于必然之条件，并构不成"原始动力"。

小饭：一个胸怀壮志的作家如果这时候从天而降，他该选大城市生活还是小城市，还是小乡村？

韩东：都可以。写作者的环境首先是心理环境，心理环境过关了一切皆可以。

小饭：心理环境是越平坦无物好，还是越丰饶复杂好？尽管这两者有情绪上完全相反的表达（苍白和冗杂）。

韩东：最好的心理环境是安静、平静或者宁静，即使复杂丰富也有条不紊。

小饭：音乐对你写作上的启发和陪伴作用大吗？

韩东：写作时我故意回避音乐。我喜欢在"自然之音"的环绕下或者在"无声"中写作。

小饭：古典音乐为什么没有终结音乐？

韩东：音乐是声音的艺术。只要我们还生活在地球上，还有声音传播的介质空气，只要我们还有耳朵和相应的大脑，音乐就会存在。

小饭：村上春树（马尔克斯，或者海明威）见到甲壳虫乐队（或者马友友，郎朗也行），他们会不会相视一笑，心有灵犀？

韩东：不会。会互相恭维，有时也发自心底，但不会心有灵犀。心有灵犀只会发生在爱情中。

小饭：火是某种物质吗？发火为什么是生气的意思？情绪管理在写作和生活上重要到什么程度？

韩东：火是一个词或者一个概念。发火、生气是对愤怒的感性描绘。管理情绪当然重要，宗萨仁波切把"一切烦恼皆苦"重新翻译成"一切情绪皆苦"，我以为很深刻。但我还是不喜欢"管理"这个词，我喜欢用"处理"，文学从某个角度说，就是处理情绪、情感或者感受。

小饭：为什么会有人认为（某个或者全部）哲学家是搅屎棍，另一些人则对"哲学"充满兴趣？

韩东：哲学是专业，一门西式学问，但我们会把它误会成思想或者深刻的思想。思想或者思考并非是哲学家的特权。反对哲学的人反对的应该是哲学代表思想的神话，对哲学热衷只要目的不是"武装到牙齿"或者学以致用都没有问题。

小饭：为什么足球和地球都是圆的？以及人的脑袋大体上也是圆的？为什么"圆"和"滑"为中性词，"圆滑"就是一个坏词呢？

韩东：汉语的妙用吧。汉语无阴阳，但有褒贬，这是它的特色，它的性感是在道德上的。如果我们喜欢某个人或者某个行为，就不会使用"圆滑"，我们会说"灵活""机敏"之类。

小饭：有人说王小波对汉语颇有贡献。而且他对年轻一代、后生一代的人影响力很大，你预测还能保持这样的影响多久？

韩东：王小波最大的启示还是写作态度。这种态度作为理想化的态度之一种，可以永恒（永远需要）。其次，王小波的部分作品（如《黄金时代》）也是迄今为止现代汉语文学中最杰出的，富含营养，我觉得直到"现代汉语"没落之前，都是可以学习的经典。

小饭：那我对"鲁迅最大的启示"是什么就很感兴趣。金庸呢？

韩东：鲁迅最大的启示是认真和孤绝吧。就写作而言，金庸给我们的最大启示是"解放"和游戏精神。

小饭：一个十八岁的年轻人该不该听赫伊津哈说我们都是"游戏的人"？

韩东：多听点没关系，有好处，只是不要太当真。这才是真正的"游戏的人"。允许偏听偏信，允许固执——在一个阶段上，但不允许（最好不要）狭隘。

小饭：狭隘难道不是偏听偏信和固执的结果？至少是大概率的。

韩东：当然。阶段性的偏听偏信和固执也许是必要的，但最好"进得去也出得来"。自我反省、怀疑精神以及"突破"意识对一个写作者而言始终是必要的。

小饭：对年轻作家来说，寻找权威的做证是不是唯一路径？

韩东：应有至高的标准，这标准是一个人还是某些作品无关紧要。

葛亮：家国情怀见乎君子之道，
也可见乎烟火日常

葛亮，1978 年出生。现居香港。哲学博士，毕业于香港大学中文系。现任香港浸会大学教授。著有长篇小说《燕食记》《北鸢》《朱雀》、小说集《瓦猫》等。小说《飞发》获第八届鲁迅文学奖。

小饭：葛亮老师好。让我们从《燕食记》开始谈起吧。我的第一个问题是，《燕食记》给我的感觉，其质地介于陈忠实和汪曾祺两位前辈的代表作品之间，也有"史诗"，也有生活雅趣细节。在写作之初，你是否想过这会是一部什么样的作品？前前后后一共写了多久？

葛亮：小饭老师好。这部作品从开始构思到完成，差不多用了六年的时间。写作一部关于饮食的小说的意念，可能会追溯得更为久远，甚至可算是一种夙愿。早在我第一部长篇小说《朱雀》

时，写到主人公许廷迈因一碗鸭血粉丝汤连接了与原乡的根脉。后又经历了《北鸢》《问米》，食物逐渐进入了我小说叙述逻辑的重要因素。"民以食为天"，食物是日常，是最为平朴的，但又见微知著，其后埋藏着莽莽的历史与幽微的人性，是个很可书写的空间。长篇小说因此成为这个空间更为理想的文本载体，由此完成了《燕食记》。

小饭：这部《燕食记》从发表出版便得到了诸多好评，无论是评论家还是读者，我也读得很"高兴"。想问葛亮老师，在写作这部作品的时候，整个过程中有哪些比较艰难的时刻吗？能具体说说吗？

葛亮：写这部小说的周期相对漫长，但整体的写作感受是很愉悦的。因为涉及较为专业的领域，可能要花不少时间和精力在考察与准备工作上，案头、田野、访问，都很重要。这个过程有难度，但并不枯燥。你深入了一个行业和领域，是延展知识结构的过程，进而见乎于细节，也是拓展世界观和历史观的过程。对一个写作者而言，这个过程是相当有益的。

小饭：饮食确实是个非常好的"主题"，会让很多读者看着产生真正的饥饿感。我有个相关的问题——在完成了这一部作品之后，你还有没有一直挂念着的，想写的关于某个主题的大部头——比如，关于衣服的，我纯粹是举例。

葛亮：我近年在做"非物遗"的研究，就此也发掘文学创作的素材。晚近"匠传"小说系列，包括《书匠》《飞发》《瓦猫》等，写作的意念，大都来自这方面的积累。非物质文化遗产具有特征之一，是附着于特定社会群体区域或个体存在，是民族个性、审美习惯的"活"的体现，具有从纵深角度提供历史性文学样本的意义。但我更为关注的，是"物"后所潜藏的"人"的元素。物可以是文化及历史承传的具象载体，也隐埋社会发展的轨迹，甚至包括情感与情绪的关节。这些归根结底都是和人自身相关的。围绕于此的观察和呈现，可发掘许多迷人之处。

小饭：一般作家都有不同于其他人大脑和思考（形式和结果）的职业追求。在彰显自己作品和作家身份的"特别之处"上，有怎么样的行动？是否考虑过自己作为作家身份的"识别度"这个问题？

葛亮：写作对于我而言，是一种沉淀之道。所以，它首先对我是种内心的需要。因为我长期在学院工作，写作是在本职之外的有必要的补充。这种补充体现在，给予我更多空间去表达思考的结果，比如历史观念。我一直很重视在历史中"日常"所承载的意义。这些年，日常史与微观史，渐渐构成了和宏大叙事之间的对话。前者跨越了许多形而上的部分，和文学之间产生了更多的呼应。当然，相对于研究，文学创作有更多"接地"的部分。所以，除了案头，田野和访谈的工作，对我而言是必须的，也是保持小说"活气"的部分。在我看来，"格物"后埋藏着许多人的密码，是最有生动和鲜活的历史因由。对历史尤其中国近代史的兴趣和表达，构成了这些年写作的驱动力之一。或许也潜移默化间造就创作的"辨识度"，这是来自读者层面的回馈和肯定，值得感激。

小饭：这么一说我更容易理解了。在相对年轻的作家之中，你的写作很扎实，有根基，有其背后的原因。语言还相当有特色——在不同的作品中，你会考虑变换自己的语言，包括叙述速度吗？这方面你是如何做的？另外也想知道你是如何锤炼或者说提升自己的语言的？

葛亮：是的。在我看来，语言本身也构成文本形态的一部分。所以有关语言的考量，会纳入到我对主题的选择。比如写《北鸢》时，由于涉及上世纪初至中叶的时代语境。对传统语态的衔接是必须的，因而我寻找语言去匹配我所要勾勒、呈现的时代。而这个时代并非仅仅从一个当下人的角度去"再现"，而是直接地作为一个在场者去呈现表达的过程。我希望我的小说语言本身，已构成了勾勒时代的某些榫节跟砖瓦，"期于适如其人之言"。所以我集中阅读了包括《新小说》《小说林》等大量上世纪初的文学期刊，去寻找其中的语感，进而塑造了适合这部小说的语言讲述体系。这是一种"在场"的语言。这是"信"的层面，同时要做到"顺"，当下读者在阅读过程中仍然能体会到它的美感，不是那么难以进入。

晚近这部《燕食记》的场景，基本发生在粤港地区。我希望它在语言的结构、气性的表达上，是全方位的一本岭南的小说。所以在小说中运用了不少粤语元素。粤语本身是非常鲜活的语言，也有历史和渊源，所谓九声六调，保留了很多中古唐音。作为语言体系，它的精简与雅洁，有目共睹。难点在于把它写出来之后，面对的不仅仅是粤方言区的人，还要面对更多的，包括北方的、中原地域的读者。怎么把握其中分寸，尽量体现对于粤语的生命力和活力的善用，同时又不影响非粤语区读者阅读的阅读体验，这个是需要平衡的。除了有意识地化用，有些还是需要加些注释，比如风土人情、在地典故、专有词汇的部分，特别是除了广府话，还用到一些四邑话，都进行了注释。另外，涉及比较老旧的粤语，这些元素要用得恰如其分，还需要请教一些长者。

小饭：想知道你平时在写作具体过程中是怎么样的？如何作息，如何规律生活？平时阅读和写作之间的平衡又是如何做的？

葛亮：我的写作相对是比较规律的。和我的本职工作间，互为应和。在学期中，我主要写作中短篇小说，同时较为集中地阅读，包括查考与整理资料。在较长的假期，集中地、投入地写作长篇小说。这也构成了相对规律的周期。当然，后者需要在每个周期内有所衔接。我觉得隔开一段时间，以一种相对抽离的近乎第三方眼光，重读自己阶段性完成的文字，是有益的沉淀，会厘清一些当时未必确定的观念和想法。

小饭：那你会经常回望和回顾自己过去的作品吗？会如何看待自己年轻时候或稍早时候的写作？会认为那是一条不可取消的道路吗？

葛亮：不会太经常，毕竟每个写作的阶段，都有相对独立的文学取态。但适当地回顾是需要的。任何一个阶段的写作都是有价值的，包括早期的创作也许是青涩甚至不完善的，但同样值得重视。这不仅是指其纪念乃至审美上的意义。写作都是自我生长的体系，其中包含有一种轨迹。看清楚自己过去的来路，也有助发掘自己在写作上更多的可能性。对我而言，这种回顾也包含了史观的建筑。在每个人生阶段，不同的阅历与年纪会影响你对历史的判断与结论。当然，这种判断成熟与否是一方面，但在我看来没有高下，代表了不同的维度。来自直觉和来自深思熟虑，都有其互为参照的意义。比如对于历史的陈述,《朱雀》中的"显",《北鸢》中"隐",与《燕食记》中关于传统与当下的"对话"。这种自我写作的回顾,给我的写作带来内部的参照与启发。

小饭:嗯。有作家认为文学是一个"大致"的事物。也即,文学它本身不存在斩钉截铁或泾渭分明,甚至文学本身反对这样的形容——你怎么看这个判断?

葛亮:文学本身就是个开放的艺术,它是相对温和与不太霸权的,带有"千人千面"的想象空间。我在大学里执教的一门课是有关电影和小说的比较。两种艺术形态,显然和受众的交流方式是不一样的。和影像不同,文学更类似于薛定谔的猫,它的生死是来自于揭示者本人的主观性,天然带有开放、模糊和未定的性质。这不是单纯从读者反应理论的角度去诠释,而是文学本身的审美独立性势必伴随着它开放和未有定论的面向。这带来它对空间和时间的跨越,乃至相对恒久的意义。这是文学最迷人之处。

小饭:你前面提到在高校工作,工作和写作之间互相应和。很多作家在高校任职,你认为在高校任职过程中的写作,是否带有一些倾向性的好处或坏处。比如,有些作家得益于教学相长,在教学的过程中逐渐厘清自己的文学观念;另外有些作家则尽可能逃避教学任务之外的其他琐碎。你是怎么做的?

葛亮:我觉得自己的情况属于前者。教学相长是一个层面。确实也从我的学生身上学习到很多东西。他们的活力,在不断地提醒我保持对世界观察的现场感和敏感。另一个角度,长期的研究工作,会形成某种本能,比如资料整理、案头乃至田野考察的部分，这对我小说创作前期的准备工作而言，也是有序而必备的元素。另一方面，学术体系会保持你对文字建构逻辑能力的锻炼和敏感，这对文学创作，特别是长篇小说的构思和叙述，都是十分有益的。

小饭：是否会和同辈作家或文友结交？探讨和交流文学雅趣？以前有这样的文友吗？

葛亮：写作本身是独立完成的行为，但志同道合的同人会带来思想上的碰撞与思考，这是一定的。我较少去界定文友和生活上的朋友。有时带来彼此启发的，可能未必是文学的理念和技巧的探讨，而是基于现实的价值观的砥砺和对某种现象的看法。建基于不同的时间、空间和阅历，观念都是独特的，这种交错会很有趣。

小饭：有想过成为一个什么样的作家？在未来。在读者的记忆里。几个关键词或许可以概括或者延展说说。

葛亮：这方面还没有深入地想过。就如同你刚才对文学的界定，写作也是本身开放的、带有各种发展可能性的，创作者也是如此，认真地写下未来的文字，才是重要的。

小饭：有人认为未来比过去甚至更加确定。你认为未来是一个确定的存在吗？基于"人只会成为那个自己想成为的人"以及"我们总是距离目的地越来越近"。

葛亮：未来是充满了可能性的，即使每个人都觉得对自己足够了解，也无法完全把握这种可能性。拿我自己来说，因为我的家庭来自学院，所以无论父母甚至我自己本人，都认为将来大概率地会单纯进行学术工作。事实上一直到读硕士时都是如此认为。但很偶然地，因为写了一篇小说，开启了此后的文学创作的路途。这是令人意外的节点。但有一点，随着年纪增长，可能未来的确定性会提升。因为诚实地说，从事业的角度，个人专业性的提升和选择空间，在主观上是此消彼长的。从实践的角度，你会越来越倾向做熟练的事情。但适当地走出舒适圈和保持挑战自己的心态，还是很有意义的。

小饭：会不会拿自己比照和寻找和判定历史上诸多文人，会不会去历史中找到某种观念的知己？

葛亮：应该这么说，在观念上，我们都会希望在历史脉络中，有某种可崇敬的参照。这方面沈从文先生对我有深远的影响。关于他有一种既成的印象，觉得他在那样一个年代表达人性的淳美，这种淳美中间也包含着人性的砥砺。但我觉得沈从文更大的意义在于他的小说是包含社会实验性的哲学元素。我最喜欢的不是大家都普遍一致赞美的《边城》，而是他没有完成的作品《长河》。因为在《长河》里面他表现出对当时社会语境的常与变的一种反思，他有一个观点我觉得在当下仍然适用。在当时的中国，包括现代文明的渐进，开始进入到我们这样一个一直以来根深蒂固的文化体系的时候，实际上它的意义是什么？特别是"现代"的意义，它是需要放置在一个相对来说比较传统的文化语境中去检验的。所以这也构成了我自己小说观的一个很重要的部分。

小饭：我们通常认为一个作家的观念可以决定一个作家的高度。我想继续这个话题，想问葛亮老师，在你的小说观里，自己还有多少可以去进取和努力的地方，也就是接下来你的工作重点会在哪里？不单单是具体写某一部作品。

葛亮：未来的写作可能还是着重于"对话"。任何一种文学形态和主题都不是孤立的，放在更广阔的互动性界域里看，会有不同的结论。关于过去和现在的、代际之间的、不同民族和区域的。这可能会构成文学创作的主题。近几年也与作家同行进行过访谈，可能还会继续这方面的对话。在文学阐释层面，体会到大家彼此的领域不同，各具擅长。对话间，对我而言也是学习的过程。比如科幻是我在写作上未涉足的领域，倾听同时，世界观在交汇与碰撞，也在重整与建立，对自己未来的创作，一定是会带来启发的。

小饭：那你怎么理解"家国情怀"这四个字？我在你的作品里经常能想起这四个字。包括在《燕食记》中，你总能把几个主角的人生和国家发生的大事串联起来，虽然大部分情况下，那些大事只是故事轻微的背景音……能否具体谈一谈你在写作中如何处理人物和社会背景的方法？

葛亮：家国情怀对我而言，是一种民族的凝聚力，存在于每个人的身体力行。在小说创作中，任何的人物作为个体都不是孤悬的，必然有赖以存在的广袤背景。而这背景是复合的，涉及历史与空间，社会与伦理。而家国既是以上元素有温度且深层次的体现，也是展示主人公命运走向的内在逻辑。可见乎时代铿锵，可见乎君子之道，也可见乎烟火日常。

小饭：最后一个问题，也跟之前的话题有关，想问问葛亮老师，在你的自我判定里，自己是一个偏古典的作者还是一个更具备现代性的作家？或者说你相对糅合了自己在这两方面的形象？

葛亮：就这方面，或许不会给自己做一些预设。在写作手法甚至语言上，我会考量因应具体题材做出选择。在文学的探讨上，我会关注当下语境中有关传统的嬗变问题。"常"与"变"中，已包含过去和现在的所指。现代性也是一个相对的概念，因为时代在发展，不断推陈而出新。所有写作的素材，其实都处于一个交缠的时空里。我觉得作者因应自己的写作观念去呈现和挖掘这其中的复杂性，皆有其意义。

金仁顺：作家就是忍不住要说话的那些人

金仁顺，女，1970年生，中国作家协会主席团委员，吉林省作家协会主席。著有长篇小说《春香》，中短篇小说集《桃花》《松树镇》《纪念我的朋友金枝》等多部，散文集《白如百合》《众生》等。

小饭：金老师好，你似乎是一个少产的作家，但我发现近年来你的作品，尤其是短篇，个个精彩。读了你去年的《起因》和今年的《白色猛虎》，这种感觉依然很强烈。你一年似乎就写作一两个短篇，有没有觉得自己偷懒？还是因为写作一个短篇会消耗你大量的时间和精力？

金仁顺：有啊。我一直为我的不够勤奋惭愧。我缺少自律精神，我的写作太过随性了。我经常会被朋友批评，也经常自我批评。但好像习惯已经形成，我保持创作低产很多年了。怎么说呢，写小说就像是拜访老朋友，天天去会觉得腻烦，但长时间不去我又想念。不管怎么说，我应该多花些时间和精力在写小说上面。再次自我批评一下。

小饭：我想你很看重"好故事"，你也经常用一个故事去表达自己对生活对世界的理解，这很"高级"，这也很"艺术"。你在写一个故事的过程中的一些"技巧"令人印象深刻。很多平平无奇的故事，在你这里就"爆炸"了，尤其是《起因》，故事很平常，人物也很普通，但就是读完感觉你很厉害。这个问题有点长了，我想问的是你是如何挑选你的"故事"的？

金仁顺：某件事，某个人，某句话，某个玩笑，或者某个味道？都有可能是一篇小说的起因。这些细节在我生活里面出现过，伴随着一大堆其他的鸡毛蒜皮，大部分鸡毛蒜皮很快就被丢进了垃圾箱里，被时间和记忆抛弃，仿佛它们从不曾存在过；但有些事，有些人，有些话和玩笑，留在了我的脑海里，随着时日的增长，它们非但没有消失，还被打磨出了包浆，我会在某个时刻把它们拿出来，问我自己：为什么没把它们丢掉？它们隐藏了什么有意思的东西？把它们写出来可好？于是一部分故事就这么写出来了。

小饭：最近确实看了很多你的短篇，共同点是，你的叙事节奏都很明快；你笔下的人物，好像每个人都是你朋友似的——我的意思是，你对他们很熟悉，有情感灌入。"郎朗"是你朋友吗？"白色猛虎"是你朋友吗？《起因》中的小女孩总不见得是你朋友吧？你是怎么找到这些人的？什么样的人物会让你觉得"值得一写"？

金仁顺：不是有句耳熟能详的话吗？作家塑造的每个形象都

是他自己。按这个逻辑，我笔下的每个人物都是我的朋友岂不是顺理成章？我写作的人物多少都有生活原型，他们在我的生活里多是转瞬即逝，或者道听途说，我很少写我身边切近的朋友，也很少写家人的事情，我怕他们生气。写作是把解剖刀，谁疼谁知道。我对我的不够勇敢和懒散既蔑视又无能为力。很难说什么样的人物值得写，什么样的故事更重要，人物和故事自然而然地就在那里，我需要做的是把它们呈现出来。

小饭：在散文创作中——比如你的《离散者聚会》《众生》和《蛇》，一篇散文常常有很多人物，很多故事，把这些用拼贴的方式组合在一起，甚至比你很多短篇的容量都大，但能起到特别美妙的效果。我想问的是，用这样的方式写散文是不是太用力了，甚至我感觉都有点浪费了。

金仁顺：好几个朋友跟我说浪费，明明其中有些故事单独写出来就是个不坏的短篇小说。朋友们说得对，而且是为了我好。写作时我经常"用力过猛"，还经常是明明用了"猛力"，却被人误解成"轻描淡写"。我也很无奈。这几篇散文容量比较大，人物和故事难免多了一些。但既然你都说了有"特别美妙的效果"，那浪费也是值得的。

小饭："好几个朋友"，我注意到这个说法。我想问金老师对文友对自己作品的评价在意吗？有多在意？作为一个"资深作家"，你的创作观和文学观应该是已经完成了的，但我想也有可能——你还会因为什么去修缮和调整自己的创作观？会跟朋友们敞开心扉谈论这些吗？和怎样的朋友？会觉得这是自己精神生活中隐秘的一部分吗？

金仁顺：对作品评价我当然在意。写作在我的生活里占据着重要地位，我希望我的写作不只是有意思的，更是有意义的。写了快三十年了，创作观和文学观是有一定程度的形成，但这种形成始终是动态的，一直在变化，就像作家经常会被问到最喜欢哪本书？哪个作家？这个问题每个时段的回答可能都不同。关于喜欢的书和作家，很难"最"，但经常"之一"。我经常跟朋友们聊这些啊，只要谈话的场域合适，这不算什么精神隐秘吧？我是作家，谈写作方面的事情不是很正常吗？

小饭：你平时看不看类型小说？科幻、悬疑、犯罪这一类？对这一类写作你有什么样的评价？

金仁顺：我从读书开始，就一直"杂食"。初中的时候，一边读《收获》《当代》《十月》，一边读金庸、古龙、琼瑶，大学时候左手卡夫卡，右手阿加莎；我读经典作品的同时，也从来没放弃过哈利·波特、吸血鬼、斯蒂芬·金，有一年我读了十几本藤泽周平的小说，日本武侠和中国的比起来，沉稳、扎实，让人深深感动。从某种角度来说，"花式"阅读能让阅读本身保持着有趣的平衡。最近几年，我还在手机上读网文。小说分类别，哪个类别里面都有金字塔，我以前说过，好故事是一个魔法盒子，我在乎的是盒子里面装了什么，而不是盒子本身。当然，买椟还珠的事情也时有发生。

小饭：谈论女性主义的时候，你通常只是讲故事，除了确认自己是女性主义而不是女权主义之外，你也不做很具体而明确的表述。就比如说，如果有一天需要你为女性提案，你第一个想提的案是什么？为什么？

金仁顺：女性主义或者女权主义，在中国当下复杂的社会状况中，必须落实到非常具体才能说清楚。而讲故事，就是把问题落到实处的最佳方式之一。如果我要提案，那我会提交关于拐卖妇女儿童的问题，量刑上面应该大幅提升。中国实行计划生育多年，独生子女占很大比例，丢失了孩子就等于令孩子父母、祖父母、外祖父母，至少三个家庭陷入绝境。这种伤害并不比死亡小，因为犯罪成本低，才让团伙犯罪率居高不下；拐卖妇女也是一样，这种伤害对女人而言，比死亡来得更残忍和惨烈。我呼吁多年，却始终被无视，也有说法是如果量刑过重会危及被拐卖儿童和妇女的安全，那么，可否把这个问题认认真真拿出来，让社会各界来讨论一下呢？

小饭：你的女性主义姿态在你的小说中实在看不出来，我甚至觉得你有时候也会站在男性立场，去为男性"辩解"，看上去像是一个母亲包容孩子。尽管道德审查男性并不是小说创作的上策，但这样做会不会也有风险？你认为一个小说家会有什么样的风险，需要在何种程度上承担这种风险？

金仁顺：我的女性主义立场坚定，但方式温和。我自认对男性的看法是客观的，有一说一，怎么会有风险呢？小说家的风险我倒觉得是在写作姿态上面。作家是不是甘于写作本身？是不是始终诚实地面对自己的写作理想？尽可能地保持写作的纯粹，哪怕终其一生寂寂无名？对我而言，这些都是很实际的问题。写作的个人性，导致这个工作的高风险性。能成功的作家毕竟是少数，平凡、寂寞，甚至贫困，才是大部分写作人的写照，在熟知这一切后，还要不要以写作为终身职业？

小饭：这些年你在作品里描写的现代人的感情，往往不够浪漫传奇，"向日常生活中庸常的一面致敬"，甚至奸情的部分也都看起来普普通通，不曾经历大风大浪。这是你的感情观吗？平平淡淡才是真？

金仁顺：作家就是要写日常生活，写"于无声处"的"惊雷"。能把"日常"写得既"日常"又"非常"的作家才是好作家。有个国外作家的短篇小说，很短（忘了作者名字了，抱歉），他写自己小时候母亲离家出走了，绝望的父亲把他带到山林，孩子背对着父亲，知道他正举着猎枪瞄准自己，吓得尿了裤子，父子俩对峙了很长时间，那段静默，充满了人心的张力和小说的魅力，过了很久，父亲放下猎枪，带着他回家，父子俩全程无话。他们回到了日复一日的庸常生活中，了无生趣，苟且存活。这篇小说片段平平淡淡，但是，我们在其间看到了风暴。

小饭：很多作家有长久的休眠期，或者忽然对写作这件事厌倦了。你也有过这个阶段吧，那时候你在干啥？依靠什么维持精神世界的营养需求？

金仁顺：我的写作瓶颈跟写作时间一样长。这是我低产的一部分原因，另外一部分原因是性格，太过散淡了些。但写作是我此生最爱，没有之一。因为写作，我成为还算不赖的读者，写作如果是我的书房，那阅读就是我的庭院。这一房一院，是我在世间最好的居所，我不会对写作和阅读厌倦的，它们收留了我，我只会心存感激。它们提供的东西，足够维持我的营养需要，其他更多的，是锦上添花，是聊胜于无。

小饭：这"一房一院"的说法好极了。这能称得上幸运吗？

你是怎样获得这个"一房一院"的？在你小时候最初和文学结缘的时刻是怎样的？是某种幸运的时刻吗？

金仁顺：和文学结缘是因为阅读。小时候我爸爸单位有好多书，世界名著，各种文学期刊，但似乎没人感兴趣。我哥哥姐姐读了一部分，他们讨论其中某些篇章和细节的时候，我觉得很有意思，我迫不及待地也去读那些小说，起初是磕磕绊绊的，字都认不全，但后来就越来越顺，也读得越来越多了。我没奢望过能成为作家，年少时作家是我心目中神一样的存在。大学毕业的时候我放弃留校当老师，跑去做文学编辑工作，就是基于对作家的崇拜，我想知道作品以外的作家都是什么样的。我实现了这个目标，我认识了很多作家，这种感觉很美妙。

小饭：想知道金老师对"幸运"一词有什么样的理解？你觉得自己是一个更幸运的人，还是一个更努力的人？如果要成为一个作家，幸运和努力分别意味着什么？

金仁顺：我是个非常幸运的人。我的努力其实远远不够。我经常觉得我得到的太多了，我被老天如此眷顾，真是心怀感激。成为作家，幸运和努力哪个更重要？我不知道。我倒觉得对作家而言，对生命的热情和对生活的感悟可能更重要，作家就是忍不住要说话的那些人，要通过人物和故事来讲述自己世界观的哲学家，想借作品永生的野心家，对不可言喻非要"言"和"喻"的冒险家。

小饭：你有你的"一房一院"，但有没有那么一刻，看着城市里遍地落成的高楼大厦，感觉文学很"小"？不再觉得文学创作是生命中最重要的事？相当于走出了文学带给你的"一房一院"？

金仁顺：恰恰相反。看着城市越来越广阔无边，越来越宏伟壮丽，越来越酒绿灯红，我庆幸我还有文学。文学是我的定盘星，让我在广袤和无限里面不至于流失和消解。外面的世界越是博大和精彩，小房小院的价值和意义越是浓缩和精华。

小饭：今时今日，有没有什么具体事物是会让你产生恐惧的？你会如何战胜恐惧感？

金仁顺：恐惧什么时候都有啊，而且是各种各样的恐惧。我惧怕任何形式的伤害。我战胜不了恐惧，我只能试着跟恐惧和平共处。

小饭：有没有兴趣重读自己以前的作品？很多作家会抗拒做这件事，但不少自恋倾向的人，或者很愿意审视自己过去的作家愿意这么干。如何看待过去的自己是个很有深意的话题，你认为过去的自己和现在的自己的关联是否强烈？

金仁顺：没什么兴趣但也不至于抗拒。有时候重新编辑、出版小说集，肯定要回头看自己以前的作品的。看自己的旧作时，旧时的自己会自动浮现出来，我会后悔有些事情做得不够好，但也没什么大不了的，想想，然后放下。如此而已。

小饭：问个比较刁钻的问题，但是我真心好奇的：在今天，你还想写什么样的作品，什么样的作品才能让今天这个状态的自己满意？或者说，有什么作品会让你不顾一切此生此世必须去完成的？

金仁顺：我没什么野心，也不会跟这个世界较多大的劲，没有什么事情能让我"不顾一切"，包括写作。

小饭：那我们经常看到四个字叫作"生而为人"，但是这并没有完成，后面通常会跟几个字。如果让金老师续写"生而为人"，会是什么？

金仁顺：生而为人，善待自己。

小饭：在你自己笔下，自己最喜欢和同情哪一个作品，或哪一个故事，哪一个形象？被读者们记住和理解了吗？

金仁顺：如果一定要挑选一个，那就还是选春香吧。不是《春香传》里的春香，而是我自己小说里面的春香。浪漫啊，传奇啊，听听就罢了；岁月静好之类，笑笑就过去了。从来没有随心所欲的生活，没有完美的人生，但可以有一个花园，爱情、亲情、友情，像花朵的香气，浓烈或者清雅，围绕身旁，夫复何求？

小饭：你寄希望于写下的人物和故事——它们的作用和结果是什么？我是想问，你写作的最大的动力来自哪里？

金仁顺：它值得被写。

小饭：对人还有兴趣吗？意外认识了新的还不错的朋友还会投入怎样的热情？

金仁顺：作家怎么会对人没兴趣呢？兴趣是一直一直有，但不用都成为朋友。也有新朋友。那通常是他们身上具备某些优秀的品质让我佩服和喜欢，聊聊天，还蛮不错的。

小饭：一个作家不可避免会从身边的人入手。金老师如果写到自己认识的人，身边的朋友，会有障碍或者某种道德自律吗？会不会用清澈而友善的眼神告诉对方，我最近写了你？

金仁顺：我几乎不写身边的人。我不希望朋友们觉得我出卖了他们的私生活。我又不缺故事，为什么非要拿身边人说事儿？触发我们写作的起点大多是感慨和伤痛，触及朋友痛处，何来清澈和友善的眼神？

小饭：是的，人世间充满感慨和伤痛。酒精和睡眠成为过你的烦恼吗？会伤害到你的创作吗？在你的创作中有没有敌人——干扰你创作最大的那个东西？

金仁顺：不会。干扰我创作的最大的障碍是懒。

小饭：对戏剧的爱好可以跟大家分享吗？至少，我想能不能请金老师说一说你最喜欢的戏剧作家和作品？

金仁顺：我大学时读的专业是戏剧文学，每学期都会看表演专业的学生汇报演出，我喜欢在黑匣子剧场看演出，好的剧目会让人欢笑流泪、屏息和战栗。最近几年，我又重新迷恋上了剧场，可能是互联网自媒体时代，影视视频满天飞，明星网红一抓一大把。剧场里面的演出倒是更符合我对艺术作品的想象和定位。我越来越喜欢待在小剧场里面，看沉浸式的戏剧作品，演员们的喜怒哀乐如此清晰真实，他们带给我的感动远远不是影视或者网络视频能比拟的。

小饭：金老师，你对生活最敏感的部分是什么？娱乐或者政治社会新闻，某种文艺生活，或者私密的小范围的朋友之间的互动？

金仁顺：生活是很复杂、综合、微妙的，很难说哪一部分最令人敏感。触动我的经常是些细节，这个前面也说过。作为作家，我不够"形而上"，过于"形而下"，我的大部分时间都花费在生活本身，而不是对生活的思考上。

小饭：最后一个问题了，我想问你认为（你的）短篇小说其中可以被分享的小奥秘是什么？起到类似某种建筑的承重墙的作用的小奥秘。

金仁顺：我不太能理解你说的"奥秘"指的什么？我试着回答一下吧。我写的短篇小说，每一篇，里面都有真和实。真实是小说的骨架，而这个真实不一定是事件和人物，但它是小说的核心。这个核心有的时候会被评论家和读者读取，但大部分时候会被忽略。但我知道它们在那儿，就像你说的，它们是建筑的承重墙。

田耳：相对于无意义，我对有意义更为谨慎

田耳，本名田永，1976 年 10 月生于湖南凤凰县，在《人民文学》《收获》《钟山》《芙蓉》《天涯》《大家》《青年文学》《联合文学》等杂志发表小说百万字。曾获第四届鲁迅文学奖。

小饭：面对田耳老师，我有很多问题。确实很想从你这里学到一些写作的窍门。如果哪天某位读者看到这篇访谈，我同时也希望他能有这样的收获。第一个问题，你觉得在你非常坦率地回答了我的问题之后，我是否就可以在写作上往前大进一步？你觉得读一个作家的访谈和读一个作家的作品，从学习的角度，有什么不同？

田耳：我个人喜欢读作家访谈，比如《番石榴飘香》，比如卡佛、奥康纳的访谈，这些年看了许多遍。还有《巴黎评论》那一套作家、诗人访谈，某些篇章段落我是反复读，这些都能有效地

整理自己的写作观念，甚至形成新的创作冲动。我发现一个基本事实是，喜欢一个作家的作品，往往也会喜欢他的访谈，作品与访谈有互证的效用，两者共同让一位作家的面目更加清晰。这也说明作品和作者需要内在的统一，而不能断裂，断裂会让作者的形象、作品的成色削减。作品和访谈的关系，合则双美，分则两伤。国内的访谈给我留下印象的不多，很久以前看过《美人赠我蒙汗药》，有过震撼，但后面不太看得到这么真诚的访谈作品了，大家都知道讲话的尺度是在变的，访谈的质量也跟这有关。时至今日，我不知道文学杂志为什么还有这么多访谈，当然，反正各种体裁都很少有人看了。访谈更需要真诚以及坦荡，但我们讲话的真实性相对于外国作家实在是大打折扣的。比如在生活中身边的人都认为我算是敢说话的，但我知道这远远不够，因为人不可能独自真诚，大家都畏葸的时候有人讲一点常识也会振聋发聩。当真话只是"敢"说，而不是必须说、非这么说不可的时候，我们只能离虚假更近。真诚是相对而言的，国内作家的访谈我老觉得干货不够，而且虚构成分多，我甚至条件反射性地不肯信。我们不能通过访谈坦承自己，也就没法有效地相互沟通。我以为每个写作者应该具有创作一部访谈录的雄心，不是泛泛而谈，而是当成自传来写，因为，写自传我们往往不够格，也没必要。这样一个目标，对我们而言，实在有些远大。

小饭：几乎每个稍有名气的作家都有访谈文本，我读很多作家的访谈录，或者回忆录，或者创作谈，总能"看到"一个喜欢撒谎的小孩。你的也不例外……"撒谎"会不会让人在生活中陷入一些困境，偶尔的，一定概率下。但小说中完全无法避免，甚至是基本要素，我们有时候会认为小说创作是一门撒谎的艺术——当然，也有小部分人认为所有书写的都是某种真实，并美其名曰"艺术真实"。你如何看这两种说法？

田耳：这真是一件特别矛盾的事，或者有时候也不能说是撒谎，而是一旦开口就知道自己的说法和真实之间的距离，所以以前经常看到新闻里说，西方学者研究表明成年男子每天要撒谎多少多少次，数量惊人。我想这是源于西方理性和严谨的思维，一旦表达和真实之间存在差距他们就宁愿定义为撒谎，以此警戒，以期提高整体的真实态度，提高理性的水位。我们当然远远达不到这个要求，这无须证明吧？写作者应该更清晰地感受到表达与真实之间微妙的关系。小说中的虚构不是撒谎，本质区别，不必混淆。我有个朋友，老实近乎迂讷，也爱写作，一直不开窍。有一次他写了一篇微型小说，说镇上一个家伙半辈子都穷得叮当响，最后咬了咬牙，把所有的积蓄请了一尊昂贵的像，结果从此转运，日子好过起来。我认为这个故事没什么意思，他发誓这是真事，不像许多小说瞎编乱造。我就不好多说什么了。事实上，小说的真实是在于内部逻辑自洽、谨严，好的虚构反映的是更为内在的真实，而有些事情你凭自己的观察去写，以为事实就是这样，实际上眼见未必为实。眼见未必为实，我们随着成长，修正了多少亲眼见证的错觉啊。

小饭：海明威创作小说时很喜欢用对话来推动剧情，但我发现你在很多时候是用间接引语——第一人称的时候总是听说，听别人转述。你觉得这样的写法，或者说这种视角有什么让你反复使用的理由？

田耳：写作必然对叙述主体或者叙述视角带有敏感性。我写小说通常是要首先确定该篇的叙述主体，会在第一人称、第三人称之间反复跳宕，头脑中试错，最后才确定下来。长期的写作中，我感受到两种人称会不停地拉近距离，这是自然发生的，是写作中的一种不自觉或者自觉。我使用两种人称，感觉差别越来越小，第一称和第三人称，仿佛是可以换着用。如你发现的那样，我用第一人称时，大量使用间接引语，让叙述主体更多一些全视角；当我采用第三人称叙述，又经常引入第一人称的视角，让叙述主体更多一些介入感。此外有些朋友试图写第二人称，但我相信只要有一定写作经验，对人称有基本的敏感性，就知道第二人称并不存在，并不是"你"就是第二人称，小说叙述中，"你"其实是从"我"的视角出发，这仿佛接近于第一人称，但又不等同于第一人你。如果强行让"你"成为一篇小说主角，更像是将第一人称和第三人称古怪地混杂于一体。我也曾在小说《坐摇椅的男人》里尝试过，第一稿时候主角用的是"你"，写完以后统一将"你"替换成"小丁"，发表后有写作的朋友便读出来，这小说具有不一样的味道。这种写作试验很有趣，当然也只能玩一次。

　　小饭：有一个现实，很多作者年轻时候更喜欢也更适应用第一人称写作，后来也会慢慢转换人称。我想聊一下三个人称之间的成长关系。每个人其实都是在三个人称之间游荡，从"我"开始，后来有反思，"你"出现了，再就是观察，"他"也出现了。这几个人称是不是能代表某个个体不同的人生阶段？

　　田耳：确实有那么个过程，我一开始写的时候就喜欢用第一人称，每一句前面一个"我"，很恣意很自在的样子，然后喜欢自言自语的调性，对话多是去前引号后引号，一泻千里的样子。那时候每个段落尽量铺长，觉得像是亮出了块头，亮出了肌肉，有气势，能唬人。慢慢地才喜欢给主人公取名字，第一人称变第三人称，对话加上了引号，分段变得勤快……也越来越发现，第三人称叙述看似笨一点，其实全视角更利于相对复杂的故事。这个过程，我想不止我，是许多写作者共同的过程，可能真是随成长而来的。

小饭：在文学作品里，你喜欢"自然""天然"这些形容词吗？我是指一个作家没用太多的心思就写出了"自然的，天然的"好作品，天才一般的作品。你觉得"人为的痕迹""匠气"是更坏的词吗？

田耳：写作之初我也曾被一位编辑老师评价为"摆拍"过多，"抓拍"不够，一开始我以为，她是说我匠气有余，却还不够自然而然，不够顺势而为。但我真不敢相信那些不过脑，手上有风似的自动写出的文字，像有神灵附体，一蹴而就。也许有人做得到，我做不到。我一直考虑这事情，形成自己的看法，便不认为是匠气有余。既然被人看出匠气，那只能是匠气还不足，所以此后的写作更用力气。我理解编辑所说的"摆拍"和"抓拍"都是"匠"，甚至"抓拍"绝不是无心，是更大的匠心。这么多年的写作其实也让我慢慢端正着态度，越写越难，越写越折磨自己，目的却是让作品具有浑然天成的品质，我相信这种浑然天成不能靠神灵帮忙，只能是个人不懈努力以达到，所以写作总是有些自虐。看访谈和自传越多，越知道那些了不起的作家大都写得相当痛苦，写作过程磕磕绊绊，步履蹒跚，甚至时不时感受到绝望；

写作过程行云流水的，大概率会是通俗作家、网络作家。

小饭：我想如果不遭受写作的痛苦也会落入写作的无聊。会不会觉得人生有时候挺无聊的？怎么对抗这种无聊呢？除了写作之外。也不能回答是喝酒。

田耳：无聊不太准确，我更真实的感受，是无意义。无意义感一直都有，偶尔会相当强烈，引发生理性的不适。当然，我也不好夸张自己内心的情绪。无聊、无意义之感再强烈，也不至于伤身体吧。不说喝酒的话，正常活着的人，都有应付无聊、无意义感的方式，活着本身不就是一种对抗吗？此外，相对于无意义，我对有意义更为谨慎，害怕自我感觉活得特别有意义。我们现在有了经验，人到中年以后，表面看上去萎靡不振的，往往比满面红光更健康……那么内心的状态，可能也是如此。

小饭：你的意思是不是，沉溺于现实生活，更接近于无意义？而对生活有所反抗或者挣扎，是实现人生意义的一种方式？假如一个平庸的作家把大部分的时间和精力都放在写作上，也确实制造了很多平庸的作品，我们是称之为有意义还是无意义？

田耳：不是这个意思，我觉得沉溺与反抗生活不好分得太开，怎么才算对生活有所反抗呢，生活很糟糕但我更从容地去接受更智慧地去处理，这算沉溺还是反抗呢？至于"平庸的作家"，怎么说呢，这是比较而来的，能榨出我们平庸一面的天才作家、伟大作家非常多，但我们还不是照样在写作？谁也不会认为自己是平庸的，写作也不是一种特权，可能在平庸中把自己稍稍发挥一下会得来更多的有意义。

小饭：刚才你调侃了通俗小说的写作过程，但在某个文本上你坦陈自认为写出了好看的通俗小说，可能是某种谦辞，因为纯文学圈一再把你当心头好——几乎没有人认为你在写类型小说。一样是警察办案，你就是严肃文学，你是怎么做到的？有刻意为之的部分吗？

田耳：这只是向我心头一尊大神格雷厄姆·格林致敬，学习他写作的策略。他将自己的作品分为严肃和通俗，可能是写作中求得更多的自我宽宥，最大程度地拓展写作空间。他虽然这么做，最后评论界谁能质疑他整体的写作的严肃性和极高的质量？我想，他自己确实是有区分的，但我现在看他的小说，严肃和通俗之间也没有明显的区隔。我乐意向他学习，让写作有更大的跳宕区间，别人怎么看，管不了这么多。

小饭：在一个对话里你提到——为什么想成为一个只写短篇小说的作家？长篇小说的写作令你厌烦吗？还是说持续的写作本身曾经让你厌倦？

田耳：持续写作本身让我经常有怀疑，有这必要吗？我能够源源不断地写下去吗？写了二十多年，暂时没有中断，但这种怀疑一直都有。有些作家一直在写，但我们都知道他的写作生命早就终止了，这是灯下黑的事情，没人敢把这说破，而他随着惯性写下去，世俗名声的积累又保证了作品仍然得到发表——当然，也可能写出咸鱼翻身之作。但这么多年，咸鱼翻身我们见证过几回？我要考虑的，其实是一个写作者如何自我认定，你的写作在青春期还是在老年期，是在井喷期还是在弥留期，这非常难。我写过一篇创作谈，说想成为只写短篇的作家，确实曾有此想，与这一设想配套的便是隐姓埋名，在真实、日常，甚至不乏枯燥的生活中，把写作当成一个透气口，没有任何压力，没有任何时间限制地偶尔出手，写一些短篇。事实上，我现在不太看那些有名气的作家的作品，吹捧得再厉害，等个一年两年再看，水分挤干，是否还有热度。事实上，这些作品闹一天还是有一天响动，本人不闹马上无声无息，坠入无边沉默。而平时文友一旦说一个不知名的作家哪一篇不错，我往往会找来看看，我知道这种评价水分相对较少。事实上也是如此，陌生的名字和朋友的推荐保证了日常阅读的质量。

小饭：感觉你在评论他人及其作品的时候有时候挺毒舌的，那你对自己的写作有没有产生过怀疑？如果有的话，是哪方面的怀疑？

田耳：我对长期的写作有过怀疑，为什么写一辈子，为什么要写这么多，干点别的不好吗？我总是不能同时做许多事，既然写作，就只想每天写一点，要么就扔开写作干一点别的。干每一样事，都要有一段整体的时间。对于自己写作的能力，并没有怀疑，这恰是我最自信的那部分。

小饭：有没有想过是外部的奖励给了你自信，还是从根本上，你体质就是自信的？现实流动不居，十年前的你和现在的你，恐怕已经不是同一个人。从成长角度上来说，一个人会越来越自信，还是越来越不自信，都有可能，你是哪一种？

田耳：因为一切不可假设，我不可能过另外一种生活，生活对于我总是唯一的。但这种自信肯定是积累而来，如果过另一种生活，也就是说我当年没有获得鲁迅文学奖也就没有解决工作，还在社会上打拼，也许干别的事小有成就，写作也就是一种爱好，间或发表。也许是失败的人，那么怎么可能自信？我早就说过，我相信只有少数特殊材料制成的人才敢说，他们性格决定命运，就像电影里哪吒说的"我命由我不由天"——这也妥妥地是特殊材料制成，出生前后都天垂异象。但我们大多数人，实在是由命运决定了性格。

小饭：我总是怀疑你写的是不是"真实"发生过，哪怕是在一些非虚构文本上。你更愿意在访谈（创作谈）这些非虚构文本中暴露自己，还是在小说中暴露自己？或者压根儿觉得"暴露自己"这件事不重要甚至不存在？

田耳：创作谈和小说作品当中哪个来得更真实，其实我真有些分不清。创作谈难道就是要讲求真实吗？在我看来创作谈也是一种创作，一篇文章，它的要点在于和作品相得益彰，甚至达成内在的统一、自洽，所以也是有虚构。而且写作时间一久，你真的很难分这么清楚，这一篇小说尽情虚构而这一篇散文务必真实。你真的记得起你刚写完的一篇小说，到底是从哪儿开始萌发又为何得以构思完成？事后补记，其实都不可信。所以，在我看来，所有文字当中描写事实的部分可能都不自觉含有虚构，而描写感觉的部分则容易贴近真实。感觉不易证实也无法证伪的，从这个意义上它才更容易贴近真实。

小饭：提到"信任"的问题，我们知道很多哲学著作或者哲学体系，可爱的不可信，可信的不可爱。我觉得这个角度用在小说创作上也蛮有意思，成为一个可爱不可信的作家，还是成为一个可信不可爱的作家，算不算一个问题？如果你被人描述为一个"可爱的作家"，会有什么样的感受？是不是比被人描述成一个

"可信的作家"舒服一些?

田耳:这对于我还是一个问题,你好像是学哲学,这里面有可爱与可信的对立。但在文学当中,我还是以为可信的作家才谈得上可爱。

小饭:人说教学相长,你这些年在高校教授文学写作的过程里,有哪一部分觉得自己也长了?这种感觉明显吗?

田耳:写作教学对我个人是非常有帮助的,我目前的状态,是每年秋季开学以后给新生讲一个学期的《编剧基础》,其实就是教他们编故事。我的教法自创,每年都要找一些新的素材,和学生就同一素材编故事,这几乎成为我这些年最大的爽点:编故事不仅是创作,也是一种对抗,有时候我觉得自己像武侠片的高手以一敌众,要保证自己编的故事让所有学生心服口服。大多数时候我做到这一点,让学生眼睁睁地看见故事编撰的过程,看见素材本身富含的无限可能性,看见情节总有往上提升的空间。当然偶有失手,我也不沮丧。教书这一学期我的思维活跃性被迫提高,小说里的故事大都在这半年时间成形,来年的上半年,我又可以投入写作。数年下来,这种时间安排和工作节奏也越来越适合于我。

小饭:这种适合,是理解成舒适,还是理解成有效率?

田耳:更恰当的是习惯,调来这边近十年,我确实习惯了这样的生活,舒适度和效率都有。而且我本来就向往这样的生活,一直向往,以前在老家也是一个人独处,一天写到夜,现在换到大学里面,照样是一个人关着门写,而外面环境比以前小县城更舒适,又何乐不为?我在广西大学四年,办公室搬了四个地方,现在住在全校最老的一栋楼，被谐称"鬼楼"。我带几个学生写作，群的名称便是"在西大鬼楼写小说"。搬进鬼楼这几年，恰逢漫长的疫情，放假以后整栋楼经常就我一个人，最空寂的时候，我反倒觉得自己特别像一个作家。我是在鬼楼里真正找到当作家的感觉的。如果有机会调离，又得有一个适应过程，想想也是够头疼的。总体来说，我像是一种落地生根的植物，并不挑剔环境，只要能够有一间安静的屋子，就能长久地待下去。

小饭：你在提到作家在高校的功能时，说对学生写作能力的筛查和评估能力是重要的。我把这种能力也称之为编辑的 B 能力。A 能力和 C 能力大概是改稿和策划。我想一个好的作家很大概率上可能本身就具备一个好编辑的能力。我想问的是，你是否很早就对作家身上（你自己）这几个能力有清晰的认识和自觉？

田耳：一开始不太清晰，是慢慢发现自己具有这种能力的，有位评论家朋友说这种能力是"看初坯"，而且说不少编辑都缺乏"看初坯"的能力，所以只能"摘桃子"。我想一个好的编辑一定是可以看初坯的，如果只能摘桃子，将会错过和有潜力作者交往的最好时机，从事这一行必然疲于奔命。我的这一能力还是编辑朋友帮我确定的，我喜欢看陌生的稿子，差不多十年前，开始和编辑朋友交流对陌生作者小说的看法，这样得到编辑朋友对我能力的确认。教书这几年，我的这一能力得到较好运用，主动找我学习写作的学生，我未必接受，但平时作业中发现有写作潜力的，我会鼓励并指导他们写作。现在我认为写作不但要学，而且要及时、系统地学，过早的爱好，自由的练笔未必是好事。一种理想化的途径是：一个学生无意识、不自知的写作能力得到专业人士鉴定和确定，由此开始激发出兴趣，练笔之初就得到专业的训练。许多学生也有一定写作能力，但写作之初信马由缰的练笔容易形成不良习惯，阻碍了自身发展。就好比玉匠都喜欢雕琢璞玉，而不是重新加工别人雕过的玉。

小饭：很多作家都会不自觉书写童年记忆，久远的记忆自然塑造了今天的自己，很多作者会在最近的生活和阅读体悟中寻找。他们认为这样的素材更熟悉，更具体。你觉得远期的记忆和近期的"经历"，在你的写作中哪个更好使？

田耳：我的记忆真的是过去和现在差不多一样清晰，所以远期和近期我并不太挑剔。我的电脑里有素材库，有将素材处理好的写作提纲，有写作提纲发展出来的故事梗概，我总是要等哪个素材发育成相对成熟的故事才开写。目前来看，远期记忆里面具有写作价值的其实挖掘得比较充分，记忆中印象比较深刻的经过二十年写作，基本上都写成了小说，或者出现在小说的片段里面。但是现在生活真的非常简单，缺乏"经历"，或者说带着目的的体验会破坏经历的品质。我倾向于向间接体验还有海量的新闻、信息里头挑拣写作素材，这个量就特别大，现在每天都有那么多不可思议的事发生，很多成为热点，占领热搜。这些题材本身故事性很足，但要处理成小说也并不容易，因为我要考虑到作为写作者的"合法性"：我们都知道的事情，凭什么是我来写？我必须找到独特的切入点，这样才能有效地将众所周知的事情、事件变成个人的作品。

小饭："凭什么是我来写？"这真是一个好问题。在海量可以构成你所需要的故事的社会新闻事件中，你怎么挑选，也就是说怎样的故事会触动你创作的冲动？你所说的独特的切入点，一般包括哪些角度？

田耳：这个首先是一种眼缘，每天看到海量信息，哪些信息中包含有故事可能性，触发了创作冲动，都是一刹那的感觉，随着创作经验的积累这种感觉会越来越准。有感觉的东西都不要漏掉，年轻时候脑袋记下来即可，现在不一样，得勤动笔头，赶紧记下，稍纵即忘的情况已经一再发生。记下来以后，放进电脑文档，让它们自行发育，好多新闻摆了许多年才一点一点地变成我小说里的故事。切入点当然很多，要对每个具体的素材加以分析，像个有经验的收藏家，有些东西你头一次见，但凭着经验也能感觉到它的价值。

小饭：据说易烊千玺喜欢读你的小说。那你喜欢易烊千玺吗？了解他吗？

田耳：当然，他无意中的一句话，使我有了写作这么多年唯一的畅销书，之后才看他的电影，不知道是不是有先入为主的因素，真觉得他在《少年的你》里面演得特别好。我后面打听到，是一位编剧柏邦妮女士推荐他看我的《一个人张灯结彩》，他回答采访时候说"我刚开始看……"，也不知道他看完了没有。真希望多有几个顶流明星看我的小说，发言时提一提，那比多少次新书推介会都强啊。

小饭：如果易烊千玺的新片邀请你去提前观影，影片并非尽善尽美，此时记者来采访你，你说的第一句话会是什么？

田耳：我说的话会造成怎样的影响？

王祥夫：文学是精神上的大汗淋漓

　　王祥夫，主要以小说、散文创作为主，曾获第三届鲁迅文学奖、《上海文学》奖、《小说月报》百花文学奖、高晓声短篇小说奖、赵树理文学奖、林斤澜短篇小说·杰出作家奖等，出版有长篇小说、中短篇小说集、散文随笔集五十余部。

　　小饭：很高兴能访谈王老师。对我来说你是真正的前辈。而且看起来很有活力，或者说生命力——对一个写作者而言。你平时靠"吃"什么样的东西，赏读什么样的文字或者风景，维持这样创作上的活力和生命力的？

　　王祥夫：谢谢谢谢，我们应该都是文学兄弟文学姊妹，我始终认为，也经常对朋友们这么说，一个能够真正面对全人类的作家或艺术家必须要具备以下四点：一、没有国别；二、没有阶级；三、没有时空，一生下来也许就已经八十岁，而到老也许还保持着十八岁的精神活力；四、没有性别，或在精神上说他应该是雌雄同体。这四点对艺术家和作家都十分重要。我个人的阅读兴趣从小就一直很广泛，碰到什么都会读读，而有些经典会有计划地反复去读去领略。我有做读书笔记的习惯，比如古典名著《金瓶梅》，我几乎每年都要认真读一遍并且做一些评点，我的一个想法是有机会是不是可以出一本《珊瑚堂评点本金瓶梅》，我的堂号叫"珊瑚堂"。我认为，一个作家的活力和生命力的秘诀乃在于他的阅读再加上不断更新叠加的阅历，这才是真正的资源，资源枯竭了，冲动也就会消失，这真的很重要，还有就是一个作家最好不要跟这个时代和社会脱节，其实想做到也很难。你根本无法与之脱节。

小饭：那你害怕重复的生活吗？在某些不可避免的重复的生活"节目"之中，你会逼迫自己习惯，还是用某种方式享受这个重复的过程？这当中文学、写作和阅读会起到——或者承担什么样的作用？

王祥夫：欧文斯说过一句话：肉体的每一次重复都是新鲜的，这句话很有意思，思想这东西有时候跟肉体是一回事。作家与现实生活的关系，我个人是这样，你激怒了我我就要还击，我一般不会选择逃避，也从来不会去歌颂，文学不是用来歌颂什么的，文学存在的唯一理由是它要斗争，在于它的斗争性，这斗争性往往源于面对现实生活产生的同情心，同情心的前趋是正义感，一个作家失去了正义感和同情心，那他就什么也不用说了，再说一次，文学从来都不是用来歌颂什么的，文学的伟大在于它的批判性。写小说跟绘画不一样，绘画是重复的艺术，文学不是，从情感上讲，文学每来一次都是新鲜的，是精神上的大汗淋漓，只不过一般人无法看到这种状态。

小饭：确实如此，看了你的短篇小说，就是你最近写的那几篇，我能感觉到王老师是在关心某种意义上的底层生活以及真正的现实。这种关注甚至带着非常严肃的批判性，但表现出来又是一些戏谑的。前几天我访谈一位作家，她说，作家就是那些忍不住要说话的人。我想问的是，对王老师而言，作家的真正的使命感这个东西，"忍不住要说的话"，我们应该怎么理解，怎么操作？

王祥夫：是忍不住，许多好作品都是忍不住的结果，如果能忍住说明你的冲动还远远不够，面对现实我们应该严肃，我讨厌嘻嘻哈哈，但怎么写，怎么营造小说，我还是以为要努力和广大读者保持在一个频道上，读者喜欢才有可能进入，读者进入了，觉得有趣了才有可能深入，才有可能让读者知道你要说的是什么。作家的使命感就是要读者知道什么是善，什么是恶，我以为，在当下，如果真能办到这一点就是"善莫大焉"，但我们往往办不到。所以，我们的内心是极其痛苦的，但我们还要把话说出来，我现在深深理解鲁迅先生从《呐喊》到《彷徨》的转变，我理解他内心的变化是因为我们也到了这样一个关头，到最后，也许我不会再写什么，这就如同一个歌唱家不愿意加入合唱。

小饭：我想这涉及了一个作家的"品格"。我有个朋友说，智商不高的人，也许能写一点小说。但情商不高的人肯定写不了小说。王老师你怎么看？除了基本的"品格"之外，写小说需要更多的是智商还是情商？写小说最需要的能力是什么？

王祥夫：二者都不可或缺，就像阴阳两极，不能缺其一。说到写小说，小说家与一般人的区别是小说家的阅历和经历要远远大于一般人，我常说的一句话是：一切经历无分好坏对作家而言都是财富，请你想想这句话。写小说除了生活积累，作家最可贵的品质就是"真诚"，真诚才有真实，真实才有意义！伪饰与说谎让人恶心。

小饭："我十分看重名利，也十分看轻名利，二者相加就是我。"王老师讲过这句话。我认为这是俏皮的，也是严肃的，两者相加就是我想问的问题——你怎么看待小说中的俏皮和严肃。比如说语言，有人更喜欢俏皮的语言，有人则认为俏皮的语言会让文本过于轻浮——这当然有损文本的品质。你怎么看待这个问题？

王祥夫：人有两面性才是真正的人。问题是，我们现在许多事并不如常而是反常。说到语言，是个极其复杂的问题，我认为好的语言是家常的，是有腔调的，让人一听就马上明白是谁在讲话。我喜欢干净的语言，干干净净，我的语言不能说是俏皮，只能说是很家常，我基本不用形容词，更不会用歇后语什么的，我写了那么多小说，几乎没有一个歇后语，方言也少用。在这方面我比较严肃，可以说是对语言的敬畏，我看重名利，是要求我自己做事不要出格，我看轻名利，是要求我自己不要遇事轻举妄动见利便上。

小饭：嗯。那么对一个写作者来说，自己的小说有一天被改编成电影（院线大电影，排片很多），或者得到国家级的奖项（鲁奖、茅奖），这两个事对创作的激励应该是很大的。想问问王老师，那一刻对你的小说创作整个生涯来说重要吗？前前后后发生了一些什么能让你记得住的"小事情"，生活中有没有产生一些"微妙的变化"？

王祥夫：不重要，就那样，我对自己的作品被改编为电影的没有一部满意，感觉像是被强奸，没一点快感可言。关于获鲁奖，高兴了一阵儿，也就那样，因为我知道，能获此奖的作品一般都不差，但有许多更好的作品没有获奖，就这样，我是个有心没肺的人，很少想这些，我有时都想不起自己写了些什么。我们家人，或者说家族吧，根本不把作家当回事儿，你写了什么或你得了什么奖他们才不会当作一回事儿，我觉得这也挺好，真大气，比那些全家一齐上阵写小说的牛多了！我的家族史里叠摞着三百多品商周古玉，我觉得自己的文化是从那地方渗出来的，这就够了。

小饭：非常羡慕你的"家族"。一般来说，更多的作家通过自己长篇小说的成就和高度奠定自己文学事业上的"牌子"。如果一个作家总写短篇小说，非常沉迷其中，你觉得这当中最大的原因会是什么？王老师怎么看待一个总写短篇的作家？

王祥夫：我出过八部长篇，都一般般，第一部《乱世蝴蝶》前年被选为"百年长篇经典"，还出了点评本，是我的朋友远人点评的，我个人比较喜欢我的长篇《种子》，这本长篇出了点问题，不知怎么搞的，漓江社和北岳社几乎是同时出版，弄得大家都不开心。今年我的另一部长篇《榴莲榴莲》再版，我又把它从头到尾修改了一下。我不是总写短篇的作家，我随笔散文的量也相当大，但我个人觉得，我作画的时候不觉得自己是艺术家，而我写短篇的时候才真正地觉得自己是个艺术家！画画儿只不过是挣钱，在这里，我想补充一句，我画画不是半路出家，我十岁开始拜师学画，从工笔画起，这不能跟时下作家画画儿混为一谈，在这一点上，我辜负了我父亲对我的期望，没去当画家而是去当了作家。还是回答一下你的问题吧，总写短篇的作家不会是一个完美的作家，就像总写长篇的作家也不会是一个完美的作家一样，在中国，根本就没有完美的作家。

小饭：你说写短篇的时候才觉得自己在搞艺术，是否意味着短篇小说更有艺术性，或者更有技术性？甚至说更有表演性？我在你的朋友圈读到，"与真正的好短篇邂逅不是交友而是接近一场爱情……"那是否依然代表了你对短篇小说的痴迷或者说执着？如果短篇小说代表爱情，那么长篇小说对你来说能代表什么？

王祥夫：我认为面对写作不能提及"表演性"这个词，很多年前我跟艺术家弘石做过一个访谈，专门谈过这个问题，我们一致认为最伤害文学的就是其"表演性"，作家面对生活和文字要努力真诚再真诚，万万不可去表演。短篇小说是最考量一个作家的技术性和他的结构能力的这么一种文体，短篇小说最终是靠结构性形成它的立体状态，这和中篇不太一样，请注意"结构性"这三个字。我之所以十分珍爱短篇小说，是因为短篇小说写到一定时候重要的不再在于它写了什么而是要看它怎么来写，这就很让人入迷，短篇小说有时简直就像是你与你自己的一场艳遇，你自己有时也想不到自己怎会遇到这么一个好短篇，虽然这个短篇是你自己写的，但真是恍如一场艳遇。而长篇小说绝对是大汗淋漓的马拉松或半马。

小饭：有一位作家，后来他做了编辑，他对我说：做了编辑，对自己的写作会产生正向的影响。还有一个前辈跟我说过，写作之前应该去练习武术——当然他的意思并非是为了强身健体。我想问王老师的是，绘画和写作之间，如果有融会贯通之处，能产生化学反应的地方会是什么？

王祥夫：有，比如小说的画面感。过去，比如赵树理那个时期，看小说是听讲故事，而现在的小说是看，看一个接着一个的画面，像电影蒙太奇似的。我写小说喜欢让小说呈现一幅幅的画面，这也许与绘画大有贯通之处，当代小说应该这样，气味、景象、声音乃至喘息。

小饭：一个作家和他写出的作品，是否可以被约等于。比如说，在某种价值观的体现上，如果一个作家支持 A，就会写支持 A 的作品。反过来也一样。你认同这样的推理吗？一个作家如果通过作品表达自己的观念，是高级的，艺术的，但也很容易是模糊的。这方面王老师你是怎么做的？

王祥夫：说到这里，我只能说我作为一作家只支持真善美，除此，任何形态的宣传与号召对我都没有作用，我只陈述我自己，陈述这个世界带给我的感受，我不相信任何说教，只相信自己的眼睛与心。高级的小说永远是不清晰而相对模糊的，一下子就让人读懂的小说那不是小说而是说明文，好的小说就是要你一下子不能读懂，要让你深入进去，小说的丰富性乃在于它的多义性，让你很难用几句话说明它。一下子就让人读懂的小说是低档货。卡佛的《大教堂》与《羽毛》你一连读十多次还只能张口结舌但并不妨碍它是罕见的短篇之作，就这些。我写小说，就是努力要让读者读不懂，就是要设一个迷宫，让你努力走出来。

小饭：下面这个问题是我的确好奇的，我想知道像王老师这样"资深"的作家，是如何看待类型小说写作的——现在国内一些年轻作家都在往这个方面努力尝试和突破。比如，你是如何看待史蒂芬·金的作品，具体的作品你看过几部？你有没有关注过国内一些类型小说的写作。我主要指的是悬疑推理这一个类型，而不是武侠言情那个类型。

王祥夫：我没关注过这些，我认为小说是不分类型的，人的相貌可以不一样，但他们都有灵魂存在，我相非相，小说如流水泻地，每一次都不一样，在我这里，没有"类型小说"这个词。史蒂芬·金翻过，没太大兴趣。

小饭：我是看到你说你每年都读《金瓶梅》，还要评点，才问的下面这个问题的——

有一次我想问一位女作家这个问题，却被拒绝了——我想问王老师，你对演西门庆的男演员单立文有印象吗？你觉得他演西门庆演得怎么样？西门庆如果今天出现在我们的文学作品中，会被接受吗？

王祥夫：没印象，因为我二十多年不看中国电影和电视剧了，我每年认真读一次《金瓶梅》是因为我太喜欢这部作品了，做些点评是它让我手痒心痒，我已经用小楷抄《金瓶梅》，我的小楷写得不好，但我努力控制自己，我已经用坏了许多支抄小楷的"鸡矩笔"，我希望多做些事，给我的女儿留一些手抄本，时日艰难，也许以后对她有好处。抄书的时候我心里很静，这让我自已很喜欢。

小饭：最近王老师你听到或看到觉得比较有趣的一个观点是什么？或者比较有启发的一个观点，或者一两句话就可以讲明白的"怪现象"也行。

王祥夫：越被说好的越坏，越被说坏的越好，仅此而已。谢谢小饭，但愿经常见到你。

罗伟章：作家行使着对时间的权利

罗伟章，著有《饥饿百年》《声音史》《寂静史》《隐秘史》《谁在敲门》等小说多部，小说多次进入全国小说排行榜，入选新时期中国文学大系、全球华语小说大系、《亚洲周刊》全球十大华语小说、《长篇小说选刊》金榜领衔作品等。

小饭：伟哥好，这次访谈必然更多地谈论文学，不过你很可能会发现我的一些问题"看起来"和写作毫无关系。第一个问题，考虑到你之前为了专注写作都尝试把微信从生活中驱离，你是否觉得接受访谈是一件多余的事？又是如何答应下来的？对这次访谈是否存在过一些期待？

罗伟章：也不是那样的。是我微信用得非常晚。这跟专注写作几乎没有关系，主要是因为自己的"慢"，面对科技的进步和进步了的人群，我宁愿做一个旁观者。后来发现，当今时代是被科技号令的，科技等同于时代。幸亏我在疫情到来前用了微信，否则寸步难行。跟朋友们真诚地聊一聊，怎么可能多余。现在能够"聊"的时候已经很少了。也难以说清原因，就是少，非常少，而且越来越少。生命如果是上升的，速度应该越变越慢，如果是下坠的，就会快起来和更快起来。经验证明，生命是下坠的态势。这个"下坠"不是个坏词，而是与本源的亲近感在不断增强。许多时候，我们觉得自己待得太久，其实是离开得太久——这才是真相。到某个阶段，就急切地想"回去"，回到自己出发的地方。这个"急切"不是时间，而是心情，更是激情的呼唤。激情是起点赋予的。尽管如此，当你说做个访谈，我心里就想，访是次要的，重点是谈。当谈成为奢望，本身就彰显了它的珍贵。怎么谈都是一个美好的停顿，因此所有的期待都只在于谈。

小饭："美好的停顿"真是充满诗意的表达，有一种说法是，在小说写作中，诗意地说出"废话"是一种作家的才能？

罗伟章：是的，但不一定要诗意。而且，我们谈论作品中的"废话"，只有在它们不成其为废话时才具有真正的意味和力量。所以"废话"不是故意"平衡"进去的。张弛之间，弛是一种休憩，休憩自带张力，是隐含的"势"。如果"废话"里丧失了"势"，就会当真成为废话。

小饭：那你是否会在语言的准确和留白这两件事上花大量的努力？

罗伟章：准确是语言的最高境界。我读托尔斯泰，尽管是翻译过来的语言，但还是常常为语言的准确惊心。语言真是可以准确到令人惊心动魄。此物和彼物之间，此时和彼时之间，往往是一个灰色地带，普通的作家，就混沌过去了，在大作家眼里，却有着鲜明的层次。看得出层次还不算本事，表达出来才算。当层次感次第展现，丰富性也就在那里了。所谓艺术的丰富性，很大程度上就是对灰色地带的凝视、发现和书写。留白是中国人的审美。凡·高不留白。《荒原狼》《追忆似水年华》那类小说，也不留白。中国艺术推崇留白，大抵源于道家传统，大象无形，大音希声，此时无声胜有声，诸如此类的。它的好处在于，"东船西舫悄无言，唯见江心秋月白"，是大片的余韵——荒凉中的余韵；但在此之前，"曲终收拨当心画，四弦一声如裂帛"，没有这声"如裂帛"，秋月白就失去了意义，或者说失去了留白的意义。另一方面，留白也只是中国人审美之一种。有时候我会想，这种艺术当然好，但也消解浓烈，消解艺术的冲击力。有年我去圣彼得堡一个画廊，见到一幅描绘鱼市的作品，画面寸土不留，全是剖鱼的场景，肚肠牵绊，血水淋漓，鱼眼散落，我简直不敢直视。画家显然是在隐喻。那种直逼真相、让人在庸常日子里养育出来的浑浑噩噩，瞬息间土崩瓦解。这样的艺术效果，留白是达不到的。鉴于这种认识，我在语言的准确性上下的功夫更多。

小饭：你拿画家和绘画艺术举例，否定留白，我觉得不够有说服力。就如同你无法简单又准确地画出一个"孤儿"。这是两种艺术门类。你又引用古典诗词……可是小说发展到现代，绝不是我们的古典文学可以作为标准去评判的。如果小说是有技术的，那留白肯定也是其中一招。区别只是留白的过程中，你偷懒和无能的部分更多，还是一个开放性的结尾或者一个可诠释多意的细节，对读者整体感受作品更有帮助。

罗伟章：留白本就是从绘画中来的，后来"漫延"到文学、电影等等。我没有否定留白，事实上，我也很欣赏那种艺术，在文学领域，沈从文、汪曾祺，包括日本的川端康成，大概是那一路，他们的作品（当然是部分作品），我都喜欢。我大学时候的毕业论文，就是赏析汪曾祺的小说，其中当然要谈到留白。你去看这一路作家，有个基本的共通性，就是喜欢绘画，甚至有着深厚的家学渊源和绘画功底。我所不能满足的是，留白这种艺术手段，慢慢演化成了一种"趣味"。镜花水月本来很美，可也成了"趣味"。"趣味"观有时候真是恶劣，一副小家子气，一副遗老遗少气，别人在推山填海的时候，你在那里"玩味"，那就对不起了，你就被抛下了。艺术最高的美，是力之美，读《月亮与六便士》，读《战争与和平》《悲惨世界》《静静的顿河》等等，直让人感觉摧枯拉朽，而在摧枯拉朽的过程中，已经在帮助你重新建立。这是大美。但我依然没有否定留白。那同样是一种美。你说的开放性结尾或多解的细节，我认为不在我们讨论的范畴。那是任何一种艺术都会在意的，也会努力经营的。

小饭：这样看来写作确实是有趣的，但我怀疑整个过程中也会产生无趣的时刻。一旦遇见该如何是好？

罗伟章：是的是的。最无趣的时候是发现你手里的风筝线断了，你言多而味寡，你的想象因为无根而变得廉价。一旦发现就删，就推倒。推倒后无法重建，就放弃。放弃又不忍，就在那里苦恼。苦恼没有意义，就叹息一声，离开书桌，去躺下看书。书也看不进去，就换鞋出门。我住的小区旁边，是个公园，我就去公园里跟人下棋。下三五局就平静下来了，好像又可以工作了。

但这是以前，以前很长时间我不上班，现在上班了，下棋的时间也没有了。

小饭：你刚刚说"科技等同于时代"，那你自己对科技的掌控如何？你有没有行使自己对科技的权利？比如你平时开车吗？打不打电子游戏？对科幻小说是不是感兴趣？据我了解你应该没有写过这一类题材的小说。

罗伟章：很差！我是需要的时候，才去学。很多时候还学不会，只好请人帮忙。在这里，"权利"可改成"权力"，只不过是倒过来：科技对我行使权力。我不会开车，我崇拜那些敢握着方向盘在马路上跑的人，尤其是女司机。现在走在街上，看见个女司机开车，我还会叫一声："嚯，女司机！"我基本不打电子游戏。科幻小说要看，但看得不多，从没写过。

小饭：那在你的写作过程中，眼睛和耳朵哪个更重要？在文学上，输入和输出你觉得应该是一个什么样的比例？你的肠胃功能或者说消化能力如何？

罗伟章：于我而言，大概是耳朵。你看我的小说名字，《声音史》《寂静史》《谁在敲门》等等，都是在倾听。耳朵能传递给我更隐秘的信息。输入和输出，我说不出个具体的比例，但感觉会告诉你。有时候，分明知道自己要写什么，但就是懒懒的，不写，勉强坐下来，也写不下去，敲出半句话心里也烦。如果这不是因为懒惰或身体不适，就是你说的那个比例没到。我的肠胃功能普通，要吃肉，但偏重素食，我自己不知道我偏重素食，是别人发现的。我们四川有个马识途老人，就是姜文那个电影《让子弹飞》的原作者，一百零八岁，还能吃一大盘回锅肉。肉和素食，大概会影响文字的气息。

小饭：你说到文字的气息，那气温对你的写作有影响吗？比如有些作家夏天比冬天更高产，大汗淋漓地写作（假设这位作家因为经济拮据不开空调或者根本就没安装空调）会比瑟瑟发抖地写作更有利于灵感的繁殖。

罗伟章：我确实也更喜欢夏天。当年我辞职，从家乡的城市来到成都，至今留在印象中的就是挥汗如雨地写作。内裤都是湿的。但那时候写得很多。初来时即使不是一文不名，但用空调肯定是很有难度的。现在没有难度我也不用，我烟抽得多。另外我觉得，有一些不适感会刺激出某种力量，即使是逃避的力量也好，比如热得慌，逃进写作中，内心就清凉了。

小饭：说起抽烟，尝试过戒烟吗？一个健康的心肺对写作有好处，这个观点是否有助于你考虑戒烟？如果不考虑戒烟，那能不能单纯聊聊这方面的趣事？

罗伟章：戒过。倒是与写作无关。我喜欢文学很早，但真正开始写作很晚的。戒烟是我刚抽烟两年左右，有天在阅览室看你们上海的《新民晚报》，上面有个戒烟广告：一颗头上密密麻麻钉满了烟头。那真是很有冲击力，让我对抽烟非常厌恶。我当场就决定戒烟。非但如此，我还把那份报纸借走，给几个抽烟的哥们儿看。那时候我们都是单身汉，吃饭是去食堂，宿舍楼下有几个乒乓球台，每到开饭时间，我就拿着那份报纸，坐在乒乓球台上，见到抽烟的熟人就让他看那幅图，关系好的话，还要对其破口大骂。这样骂了一个月，有两个受不住，终于把烟戒了，其中包括"督促"我学会抽烟的那位：两年前他失了恋，就天天来找我倾诉，一支接一支抽烟，还要我陪着抽，像这样他的痛苦才能尽快烧成灰烬。当那两人成功戒烟过后，我自己又抽起来了，从此再没戒过。

小饭：你曾说过"不管你是什么类型的作家，庄严都应成为底色"。但你又随后消解了"庄严"，认为"庄严"也可以通过"插科打诨"的形式出现在人们面前。我的意思是，如果可以替换，你愿意用别的词替代"庄严"吗？

罗伟章：暂时还是不替换的好。我最不能忍受的艺术，是油滑气。一点点也不能忍受。我不大欣赏老舍，包括林语堂的某些作品。他们被称为幽默大师，但我看不出来。读鲁迅的时候，能读出深厚的幽默感，读他们的很难有这种感觉。有人把幽默分为冷幽默热幽默，其实幽默感没有热的。我说的庄严是"底色"，像《金瓶梅》那种小说，越读越庄严。

小饭：之前有个说法，说抑郁症——我把其中与人交流有障碍和拒绝与人交流的部分单独拿出来说——其实也是一种自我保护，防止自己陷入旋涡和纠纷。安静地生活可能会保证生命得以延续，但就像水至清则无鱼，"安静"是否就意味着没有营养，缺乏生命力以及丧失竞争力。你怎么看？我知道很多作家是推崇安静的。也许他们认为自己可以做到安静地汲取他们所需要的养分。

罗伟章：我身边的熟人得抑郁症的不止一个两个。他们看上去好好的，但都说自己有抑郁症，确实也在吃药，有时候还套着个手环，表明自己刚从医院出来，还要随时进到医院里去。这么看来，他们似乎也是启动了自我保护机制——他们都是作家。如何汲取营养，不能一概而论。人分两种，一种在动中呼吸，一种在静中吐纳。这与身体有关，也与性格有关，从某种角度讲，还与世界观有关。海明威扛着猎枪到处跑是好作家，普鲁斯特把自己关在密闭的房间里，也是好作家。安静不等于"水至清"，内心的博弈，很可能泥沙俱下，波涛汹涌。作家的生命力和竞争力，都由作品说话。

小饭：说起身边的人，你的朋友有没有被你写完？写了几个？写"他们"的时候会不会不安，良心过意不去？

罗伟章：是的，写过的。写过多少也没计算，但是肯定远远没有写完。当把这个人越写越像"他（她）"的时候，我会很不安。不安不是因为良心问题，而是知道自己没写好。如果越写越不像，好了，成了！这是虚构之美。虚构是为了走向更深的真实。

小饭：关于写作的量，写作的计划，比如有些作家一年计划写三个中篇两个短篇。你怎么看待这一类作家？自己又和他们有多少相同和不同？

罗伟章：我不是太能理解这种计划或规定性写作。如果规定自己少写，我基本认为是一种懒惰，也是一种不自信。长时间以来，我们有个很深的误解，怕自己写得多，更怕别人说自己写得多，好像多等于坏，少等于好。这几乎不是误解，而是常识性盲区。如果规定自己多写，我也不认为是勤奋。我觉得写作这个东西很难规定。然而，我这样说，很可能也犯了懒惰病（卡夫卡说懒惰是"万恶之源"）。有回跟刘庆邦老师谈，庆邦说，他写小说的时候，写到某个地方，就"规定"自己：这里必须写满一千字！他的意思是，他感觉到那里很重要，不能轻易滑过去。他的《梅妞放羊》，是一篇杰作，有些段落就是这样"规定"出来的。

小饭：文学上的老师有没有教过你至今认为是真理和秘诀的东西？如果有这样的东西你愿意和同行分享吗？

罗伟章：说两件事。我念大二的时候，有回福建师大的孙绍振教授到我们学校讲学，他是名教授，也是有名的批评家，所以听众踊跃，包括很多老师也去了，阶梯教室里挤不下，窗口上还爬满了人。你看那时候的学者，几乎相当于现在的明星待遇。那天孙教授兴致特别高，本来说讲一个半钟头，结果讲了三个多钟头，别的我都没记住，就记住他一句话：打破常规。他说写作，特别是写小说，就是打破常规。后来我发现，这句话根本就不管用，还可能是误导。第二件事是我读初中时，班上至少有十个同学订了文学刊物，大家就传看，当时啥也不懂，比如诗歌后面写上"外一首"，都不知道是啥意思，什么叫"问世"，也不知道，但那些诗文中对人生的倾诉，对情感的揭示，对梦想的肯定，很可能就埋下了文学的种子。我至今能背诵一篇散文的某些段落，那篇文章通过一片竹林，写知青和农民的关系，写时代的痛和光，写得很深沉。我们学校有个老师，教高中，是个作家，作品时常在刊物上发表，笔调旖旎，对大自然的描写非常动人，他的文章我还做过剪贴本；我胆子小，不敢去接近他，但有时候会溜到高中部教师办公室门外，见门开着，里面又没人，就迅速冲进去，看他批改的作文，有天我看到他在一篇作文后下了这样的批语："看了你这篇，我除了兴奋还是兴奋。等我抽支烟，再写几句兴奋的话……"那几句话并没有写，可是，啊，我真为那位学长感到幸福！

小饭：很多人在年轻的时候，会因为热爱文学而自视甚高，也会因为热爱文学而顾此失彼。比如很多年轻的文学爱好者他们的生存技能就相比其他同龄人少很多。还有一个，我也能从你的言谈之中明显感受到，你珍爱写作，也把文学创作视为自己的重大生命责任、使命。这种自我意识让你常常感到幸福满足还是压力倍增？好吧，我想问的是，做一个作家／艺术家开心吗？会不会有时候也患得患失？比如，也许你是个很有天赋的斯诺克台球高手？

罗伟章：整体而言，做一个作家是开心的。作家行使着对时间的权利，这实在太让人开心了。生命中要有舍才会开心，不舍掉一部分，心就没有空间了，堵得门都打不开，勉强打开也装不进什么。完全不存在你说的那种患得患失。像我，斯诺克天赋倒是没发现，打过几次台球，很难让球和球相碰，然而，我的嗓子是男中音，这是一种很珍贵的嗓子，本来可以成为歌唱家的；我吉他会弹和弦，二胡会拉《江河水》，此外还会吹口琴，本来可以成为演奏家的；我身体协调性很好，说不定还能搞体育运动……说着这些的时候，我也很开心，因为我没做那些职业，而是从事了写作。另一层开心在于，当一个人最看重某件事，他就不会在那件事上吹牛，我不会在写作上吹牛，但别的事，是可以吹牛的。你给了我吹牛的机会。吹牛具有自我抚摸的功效，能得一时之快。

小饭：吹牛是个有意思的事。我理解下来你认为在无关紧要的事情上吹牛甚至是一种情调。对重要的事情就放不开了。但还有一句话，意思是"你只能成为那个你想成为的人"，每一次吹牛其实都是在向大家宣布自己想成为的是什么样子。因此我怀疑你就是喜欢弹吉他，喜欢歌唱。如果一个人经常吹嘘自己（如果他还暗自为此努力），很可能在某一天他就成为他所吹嘘的了。很多美国作家，包括拉美作家就有这样的人生实验。

罗伟章：你说得非常有意思，但我估计也中了弗洛伊德或荣格的毒。吹牛的不一定就是想的，吹牛还可以成为一种掩饰。他在东线大规模调集军队，但西线才是他的主战场，东线的动静便类同于吹牛。人心里的暗渠，千回百转，每一种有意思的说法，都提供了一个美好的角度，但也仅仅是一个角度。

小饭：你说一个作家能行使对时间的权利，并认为是一件开心的事。我觉得这个观点的表达形式很新鲜。我是在想你或许把"权力"错写成了"权利"。或许没有。我想听听你对时间的思考。很多小说家喜欢在"时间"这个元素上做文章，有些导演比如诺兰，包括作为编剧的诺兰的弟弟都喜欢玩时间梗。你有没有在创作中有意增加这方面的环节。

罗伟章：权力带有强制性，而作家没有强制权——包括对时间，因此在这里，还是写成"权利"的好。不知你有没有这样的感受，说到空间时，头脑里浮现的是固体形象，说到时间，则是液体；这很可能是孔夫子那句"逝者如斯夫"带来的后遗症。好在是一个让人舒服的后遗症。

我们说"世界"这个词，常常想到的是空间，其实它既指时间，也指空间："世"是时间，"界"是空间。时间是放在空间前面的，因此小说家思考时间，是一种必然。时间是被"创造"出的概念，这个概念诞生之前，世间万物是否有新陈代谢？如果生活中最小的时间单位不是秒而是分，事物的演进是否会减慢六十倍？如果那时候也有四季，一个季度约等于现在的十六年，是否十六年都开花，十六年都下雪？如果真有时间隧道，从这条隧道转身而去，是否会重拾过去的仇恨或友谊？当"创造"出的时间被另一种创造所替代，万物会呈现怎样的面貌？这些事情都让人着迷。同时，当这样去思考问题，我们会发现，精神和思想根本就没有时间性。由此我认为，不必刻意在创作中增加关于时间的环节，你写的本身就是时间。

小饭：还是跟时间相关的一个追问。作家金仁顺说，年轻时写作只看前方，但人到中年频频回首"既往"，好奇自己如何就成了今天的模样。人是历史的总和，也是其社会关系的总和。很多作家都从自己经历和身边人事当中寻求写作的出发点，用"非虚构"来承担"虚构"的底色和显影剂，但你好像并不是这样（也可能我读你的东西不够多，尤其是早期的几乎没读过）。

罗伟章：金仁顺说得对，但不一定频频回首，偶尔会有那种惊诧。让我惊诧的是，我居然没有变得更坏。人变坏最大的坏处在于，那将变得不自由。我不是指被关进大墙的那种不自由，而是指限制了灵魂的宽度。写作上，我喜欢退出来，不管处理哪种题材，我都从时间里退出来，我描述的对象（其中也会包括我自己）在时间里，我在时间外。

小饭：你对自由、时间这些概念似乎比较敏感。有影响过你的哲学家吗？你的世界观是如何建立的？来自于父母还是更多来自于自身的修炼和训练，何时建立的？

罗伟章：我有过喜欢的哲学家，比如克尔凯郭尔，如果把梭罗也算作哲学家，还包括梭罗。但都说不上影响。真正影响我的哲学，还是要从文学中去寻找。托尔斯泰是我特别钟爱的人，他并没在写作上教我什么——这是因为他太高——但他让我明白一个道理：一个好的作家，绝不会把文学当成最高目标。父母的言传身教以及生活中的清洗与丰富，当然同样重要。

小饭：考虑过成为"更受欢迎"的作家吗？我们知道许多畅销书都是由出版者行使了特殊的广告宣传手段才始成名的，即使海明威的作品也不例外。《老人与海》便是如此。我想说如果有机会，你会配合出版商去做一些看起来很滑稽的宣传行为吗？这当中的道德感你认为重要吗？——说到这里其实还有一个更有趣的议题，你认为创作中需要承受哪方面的道德伦理。能否说几个你认为自己坚决不会突破的创作底线。除了抄袭。

罗伟章：说实话我没想过。我的书能卖，当然好，但我从来没想过要去强求。我听说有些作家，搞新书发布会，找来大群人，每人发一个塑料手掌，满场拍得啪啪响，高呼着"某某某某我爱你""某某某某你最帅"；还有作家，抱着书稿，站到街口，身上插个草标，像过去贩卖奴隶一样去贩卖自己。这已超越了闹剧。当然，他们的做法，并不在非道德范畴。可恰恰也因此，我们发现，有些并不违反道德的行为，竟比反道德还令人不堪。由此是不是可以证明，道德其实还是很宽容的。说到创作底线，抄袭当然要除外，因为那不是创作。再就是，谄媚权贵是不能容忍的。对某些权势人物说几句虚美之词，大作家也不能免，但那同样不是创作，那只是"场合"。一旦进入创作，你就是自由而独立的个体，就由你说了算。这话说着容易做着难，人都有自我过

104

滤，触觉伸到某个地方，就缩回来了，觉得那地方不能碰。不过，认识到这种过滤，就已经是一种自觉了。我们还可以再听听陀思妥耶夫斯基说的："在正义和同情弱者之间，我选择后者。"为内心的悲悯，连正义也要靠后，遑论权贵！

小饭：村上春树，渡边淳一，海明威，马尔克斯，这些作家都可以被简单粗暴地缩写。如果你愿意被读者总结成为某个符号或者某几个关键词，哪些词或符号是被你接受的？对于一个作家被缩写，你怎么看？

罗伟章：去年我出的一部小说《谁在敲门》，早就有了缩写本。我有，但我自己不会看。缩写就如同你去餐厅，要了一份烤鸭，服务生把鸭肉给你剔来，还送上来一盘骨头，叫"鸭架"。缩写本就是鸭架。鸭架上并非没有肉，它有一点肉，可你抱住了啃，又老半天塞不满牙缝，于是很生气。为了不生气，还是去读原著的好。当然为让小孩子提早了解一些作品，缩写一下，也不是完全不能理解。我们小时候读的连环画，是更精瘦的缩写本了。被符号化是作家的宿命，因此不必计较。别人不会管你接不接受，所以你也就不必管别人怎样概括你。任何一种概括都是以遗漏为前提的，明白这一点，就更不会计较。

小饭：你掉过身份证吗？或者在这几年的生活中有遗失过手机吗？我想问的是会不会有那么一刻你迷失在生活的具体内容之中，然后你会怎么做？

罗伟章：掉过身份证，没掉过手机。还好，身份证是给别人看的，当不需要给别人看的时候，它就不存在。手机虽没掉过，但也会忘记带在身上，比如我去上班，走进办公室，才发现手机忘在家里了。那一刻真是着慌，也才发现，离开了手机，自己就啥也不是了，甚至是被抛弃了。另一层着慌在于，万一有条信息被老婆看见了，她会怎么想呢？我上班的地方有差不多一个小时车程，回去拿不大可能，通常就让老婆给我送来，她跟我一同辞职后就没再上班了。她听了我的话，大声武气地训斥两句，就送来了，于是我就安定了，我又是我了，我的公开和秘密，都被我揣在裤兜里了。

小饭：文学一定帮助过或拯救过你，有哪些动人的时刻？

罗伟章：是的是的。我小时候比较孤独，这是因为我母亲去世得早，别的孩子叫妈的时候，我却没有妈能叫，这让我很是想不通，他们每叫一声妈，就把我和他们推得更远一些。幸好那时候我哥喜欢读书，他手上有本《寒夜》，我能读的时候，就把那本书读了，它让我发现痛苦不是一个人的，生活在陪都重庆的人，也有那么多困顿和苦恼。这真是为我开了天窗。后来写作，也知道了体察和"融入"的意义。2005年巴金去世那天，我默默地从书架上抽出《寒夜》，整天读，以此纪念他老人家。这件事我在别的场合也说过。

小饭：你近期完成的《谁在敲门》，包括贺绍俊先生在内的很多评论者都认为你"完成了一部具有史诗品格的小说"。你怎么看待史诗？怎么看待"史诗写作"？一个作家如果热衷于史诗创作（这样的作者数量不少），你有何建议？

罗伟章：管那么多做啥呢！你写了，发表了，出版了，评论家们自有说话的权利。但你写的时候不必管。而今的史诗概念，肯定跟初始时候不一样了，但它的庄严性是不变的，它对民族情绪的关照是应该有的。有热衷于史诗创作的作家吗？你还说数量不少，但我真没听说过。如果他们有这样的创作理想，好哇，好得很！我觉得不管是从时代也好，从文学本身也好，都需要这样的作家。当然，写作的残酷法则在于：作家们写什么和怎样写固然重要，但写得怎样才是命脉所在。

小饭：你平时会梦魇吗？你怕蛇蝎鬣狗之类的动物吗？对你来说最可怖的生命体验有哪些？有怕的人吗？最近有什么令你焦虑的吗，比较大的那种焦虑？小时候呢？

罗伟章：我的睡眠就是接连不断的噩梦，从小就如此。梦魇的时候当然也不会少。看见蝎子的时候不多，生活中没见过鬣狗，但在老家时，蛇是经常遇见的。我怕蛇。并不是怕蛇咬，而是它的长相，它贴地而行的姿势，它冰凉彻骨的身体，它的花纹和斑点，还有附着在它身上的传说。走在路上，见到前面有蛇，我会大声叫它先走。它走了老半天我才敢走。要说最可怖的，也都是在梦中。常常在梦中飞翔，后面老有人追，追逐者不一定要伤害你，但就是让你深怀恐惧。有人说这表明我前世是从天上来的，可有回去北京，几个人喝茶，一个哥们儿说，那表明对性能力的不自信。前一种解说靠谱，后面这个完全是胡扯。当然也有怕的人，比如你跟一个异性非常好，好到简直可以称为美好，可是有一天她突然说，她要嫁给你。

大体上我是个没心没肺的人，加上我生在阳历一月底，属水瓶座，这个星座的人对许多事都不是特别在乎，因此要说比较大的焦虑，认真想也没能想出一个来。其实我很希望想出一个来，让兄弟听了乐一乐。小时候倒是有的，就是我前面说的，为什么别人有妈叫而我没有。

小饭：会花时间关心同辈作家吗？会花时间关心时事政治娱乐新闻吗？除了写作之外的生活是怎么样的？

罗伟章：关心作家最有效的方式是读他的作品，对同辈作家，也包括对更年轻的作家，我花的时间确实不多。顺便说一下，在我接触过的作家中，王安忆和迟子建两位老师是让人敬佩的，从她们的言谈里，能感觉到她们对同辈和晚辈作家都很熟悉。这样做肯定有个好处，就是始终保持新鲜的活力，并帮助涵养自己的写作激情。娱乐新闻哪里需要花时间关心？你在任何场合都可以听到。时事政治也一样。只是在我的观念中，人们谈论的都不是政治，而是政治新闻，相当于娱乐新闻。偶尔会看一些对政治的深度分析，但这样的分析太难得。写作之外，我就上班啦。更确切的说法是，上班之后，才写作。

小饭：你家里有多少藏书？偏爱哪一类书？对待书的虔诚态度有没有因为这些年阅读媒介转变而有所改观？会反复读一本书吗？

罗伟章：我没数过，但三几千册肯定是有的。文史哲一类最多，人类学著作也比较多。但我把人类学著作，包括医学著作（比如《黄帝内经》）、经济学著作（比如《国富论》）、博物学及进化论著作（比如《物种起源》），都习惯性地归入哲学类。对书的态度确实有变化。我上班坐地铁，在地铁上读书，为方便，就带电子阅读器。我买了数千册电子书。这样一来，对纸质书当真没有先前的那份虔诚了。我也慢慢发现了这很不好，因为我读书爱在书上画，赞叹的，批评的，都写在旁边，现在不能够了。而且我还发现，读纸质书印象要深刻得多，这大概也是因为可以批注的缘故。反复阅读是一定的。当我读新书读得不耐烦，觉得根本就不能给予我什么时，就去重读我喜爱的著作。纳博科夫说过一句话：重读才叫阅读。这绝对是真理。

小饭：最后一个问题：这一天你脑子里出现了绝妙的主意，关于正在创作的小说，可是你丈母娘打电话来让你去帮她修一下她的手机。她用的是你老丈人的手机。这时候你会怎么办？

罗伟章：去呀！抱怨几声，就去。作家只能在作品里行使对时间的权利，不过这已经十分美妙了。

蔡骏：作家之间最好不要抱团

蔡骏，中国作家协会全国委员会委员。已出版《春夜》《无尽之夏》《镇墓兽》《宛如昨日》《谋杀似水年华》《天机》等三十余部作品。曾获"茅台杯"短篇小说奖、百花文学双年奖、郁达夫小说提名奖、上海文学奖等。

小饭：蔡骏老师好。我知道你是一个严肃的写作者，但之前因为一些成功的类型文学作品及其影视改编，也有人把你标记为一个类型文学作家或者畅销书作家。这方面你有定位和身份上的困惑吗？

蔡骏：从前可能会有，但现在不会再有了。所谓"类型"或者"纯文学"最初是可以归类或不可以归类之分，本来就不分高低贵贱，但是后来演变成了一种圈层概念——写类型的因为出版、网站平台、影视改编聚在一起，写纯文学的又因为文学期刊、各级作协以及诸多评奖聚在一起。相对来说，类型这个圈层更大更开放一些。我对这些已经不怎么在意了，也对各种圈层没有太多兴趣，我更关注的是自己的创作本身。

小饭：在写作之前，会定义你自己所要写的作品吗？有一些作者会比较注重自己的"风格化"，寄希望于让读者和圈内在尽量短的时间和作品数量内记住自己，或者说某种识别度——让人粗粗一看就知道这是谁的作品。

蔡骏：现在每部作品创作之前，都会思考自己为什么要写这部作品。肯定既不是为了畅销，也不是为了影视改编，而是为了满足自己在文学上的某种追求，无论类型的，还是纯文学的。比如人物塑造上的独特性，比如叙事结构上的创新，还有当下社会层面的反思，甚至对于历史和信仰的探索，也可能几种兼而有之。这种定义对于自己的创作是极端重要的，如同一盏灯塔让你不会轻易偏航，最终抵达目的地港口。

小饭：你提到的这些我想可以称之为一个作者的"雄心"。不易偏航代表着某种确定性和稳定性。那么写一个作品之前你通常会做什么样的准备？这个准备周期大概会多长？

蔡骏：通常会有一个准备周期，两种情况，一是多年以前积累下的故事创意，当时觉得自己笔力还不够，或者还不适合写这一题材类型，现在觉得自己到了这个火候，或者又有了新的创意叠加。二是可能临时起意，但仍然不会立刻就动笔，还是会进行一定的案头准备工作，比如两到三个月，也可能半年以上，从人物小传到故事大纲，犹如写剧本的创作方式，然后才会真正落笔。

小饭：你会在意自己写作题材上的重复吗，还是会尽力避免在某个题材上做多次尝试和冒险？或者说在相对类同的题材上你是怎么做取舍的？

蔡骏：的确会在意的。但要看清楚什么是题材——比如刑侦算不算题材？历史算不算题材？女性算不算题材？这些都是永远写不完的，所以不存在重复的问题。最近十年来，我的许多作品都会涉及一个相同的主题——当下中国社会的阶层固化产生的种种悲剧，这个主题我觉得可以一直写下去。我们需要避免的不是题材，而是模式化。当然在有些特定类型中，往往就是高度模式化的，比如推理小说，无论欧美和日本，都会出现一个作家毕生创作的数十部作品，全部在同一的模式下完成的，这其中也有大师之作。但对我而言，我不会选择这种方法进行创作，恰恰相反，我会竭尽所能尝试各种不同的文本模式。

小饭：以前有人说，一个作家的阅读基本决定了他大体的写作方向。那么你在这么大阅读量的基础上，最后拥有了一个什么样的小说这个艺术门类上的价值排序？你更偏爱哪一类作品？东方的西方的，现代的古典的？简单地说，你从哪一类作品中吸取了更多的养分？

蔡骏：从我自己的文学营养来说，肯定是西方的更多，从文学启蒙时候的经典名著，到二十世纪的卡夫卡、博尔赫斯、加西亚·马尔克斯等等，再到类型文学的斯蒂芬·金，他们对我的影响都至为深远。当然现代中国文学对我也是有诸多影响的，包括日本文学，但要注意二十世纪以后的中国文学和日本文学，它们也都是受到了西方文学强烈影响的产物，真正的东方传统仅仅占据很小的一个角落。从文学本身而言，我觉得也很难用地域性去区分东方或者西方，严格来说是传统与现代，而文学永远是向前发展的，现代不可避免要超越传统，而传统会在现代性中长久地存活下去。

小饭：如果提到西方文学，咱们是不是可以顺便聊一下《圣经》。最近我听到一个说法，有人认为《圣经》中不存在隐喻——当然只是一家之言。你怎么看待《圣经》和"隐喻"以及它们之中是否有相当的关联？一般来说，我们在写作一部作品的过程中总会埋下一些自己的"密码"，有时候是为了故事和人物发展，有时候关乎总体的立意——你在写作中在意"隐喻"这一类问题吗？

蔡骏：关于《圣经》的问题我很难回答，因为这涉及宗教、历史与哲学，当然也有文学，人类早期的许多伟大文学著作同时也是宗教著作。类型小说通常不太注重"隐喻"，但也不是没有，只要你有意识地添加就会有空间，比如我的《生死河》中就有个人物名字叫"尹玉"，本身就是"隐喻"的谐音，而这个名字来自于一位老托派的晚年回忆录《玉尹残集》，这里面充满着对于二十世纪中国历史的隐喻。

小饭：那前一阵儿你在《上海文学》发表的短篇小说《饥饿冰箱》，故事看起来像一个现代寓言，我想这很明显——我是说读者能比较容易猜到这篇小说当中存在着一些隐喻，可以在这里聊一下你创作《饥饿冰箱》这部作品背后的一些故事吗？

蔡骏：众所周知，2022年春天上海经历了一段艰难岁月，《饥饿冰箱》顾名思义就是关于这一时期的作品。但我觉得这个故事的创意本身并不算隐喻，因为太过明显。但在小说中的许多细节里，比如 2010 年世博会洪水的噩梦，还有上海郊外的青龙塔废墟，还有巴塞罗那的圣家族大教堂，这些都有着更大的隐喻。

小饭：历史、宗教、哲学好像一直都是你的兴趣范围。无论是在你早期的创作，还是近期的作品中我们都能捕捉到这些元素。你是先对这些领域感兴趣，还是在阅读的过程中慢慢累积自己在这些领域的知识和信息？在写作中它们对你写作的整体帮助大吗？能否举几个例子说说？

蔡骏：应该说是我从小就对这些方面非常喜欢，然后就很难不放到自己的文学作品当中去了，这是一个自然而然的过程。从前的小说放入这些部分，可能会有些生硬，或者更多是功能性的作用。但是后来就会觉得这些部分更应该是精神上的引导，可以润物细无声，藏在并不明显的地方，但只要揭开作品文字表面的一层纱就能看到真面目的感觉。比如《春夜》中写了一些历史和文学方面的背景，但是小说本身是现实主义的，就要合理地寻觅其中的裂缝去生长。有一段我写到了"镇墓兽"这个文物元素，因为是我之前小说里出现过的，但我放在了具有传奇色彩的深夜探宝的情境之中，这段有点学习金庸先生《笑傲江湖》西湖梅庄四友那一段的味道。

小饭：去年我读了你的长篇《春夜》——这在你的作品序列里应该算是一种回归。在阅读过程中我发现你的叙事语言有了与之前的作品很大的风格上的变化。变得非常密集，节奏很快，信息量也很大。这在你之前的偏类型小说的创作中几乎从没见过。你会经常改变自己的语言风格吗？或者只是匹配你所写的内容？这种语言风格的转变对你来说困难吗？

蔡骏：不能说改变，只能说我增加了一种语言风格，就像一个作家需要有个武器库，如果你的武器多种多样，那么就能应对不同的战争形势。我现在已经有了三种语言风格，一种是日常的书面语言，一种是《春夜》式的改良上海方言口语，还有第三种是类似于雷蒙德·钱德勒《漫长的告别》的语言风格，我很难说哪种更好，也许越朴实无华的才越难写吧。

小饭：除了《春夜》，似乎你很少在自己的作品里写到自己早年的经历，或者以此（自己的经验）为主要写作题材。哪怕是《春夜》我感觉也不占主要篇幅。而其他很多作家会从自己最熟悉的环境写起，从最熟悉的事物入手。你是故意跳脱自己的个人经验在创作吗？有没有想过这是出于什么样的原因？

蔡骏：其实《春夜》里写到自己经历的部分已经非常多了，我确定地把主人公当作自己来写。但我确实不太想写"自叙（传）"式的小说，因为小说主角不可避免会带有作者自己的性格和价值观特点，再把个人经历加上去的话，那么小说创作虚构性的价值就会打折扣了。但我也会写自己熟悉的环境，比如《饥饿冰箱》的环境就是我童年居住过的曹家渡的一幢楼。我在2020年发表于《人民文学》的《戴珍珠耳环的淑芬》也是同一环境。我有个计划要写"曹家渡童话"系列，下一部也即将发表了。

小饭：你二十年的专注写作，产量极高，质量也稳定，是什么一直在激励着你的创作行为？或者说，你在写作中有没有找到一些类似人生真谛和使命感的东西？让你不得不往前走下去，写下去，不能停歇？

蔡骏：也许是因为写作成为一种习惯了。但更多的是一种使命感，一种不满足感，总觉得每当完成一部作品都留下遗憾，期待下一部作品弥补这种遗憾。还因为自己积累了太多的故事素材，很可能永远都无法写完，那么在漫长的写作人生中，总得挑选出其中最好的一些来完成，而这将是一个漫长的过程，也是对于自我极大的挑战。

小饭：这个世界上大体存在两种作家，一种是把人生当一场实验，其作品也和生活互相印证；一种是，用国内的说法，比较宅，在书斋中阅读观察吸收养分，然后书写自己对世界的理解。你怎么看这两种作家的写作，你自己属于哪一种？

蔡骏：我觉得自己是两者兼而有之的。写作不可能脱离大量的文本阅读和思考，但更不可能脱离自己的生命体验，现实生活中的一切喜怒哀乐爱恨情仇都可能会影响到自己的作品，这是所有作家不可逃脱的宿命。《春夜》中就有我过去和当下的生命体验。莫言的高密东北乡也是他不可磨灭的生命记忆。加西亚·马尔克斯的马孔多既来自作家故乡的真实环境，也来自拉丁美洲过去五百年的历史传承。

小饭：大部分人认为文学最重要的功能之一就是"交流"。喜欢和享受与同行们交流文学的阅读和写作吗？在生活中会不会安排一定的时间做这件事？

蔡骏：我一直觉得写作应该是孤独的，最好孤独到没朋友的那种，你才能不受干扰心无旁骛地创作。至于作家之间的交流，如果谈到彼此共同的爱好，那么会有心有灵犀的快乐，如果谈到你自己的知识盲区，那么可以互补学习，填充自己的不足之处。但我觉得这并不能取代你自己的生活、阅读和思考，作家之间最好不要抱团，不要彼此吹捧，形成封闭的圈层，各自孤独灿烂也许会更明亮。

小饭：那么，如果一直"孤独着"，会不会导致某种"闭塞"和"闭门造车"的危险——在写作的理念上，一直"孤独"中的你会越来越多开放自己的观念，还是会坚持自己？这些年来有没有关于写作的重大的观念上的转变？如果有的话，这种转变从何而来？

蔡骏：我觉得是需要开放自己观念的，你需要坚持自己的态度，但对于文学的各种题材、类型和思想，都应该宽容接受，谁都不是全能，总有自己不擅长之处。这些年来，我对于文学的语言和结构是有很多转变的，前面说到我学会了不同的语言风格完善自己的武器库，我也会重拾一些结构性和主题性的探索。但我觉得这还远远不够，我总觉得自己时间不够用，有时候也会缺乏耐心，这是需要自我批判的，再沉下心来，再专注一些，也许会发现更广阔的天地。

小饭：我们在某一次文学闭门会上深入聊过《铁皮鼓》——我们都很喜欢这部作品。很多文学作品会结合荒诞和现实的表达，并产生奇妙的化学反应。甚至很多杰作便是如此，包括《铁皮鼓》，其他也不用枚举。你在自己的作品中是怎么处理这两者的关系或者说平衡的？

蔡骏：其实从我最初开始写小说时，就写了许多荒诞与现实的结合。后来写类型文学就不太注重了。这两年又觉得亦真亦幻、虚实结合的写法才是未来中国文学的突围之道。因为论到写荒诞，已经有了诸多大师之作，而许多网络文学的脑洞也是远远超出了传统作家的想象。论到写现实，确实中国有着强大的写实主义的传统，很多笔力强劲的中生代作家仍然在书写中国城乡大地的现实，我觉得以我自己的能力和生活积淀，恐怕永远也及不上他们。那么我的特长在哪里？也许就是将荒诞和现实结合在一起，来源于现实又不拘泥于现实，从生活的泥土里长出想象力奇崛的鲜花来。

小饭："网络文学"这四个字在你这里意味着什么？代表着什么？今时今日，你还会读一些或者关心一些网络文学吗？早年在榕树下做"躺着读书"版主的经历给你带来过什么？

蔡骏：代表一段重要的经历吧，也代表一种自由自在的创作状态。二十年前的网络文学与今天的网络文学完全是两个不同的物种，无法放到一起来比较。至于"躺着读书"版主好像只有很短的一段时间，认识了一些好朋友，虽然大部分没有见过面，至今也已音讯渺茫，但依然很怀念纯粹美好的那段时光。

小饭：让我们回到现实生活中……从日常的交往来看，我发现你更愿意倾听。在会议上，在饭局上，只要你没在发言，没在吃菜，你似乎就是一副倾听者的模样。而且你似乎是那种把自己从日常琐事中隔离出一片空间用来写作和思考的人，这一点我特别佩服。很想问问你到底是怎么做到这些的？

蔡骏：倾听可能是性格使然，能够藏住自己的内心，并从他人的世界里汲取营养。至于日常琐事，谁都是肉身凡胎，没有人能完全置身事外。我只能说，自己还有强烈的创作欲望，能够把自己迅速丢进那种状态之中。我知道这件事很难，有时不可避免会遭到干扰，只能尽量给自己保留一个内心的小宇宙。

小饭：我看过你一篇十三年前的访谈，其他的我都记不太住了，对其中一个问题印象深刻。提问者问到你的个性是怎样的，大意如此。然后你说自己性格中有一种缺陷，或者说是特点，是"过于压抑自我"。这么真诚甚至赤裸暴露自己的性格特征，这不像是我了解中的你。那我还想继续那个十三年前的问题——你现在还会这样（压抑自我）吗？你会对抗这种性格（以及命运）吗？

蔡骏：现在依然这样吧。对抗命运的欲望永远存在，但方式有许多种，有直接的，也有间接的，有人干脆只在小说里对抗。许多作家都是这样拧巴之人，唯其如此，才能把自己扔进一团巨大的漩涡之中，而小说创作不也是要把人物丢进矛盾冲突里吗？有人说"国家不幸诗人幸"，其实是"诗人不幸诗篇幸"。

小饭：那么现在回忆起来，对你来说，邮局是个很好的工作环境吗？我想那是一个可以很"顺便"压抑自己个性的工作场所。

蔡骏：工作环境好不好难以评判，但我在那一时期完成了很多文学上的积累，并且强化了自己的世界观，至今仍然没有改变，同时也积累了许多故事素材（来源于现实或者阅读）。比如《白茅岭之狼一夜》的故事素材就来自跟我同一办公室的退休干部讲述的白茅岭狼灾岁月。

小饭：最后一个问题，或许比较尖锐一些——你有没有对自己的作品产生过怀疑的时刻？如果有的话是怎么克服，怎么往前走的？什么时候会让你对写作产生疲倦？

蔡骏：偶尔还是会有的。但是一旦进入写作阶段，我就从没放弃过，因为我坚信最初打动自己的那个瞬间自有其道理。那么接下来就是克服困难，有时甚至面临大幅度修改和重写的风险，一旦确定有必要，我就会这么做。会不会疲倦？我觉得不会，因为每次克服挑战的过程都会让人兴奋而愉悦。

路内：更庞大的事物会修正人们对文学的认知

路内，1973 年生于苏州，小说家。著有《少年巴比伦》《花街往事》《天使坠落在哪里》《慈悲》《雾行者》《追随她的旅程》等，曾获华语文学传媒奖年度小说家，中国作家协会第十届全国委员会委员。

小饭：路老师好，很久没有和你聊天了。希望这次访谈能挖掘到一些你平日关于创作和生活的思考。你说你刚刚打完游戏，是打了通宵吗？是不是刚完成新长篇，给自己放了一个假？生活中是怎么安排写作和休闲娱乐的？有固定的写作时间和节奏吗？

路内：小饭老师，免称"老师"。我平时都是白天睡觉，倒不是因为工作，而是近年来夜里睡不太好，干脆改白天了。大半夜一个人坐着很无聊的，打打游戏。写小说也可以同步打游戏的。这两年玩的时间多，工作时间少，写小说尤其不太像份正经工作，写不写没有人管的，这种状态我想想最接近的应该是夜市里摆地摊的。

写作的固定时间是阶段性的，有时候是白天写，有时是晚上写。一般来说，长篇小说写到后半程，我的速率会加快。

小饭：白天写和晚上写，写出的东西气味可能不一样，你有这样的体会和经验吗？

路内：没有这感觉，夏天写的会更热情些，或更无聊些，或更神经病些，这倒是有可能的。

小饭：在豆瓣上看到有读者评价你的新作《关于告别的一切》，"写男女关系，间杂睿智嘲讽"；另外一个读者则留下"三分搞笑三分装傻四分深情"的读后感，我竟觉得两者都颇有一些妙结之意。同时我很难有信心认为你确实在这部最新作品中在嘲讽"男女关系"。即便出版后的作品你说过已经和作者无关，但还是想听听作者是怎么看这两个评价的。

路内：这本书不是嘲讽男女关系，而是，日常的男女关系要经得起自我嘲讽。经由自我嘲讽，那些郁结的庸俗之物会暂时消散掉，这应该是很多普通人都懂的道理吧？我升华一下大概就是这意思。至于搞笑装傻和深情，差不多也是。日常的这些小花边，是否值得写成小说，写成小说以后是否就失去文学理想，没了大历史感，不够厚重？我想在这本书里讨论的其实是这些问题。

小饭：如果有人说在你的小说里看到了你，看到了真实的你，看到了你真实的内心，这时候你会有什么反应和表态？

路内：有一种文学观认为小说里必含有作者的自我，阶级的，性别的，心理学的。照理说，不但可以看到作者的内心，还能看到作者的爹妈是什么出身。这研究法挺有意思的，属于作弊的算命法，是带有评价者自身经验的推理和瞎蒙。它很容易庸俗化，比如评价别人内心渣或婊。也可能是话语本身在庸俗，以至于用庸俗的方式去解释事物是最高效的。一般而言，我会请评价者坐下来，咱们聊聊。聊过以后我也能看见他（她）的内心嘛，这是一种对等的思路。别说写作，就连走路的走相都能暴露人的内心。如果在网上遇到匿名的，就不大好办。很多人在评价别人时，并不在乎评价者是什么样，只在乎自己的句型和表情包，这是否算是互联网时代的特色？

小饭：这一部作品（《关于告别的一切》）你觉得有没有完成你写作生涯上的某些愿望？是哪些？

路内：这本书有一些很特殊（或者是很平庸）的想法。就是在一个各方面都平庸的设定之下，完成一部我认为有闪光之处的长篇。我非得这么写一次，顺便埋汰一下大叙事什么的。就不要吹嘘大叙事的文学合法性更强，不会写的，再大也还是不会写。

小饭：新书出版后，你会不会去看豆瓣评论？无论好的还是坏的，它们对你的心情影响大吗？

路内：很多人的身份都是双重的，既是作者也是读者，我也可以是读者，某位书评人也可以是作者体系。

以前不太看豆瓣，2020年以后因为真的没地方去，上网时间多了会去看看，顺便把其他作家也一起看了。2020年还挺震撼的，大伙竟然有这么多差评，有些还颇为毒舌。后来别人告诉我，还有人隐藏打一星，就是说在页面上根本看不到，只是把分数给拉下来了，或者还有控评的手法，把分数拉上去。对我这种习惯正面讨论的人，此类操作手法的存在，会使我觉得规则本身出错了。这个问题，在读者（评价者）看来非常简单，但在作者（产品供应方）看来就会极其复杂，另一种可能：我们都不是读者和作者（双重身份失效），我们只是一个网站的流量存在，那就更没法讨论了。

小饭：如果规则本身出错了，你的第一反应——以下几个词，我想听听你对它们的理解：厌恶，愤怒，自我怀疑。

路内：我倒没有什么负面情绪，我想的是，文学或写作，作为一个行业，它总会有一种趋势的变化，变得更新、更好，专业或激进也都可以。更庞大的事物会修正人们对文学的认知，比如，改革开放，比如，互联网。我们将不会再去讨论竹简时代的文学观，抱着《诗经》说它是中国文学的顶峰，这件事意思不大。作为一个活着的、还在写的作者，我更想看到当下的写作标准和进化逻辑是什么。我深刻地相信人就是基于这些去写作的，上述负面情绪，也许还有欢喜和向往，看上去相悖，其实是同一事物的不同命名。对于一种现在时的写作，我们的评判标准一般来说取决于人，比如某作品，你说好，我说不好，我们可以讨论，但我们的讨论不是基于一种结构的目的性而来。我说的不是我和你有目的性，而是，平台的结构自带一种目的性，这样的话，我们所有的话语都被吸纳进它的结构。这件事发生过一次，然后又要发生一次，不是吗？

小饭：能说说你微信朋友圈的背景图吗？一个吉他手，一个女孩。我好像在哪里见过。为什么用这张图做背景图？爱情和成长在你的很多小说里都是重要元素，两者之中你对哪边更感兴趣，更有话说？

路内：这张图上，女的是 Courtney Love，Hole 乐队的主唱，Cobain 的老婆。吉他手是谁就不知道了。她是传奇人物，具体事迹就不介绍了。

我有一部分小说是写到了成长，但人物其实是被限定在一个文本、一种状态里，看不出他们有什么具体的"成长"。限定性对我来说有诱惑力，可以使小说变得有趣。将来如果写老年人，也会触及这种限定性。至于爱情，你说得对，只是一种元素，很难写出色的元素。

小饭：能把小说写得有趣是个容易被忽略的才能。你是什么时候意识到自己有写作的能力和才华的？是什么时候发现自己可以通过写作过上不错的体面的生活的？哪几本书的创作对你来说有上述两点的启发——意识到分别被精神和物质这两方面激励着。

路内：写作的才能分两种，一种是较为自娱自乐的，写给少数人看看，一种是较为职业的，需要写给读者看。两个都不错，没有谁高谁低。能留下的文本当然都是后者，但被遗忘的也是后者，而前者不在这维度里。我在写小说之前，大概三十五岁之前吧，在一家广告公司里工作，那生活也不错的，这份工作做了十二年。

小饭：你认为清贫会不会限制创作，还是会激发创作？你认为打扰你创作的最大敌人是什么？又是怎么克服和与它们战斗的？

路内：都不会，大部分人不会穷得吃不上饭，或富得可以在私人飞机上写小说。而这两种极端状态对写小说也没什么帮助——如果是指小说必须写得够水平的话。人喜欢写是天生的，但这两种状态（如果真的存在的话）对作者的人格会有一点影响。

我想创作的敌人就在创作中，是一个抽象的事物，所有可以干扰创作的都谈不上敌人，至多算是些麻烦事。尤其写作，这是个成本很低的创作，给我纸笔就可以了，有一张桌子，喝凉水喝咖啡差别不大，就不像拍电影那样要制定一整套规则。对于那个抽象的"敌人"，只需要与它对望就可以了。它存在而且不会消散，它要经得起对望，如果轻言赢下它就意味着我输了。

小饭：那我们怎么理解写作上的"输赢"？是基于怎么写，还是基于写什么，这代表了我们写作上的自由和权利；或者是基于完成度和作品影响力？通俗地说，就是（这个作品）写成了，和（这个作家）写出名了。

路内：都不是，这种赢取没有任何利益层面的思考，说自己是精神赌徒可能有点夸张。影响力嘛就是多跑跑地面店去签售，这谁都会。至于完成度，我非常惊叹文学界的一个用词"正面强攻"，我不太往自己身上堆这种词，有一次还是被媒体堆了，说我正面强攻，我和好几个作家正面强攻了。我不知道自己是否灰头土脸下来了。总之，这件事一般来说，不应该用言辞来讨论，它仅仅是一个抽象的解释。正面强攻太具象了。一个作者要面对的是文本和文本带来的一切，这不是件亲切的事，尤其在我们"这个地方"。

小饭：事到如今，"写什么"和"怎么写"，你已经有了明确的主张并付诸行动了吗？

路内：我倾向于更稳定地表达我所经历过的这代人的经验，它相对可靠、完整。尽管在当下时代看起来，这样的作品已经足够多了。你知道，经验总是偏向过往的，现在写一个二十年前的故事，可能会被诟病为怀旧、过时，你写个清朝的就不会。我们的经验被更迭得太快，技术和制度都是，媒体也在不断制造更迭话语。新作家很快就不新了，对吧？小说作者身上（或者说文本）的创新性是最可贵的，也是最容易被终结掉的，因为文本就是这么一个难办的东西。一个作家真正有开创性、独特的东西，往往拿一百页出来就全部看明白了，再多的文集全集是敷衍于读者的好奇心和爱。如果已经过了这个阶段，以及在"为什么写"的问题上可以自洽，那么也就不用担心有人赶在前面把"事到如今"的事和今都写掉，慢慢写就可以了。

小饭：从事写作的大部分人认为"轻佻，柔弱，顺溜，浮浅，有肉无骨"是糟糕的文学特质，出于担心写出这样的作品，不少作家比如贾平凹先生就认为一个写作者需要从宗教、哲学、各类评论性的著作和文章中及时补充营养。你是怎么让自己避免写出那样的作品的？

路内：这是一种不错的文学观。宗教和哲学也是各种各样，也有轻佻浮浅的，它们在自身意义上比小说高级，而二十世纪的小说，有一套相对独立的运行规则。多看些书当然是好的。对我来说注意的是一本小说的调性，以及小说运行到不同位置上的调性变化。

小饭：现在普遍认为写小说的技能是可以习得的。我有一个朋友在复旦大学的创意写作专业念书，上个学期你给她上过一堂课。她说印象非常深。你上课很感性。人都说教学相长，你喜欢这样的文学授课活动吗？会在其中得到自己所需要的增长吗？在写作上你希望教给学生最重要的东西是什么？

路内：写小说这件事很难在课堂上讲清，部分原因是，我们能拿出来做范式的文本，没有一篇是受课堂驱策而写成。如果理性地讲写作，可能需要一两个学期，而我的理性不会比写作班的老师更合乎范式。我不大喜欢站在讲台上讲文学，也许应该去郊游，一边走一边聊，会更好些。我能教给学生的很有限，可能就是一些未被关注的、容易忽略的写作点。我不太喜欢给写作设置各种规则，规则是根据写作而生成的，如果预设条条框框，那么，只要有一条被驳倒，剩下那些即使讲得再有道理也都是错的。

小饭：如果我没有记错的话，早年你是写诗的……但如果不是我视野狭窄的话，这几年你好像不太写诗了，至少不拿出来发表了。为什么？对诗歌有什么想聊的。

路内：确实不太写了，部分原因是写得不好，当年就没写好，部分原因是不想让自己显得那么能干，事事都会，其结果是写出来的诗境界未能超过小说，它终究是在作者的认知限度内打转。所以就不写了。

小饭：我突然有一个挺坏的问题：对"事事都会"的作家，你更愿意去了解他们多领域的成就，还是会保持警惕和怀疑？

路内：跨领域还是可以的吧，职业道德上没瑕疵。写小说和拍电影之间的差异，不会比拍独立电影和商业电影之间的差异更大。反过来说，我也不相信一个作家能写所有类型的小说。好比一个歌手既能唱歌剧，也能唱摇滚，闲了再来段京剧——技术上它是可以做到的，但实际不行，很可笑。我曾经以为这是广告学上的"定位理论"，通俗而言就是术业专攻、各做一摊，但现在看来也不纯是一种泛政治化的、泛商业化的手法，而是人的有限性，以及尊重自己的有限性。多领域只是多个体裁而已，这不重要。

小饭：这些年你文学上的一些观念产生过重大的转变吗？比如，是否有那么一刻，或者一段时间，会认为自己曾经喜欢的作家、喜欢的作品实际并没有多大价值；反过来，以前看不上的某种写作，你会突然有一天发现其中别有洞天？如果有这样的经验的话很想听你说说。

路内：就算有转变也是很朴素的。十几年前觉得，小说重在语言和风格，后来有一些年，认为运作技术很重要，就是说给我一个题材我大体知道该怎么做，有一种方案论的倾向。最近几年态度又有点变化，认为两者不冲突，在晓畅明了的同时，语义仍然可以是多重的、歧义的，比如写爱情不一定是为了爱情。

最近两年捡起了法国新小说在读，以前不太读这种类型的，并非看不上，而是觉得它太过流派化，题材也有点局限，和中国的本土经验不适配（东欧和拉美的似乎总是更适配些）。去年读了一套艾什诺兹的小说，不得不说，写得真好，虽然不太长，但小说的步伐踩得极其准确优美。一种可能是时代在变化（或我的年龄），强调经验和观念的小说我读得太多了。

小饭：放在中国来讨论的话，流派就像圈子，能起到团结的作用，也会模糊作家本身的面目。除非在一种流派里做到极致，不然……另一个角度，如果有人认为自己的作品没有流派，这对他作品的传播和社会评价是不是并不算友好？换句话说，你是否希望自己的写作属于某个可能的流派？

路内：所谓流派是个文学政治的问题，更低档一些可能是写作生态而已。最近十年没有那种具有启发意义的文学流派产生，有一些近似于流派的定义，比如按年龄，按地域，按文学期刊的趣味，对了，小镇作家也算个流派。说实话，启发意义是相对的，也许对青年作者有启发，对我没有。你说得对，团结，不过在互联网时代团结也就是互粉而已。如果基于文学政治，我想我不反对自己是某个流派，如果是写作生态就算了吧，已经过了那个年纪。

小饭：在文化上，在文学上，喜欢历史上哪个时期的氛围？古今中外。

路内：我对世界文学史没有研究，就只是相对孤立地看一些作品而已。加缪那个时期的法国文学，九十年代末的中国文学，都不错。特别热闹，乱哄哄的。

小饭：但我认为你不是一个喜欢热闹、喜欢乱哄哄的人——或许也不一定。你是指气氛的活泼，还是所谓的百花齐放那种景象，抑或是某种被讨论的热度和参与者的激情？

路内：我喜欢文学圈乱哄哄的，说百花齐放嘛，是的。我高度欣赏专业人士之间的活泼，还有活泼（而不是阴郁）所带来的抵触。我经常会因为高兴而发呆，所以看上去在活泼的场合有点沉默。

小饭：韩东说，虚荣和卖弄是写作的大敌。但也有人觉得没有这两种"动力",一个人开始写作的理由会少很多。你认为最应该成为写作的理由是什么?

路内:那肯定不会是为了虚荣和卖弄而写作,写作确实有很多禁忌,但是吧,说句和韩东老师开玩笑的话,就算是做快递,老板也会对员工说,虚荣和卖弄是送快递的大忌。我的意思是,写作之中的种种动力和禁忌,和一个人从事其他事业的差别不大(因为我们共同使用了"虚荣"和"卖弄"这两个词),只是不踩在同一个点上,有点"另一维度"的意思。如果要我回答的话,可能具体点更能自洽:我想看看自己的限度、边界在哪里,所以会去写作。这里或许也有另一维度的虚荣感。

小饭:这些年,你是不是处在理想中的状态在写作?如果还不够理想,你还需要一点什么?

路内:一直写长篇,状态是一阵儿一阵儿的,只能说清写某本书的时候状态比较沉浸,某本比较轻松。现在看来这也不够理想,主要是一直写长篇容易产生失真感,对事物和自己关心比较少,以后可能会写点短篇小说。短篇不是调剂,也是认真写,它或许要求作者的状态更敏锐些,总体判断力更准确。

小饭:你有重要的作品被改编成影视,自己还参与过不少电影方面的工作。大部分作家会认为电影是另外的行当,你在那个行当里有没有可以分享的经验?建议作家偶尔转转型去做几回编剧吗?

路内:卖版权不属于参与电影,甚至原作者参与改编也不算,看别人谈恋爱瞎出主意罢了。只有签了编剧、导演合同才算,合同是对责任的约束。纯属个人看法:如果好奇可以去试试,如果还想写小说就最好谨慎些，精神压力太大，另外商业电影和独立电影实在是两码事。我不反对作家去从事其他职业的，你说偶尔转型，那当然说得过去。

小饭：你们家的电视机大吗？使用率高吗？对电视机想说点啥？电视机以及电视节目对你的写作影响大吗？好的或者坏的。

路内：五十几寸的，十二年前买的。我不太用电视机了，家里人还看。以前它有过一道坏线，我立刻送去维修了，前年又有了，我也懒得修了。希望它不要再有坏线，以免激发我要更换它的念头。很多电影，在线或下载的片子，画质都不大好，看个大概。我们追求画质的年代，是看不起这种东西的，如今也认命了。我已经不受电视机影响了，任何层面。

小饭：最后一个问题我想落回到你的生活上：白天睡觉晚上工作，这样的作息是不是偶尔会让人产生一种"生活不健康"的自我暗示？你已经适应了这样的作息并从心理上接受了吗？有没有思考过做出改变？为了写作生涯的长远。

路内：我好像纯粹是阶段性的，最近有一天，我被出版社喊去工作，一大早的，就睡了两个小时。从那天开始，我就恢复正常了，白天发呆，晚上睡觉。以前去欧洲也是这样，往西飞十二个小时，我的时差就正好倒过来，比谁都健康。真正应该考虑的是戒烟，那个比较健康。

马拉：这世界上的任何一条狗都有可能登上月球

马拉，1978年生，职业作家。在《人民文学》《收获》《十月》等文学期刊发表大量作品，入选国内多种重要选本。主要作品有长篇小说《余零图残卷》《思南》《金芝》《东柯三录》《未完成的肖像》，中短篇小说集《生与十二月》《葬礼上的陌生人》，诗集《安静的先生》。

小饭：马拉兄好，多年不见，天天看你的朋友圈日记，又仿佛天天见，感觉是个熟人。我知道略萨是你最喜欢的作家，他有一本小说叫《酒吧长谈》，我对这个书名记忆深刻。总觉得这是两个个体之间最好的交流场景。当我说咱们做一个访谈的时候，你第一反应是啥？你喜欢访谈这个形式吗？我怀疑你更喜欢自问自答。

马拉：想象一个场景：我刚刚剥完波罗蜜，刚洗干净手上难缠的黏液，有种难得的舒爽感。你能想象那种感觉，你觉得你很干净，甚至还有点庆幸。我发了个朋友圈，看到你的信息。我想，饭老师又喝多了，这次，玩笑开得有点大。我实在不觉得我是个值得访谈的作家。我喜欢《巴黎评论·作家访谈》，那套书我常常翻翻，我也喜欢说话，特别是在酒后。访谈如同恋爱，我年轻时候的女朋友告诉过我，恋爱需要好的对手，伟大的爱情总是产生于相当的对手之间。因为我不是，她离开了我，但她至今也没有获得伟大的爱情，也许有，但我并不知道。

小饭：一个作家，或者说一个人值不值得"访谈"，我认为并不是完全依靠"名气"来决定的。很多不善言辞的作家，在书面访谈的时候能展现出极大的魅力。但凡好好经营自己内心的人，但凡平时读书很多的人，但凡有思考模式和内省模式的人，跟他们交流，都会受益匪浅。我做这个访谈，很大一部分原因也是想了解那些我认为了不起的作家，他们在想什么，他们思考的结果。如果他们在过程中不小心暴露出来他们写作的一些秘籍，就更好了……比如说你，你觉得是什么让你始终坚定不移保持着创作，而且发表频率还稳定地高？

马拉：我在多个场合说过，我不相信灵感，作家不可能依靠灵感写作。灵感只是对勤奋的奖赏，它可以让写作变得更美好，但绝不是最基础的动力。我相信劳作，像个农民一样劳作。我立论的基础基于我是一个科学主义者，我相信概率。也正是因此，我膜拜天才，也相信这个星球更多地依赖天才来改变，但我绝不会幼稚到以为遍地天才，绝大部分的普通人应该认识到自我的局限。写作是我唯一长久保持的热爱，它带给我的是快乐。是的，没有痛苦。写作过程中的痛苦，也只是快乐的前奏。我不喜欢，也不愿意展示痛苦。如果连情感都分高下，认为痛苦就是比快乐高级，那人类实在也太僵化太无趣太装模作样了。

小饭：文学包括阅读和写作通常被认为是一个人精神生活的一部分。你是否会很奇怪，现在的人几乎都不太看重精神生活了。这表现在文学期刊不太畅销。如果文学期刊没太大问题的话，你觉得问题在哪儿？

马拉：这得看你如何定义精神生活。如果你认为文学和阅读才是精神生活，那你得出的结论可能是对的。我有很多朋友，他们读书——至少纸质书——确实不多。可他们听音乐，看电影，去剧院，参加各种读书会，他们甚至还购买了很多网上课程。他们学习插花、烹饪、室内装饰，我认为这些都是精神生活。我们对精神生活的定义过于狭窄了，甚至明显透露出遗老的叹息，这是出于对某种虚假繁荣的怀念。说白了，就是潜在的权力欲。这不是对精神生活的重视，而是对权力范围丧失的叹息。文学期刊不太畅销说到底只有一个问题，营销。营销依靠资本系统，文学期刊不具备这种能力，更别谈还有各种机制上的制约。

小饭：但另一方面，根据我在文学期刊工作的朋友说，现在他们遇到的两大问题是：第一，好作品太少；第二，好作品哪怕被刊发了，应有的反响小。这些年你在文学期刊发表的小说诗歌不少，以你的理解这是怎么回事？

马拉：好作品少太正常了。你毕竟是文学期刊，不是百年精选。你怎么能想象，一家文学期刊发的全是好作品，这可能吗？如果我们学过概率，再有点数据分析的常识，大概就不会发出这种感叹。对一个作家来说，一辈子的写作，能留下那么几行，已经非常成功了。一本杂志，一年能发一两个能上台面的作品就很好了，志向不必过于远大。那样既为难自己，又为难作者。我说这些话，也显得有些理想过于远大，那么我们把眼光放近一点，被淹没是写作者的命运，如果侥幸被发现，被认可，那实在是我渴望的意外。

小饭：你说期刊需要营销，现在普遍认为作家也需要营销。当然有时候未必需要作者亲自营销。你抗拒这种营销吗？如果现在有个出版商说，"我要好好包装你，打造你"，你第一反应会是什么？

马拉：不抗拒。我出过几本书，每次都有些忐忑，我的书印不了多少，估计也很难卖，这就让人为难了。编辑那么辛苦，让人家亏钱心里就过不去。暂时我对我的要求是，如果书出了，能吆喝就吆喝一下吧，至少让编辑看到，我也在努力了。我希望以后，编我的书能让编辑挣点儿钱，就不说发财吧。要是真有出版商说要包装我，打造我，我一定提醒他三思。如果觉得不能挣钱，咱们先把理想放一放。最大的债莫过人情债，我欠不起。你可以说这是商业行为，应该要有风险意识和成本意识，但对我来说，好像不尽是，书是生意，文学不是。

小饭：你曾说你不适合"去写宏大的历史题材，背景错综复杂的小说"，你更接近"精致，切口刁钻，细致而深入，带有迷人的直觉"这一类创作。这是不是代表了你对现代小说的某种总结和偏好？或许你认为"史诗"这一类作品过时了？我跟罗伟章讨论了一下这个问题，他似乎完全相反，他认为需要更多"史诗作家"。

马拉：也许你想不到，我最喜欢看的电影主要有三个类型：史诗、科幻、犯罪。但我的写作和三个关键词没有任何关系，如果硬要给，我可能会给出：情感、家庭、艺术。我说那些话源于对自身的分析。有次聊天，我打过一个比方，一个人就像一个硬盘，等硬盘存满，人就死掉了。一个作家能输出什么，显然和他硬盘储存的信息是有关系的。我的知识系统——硬件，我的情感模式——软件，都不支持我去写宏大的历史题材。我没有必要去做我不擅长，也没有兴趣的内容。我确实认为"史诗"过时了，它只是一种怀旧的方式。史诗意味着大一统的价值观，这不可能是面向未来的思维方式。而且，史诗类的作品往往对历史背景有着强烈的依赖，而在文学史中，历史背景恰恰是最没有意义的东西。如果一个作品要依赖历史背景才能产生价值，它的价值显然是值得怀疑的。

小饭：喜欢看犯罪电影，那你喜欢看犯罪推理小说吗？你关注这一类作品的点在哪里？据我所知，这一类小说一部分作者是为了展现"救赎"，展现人性的幽暗，俗称"社会派"；另一部分作者则是为了展现"技术"，所谓的"本格"。你更偏向哪一类？有哪些作品和作家可以推荐？

马拉：这个我不算熟，读得也不多。我喜欢展示人性的幽暗，这为创造感受力提供了可能，属于精神领域的发明。我佩服"技术"，这显然是智力的优越。我对智力优越是有崇拜的。如果二者不可兼得，我选社会派，毕竟智力这事儿不是那么紧要。

小饭：你有没有辨别一个人、一个作家、一部作品"好坏"的标准？这个标准曾经变过吗？如果变过你能说说这个标准的演变史吗？我好奇这个。

马拉：自大一点说，我有。说完这句话，我发现我看错题目了，我把"标准"看成了"能力"。那我先说为什么我觉得我有这个能力，那真是迷之自信。在日常生活中，我认定的坏人没一个好人，哪怕伪装得再好都没有用，我具备一眼看穿的直觉。当然，这里的好坏就涉及标准问题了。对我来说，不害人就是好人，作家好坏稍微复杂一点儿，好作家起码得有点良心吧。好作品就更复杂了，这就像我们看女孩子，各种类型的好，好得我们肝肠寸断。我又想起了李修文的一句话"这世上让人绝望的，总是漫无边际的好东西"，作为一个写作者，我有时候甚至痛恨这漫无边际的好东西，它让我体验到写作的艰难。既然写作，你不可能不去比较，有比较就有伤害，理想有多大，伤害就有多大。标准一直在变，我的年龄，我的经验，我的身体都在默默起作用，它们本身就具备思考能力。

小饭：有人说一个歌手一辈子只需要反复歌唱他的代表作即可生活无忧——精神生活是否无忧就不好说了。我了解的脱口秀演员相对困难一点，总不能老说自己成名的那几个段子，会被人嫌弃。作家也有这个问题，在创作中容易陷入主题的重复。你害怕这个吗？抗拒这个吗？你说一个作家最重要的是要输出世界观，可以反复输出吗？

马拉：有段时间，我热衷于研究叙事学，对故事模式也略有涉猎。我到底理解了什么说不好，但我知道，从故事模式上讲，作家能做的其实非常有限。如果说大主题，那就更单调了，无非爱和自由。我们再说具体一点，比如说怕老婆这个主题之下，你可以创作出无数的段子，但你老讲其中一个，那就是你的不对了。综上所述，我认为主题重复根本就不是个事儿，但你讲故事的方法，故事模式，人物设置，场景设置，得有些变化。说句让人悲观的话，在哪儿都是生活，无非场景不同。有句特别著名的话，我忘了谁说的，大意是"有成千上万的人可以成为我们的丈夫或妻子，我们不过是在合适的时间，合适的地点碰到某一个罢了"。对作家来说，具体到写作中，要解决的是"合适的时间，合适的地点"，而不是"妻子或者丈夫"。

小饭：你说小说家就像一个骗子，为了实现自己的目的可以不择手段。但散文写作则被广泛认为不可过度虚构。还有一个说法，大意是所有的写作都是真实自我的镜像。哪怕有些"欺骗"行为也只是障眼法（雕虫小技），其中内在必定含有情绪真实和艺术观真实。怎么理解这几句话？

马拉：你说得太对了，写作的底层逻辑一定是真实自我，我说的"不择手段"那都是表现形式。我们都知道，骗子在撒谎，但他为什么撒谎？显然他隐藏了他的真实目的。那个目的，才是真正的核心问题。我不认为这是雕虫小技，恰恰这是一个作家必备的手艺。散文中的真实其实极其主观，它离客观真实有着难以测量的距离。我看过太多写母亲的文章，我读完有种强烈的感受，那些著名作家可真爱他们的妈啊。但在事实上，他们可能没那么爱，他们只是写得好，那是技术，而非情感。他们一定不见得比一个表达笨拙的人更爱他妈。所以，你还会认为"欺骗"是小技吗？

小饭：我觉得一个作家怎么写他的母亲有"技术"，但如果这种技术无法说服你他们对自己母亲的爱是真实的，那这种技术其实是失败了。你站在同行的角度去质疑这种技术，那只是你看穿了他们的把戏，结论是，他们的技术太差了。真正的技术是没有形状的，只要长久地抱着母亲哭。所谓大爱无形。我想跟你探讨的是，技术和情感并不是二元对立的，甚至是相辅相成的。比如，现在要你写对自己孩子的感情，就几句话，你怎么写？

马拉：技术和情感当然不是二元对立，我只是强调，因为技术的熟练使用，使得虚假的情感变得真实了，让一个混蛋变成了孝子。我有具体的例子，在这儿我不说。我对我的孩子保持谢意，他们带给我的快乐远比任何东西都多。我爱他们，他们的名字是我全部的知识和幻想。

小饭：你二十来岁离开了湖北换了一个地方生活，是因为工作还是天气，还是爱情？迁移的过程中有让你困惑迷茫的环节吗？具体的也好，精神上的也好。

马拉：因为爱情，没有迷茫。我这么说绝对没有撒谎。我的妻子并不是当年的那个女孩，我也不为之感到遗憾。此前，我的生活经验极其单纯，我根本不知道世界的好坏，也没有对比的经验，也就是说，我实在不知道我去哪儿更好。如果你不知道哪儿更好，任何地方，只要有一个东西在吸引你，你可能就去了。当时吸引我的是一个女孩，我对事业、前途等等根本没有概念。人到这个年龄，我有时候会想，如果我当年没有选择爱情，而是有着明确的功利目的，我会怎样？老实说，我想不出来，我从来没有走出过那一步。基本上，我是个随波逐流的人。

小饭：听起来你会认为爱情和灵感都是随机的。事物的发展也有很大随机性。在小说中你会强调这种价值观吗？

马拉：是的，我坚定地以为是随机的，而且人生基本都是偶然，没有什么必然的道理。我前些天和朋友们聊天，再次谈到这个。以我为例，读大学、找工作、结婚，这应该算大事儿吧？都随机得可笑，哪有什么深思熟虑，不过如寄飘萍。谈到小说，那就更有意思了，美妙的小说转折处往往也是极度随机，从来没见什么计算。我说个最简单的，无论《包法利夫人》，还是《安娜·卡列尼娜》，男女主第一次见面都极具偶然性，并无刻意安排。别去扯什么具有逻辑的必然性，你要那么说，这世界上的任何一条狗都有可能登上月球，抬这种杠没什么意思。我们都知道，狗确实有登上月球的可能性，但历史上还没有出现这条狗。我不会在小说中强调，它本就如此，只是有时披了一层外衣罢了。

小饭：你的自我是越来越强大还是相反？有没有进行过断裂这一类自我革命？哪个年龄段的自己是现在这个马拉的主要组成部分？

马拉：越来越强大，这个我确认。在这个过程中，我不太高兴，我放弃了很多曾经视为目标或真理的东西。当我放弃了，我指的是内心放弃了，而不是口头说说，那么它们就不能对我构成影响。当一个人能够尽量少地受外界影响，这应该是强大了吧？当然，你也可以认为这是逃避。你看，其实这不过是个角度问题。我没有进行过断裂式的自我革命，那是因为我从来没有那么不堪，也没有那么激进，整体来说，我很平稳，我不需要革命。对我所有的过往，我都心怀感激，正是无数过往的瞬间构成现在的我，几乎每个阶段都给我提供了重要的价值。儿童，少年，青年，中年，这个分段非常科学，尽管它们控制的时间长短各不相同，意义却一样深远。你会发现，越往后，词语的控制时间越长，这也从侧面印证了早期经验的重要性。

小饭：你觉得在中国，在当代，整个写作过程中，最难处理的部分是什么？题材？观念？很多作家说创作包含着冒犯，甚至主要是冒犯。

马拉：如果你不喜欢被冒犯，那么，冒犯作为文学创作的目的是不是也没有那么强烈的合法性？我不太喜欢过于姿态性的作品，那种冒犯在我看来几乎接近轻佻。当下的写作，最困难的可能还是观念。倒不是观念受到制约，恰恰是并没有多少作家具有强烈的观念能力。不要说观念能力，很多作家甚至连明辨是非的能力都没有。我朋友圈有很多诗人、作家，有时看到他们那些幼稚的表达，特别是对某些社会公共事件的立场，简直让人哭笑不得。除开几个生硬的名词，你看不到任何独立思考的痕迹。

小饭：你一般从哪个点开始写作？一个梦境，一个真实生活片段，一个饭局笑话，或者一条社会新闻？找到了出发点之后你会做哪方面的功课？如果你现在就是一个写作课的老师，能不能说说你的开场白？

马拉：这些年我过着职业作家的生活，我已经习惯了上午写作，大概九点左右开始，这是时间上的点。很多时候也不写，就是坐在电脑前磨洋工，或者在书房乱翻书。你说的这些都曾是我写作的动力来源，触发一个作家写作动力的点很多。通常，有了想法，我会构思一个简单的故事，有个轮廓就行了。接着，我会试着找找语调，如果语速对了，调子也对了，那应该问题不大了。如果是短篇，顺利写完三千字，我会很放心，我知道我一定能完成它。"同学们，现在我们开始上课，这节课我们主要研究对话，请大家尽可能列举对话的方式……"这是我最可能的开场白，我不会刻意制造惊喜或意外，那是演员该干的，老师没有那个必要。

小饭：你认为研究对话是学习写小说的第一课？

马拉：不是，但很重要，人总得说话，小说里确实人不少。

小饭：那学习写小说的第二课是什么？第三课是什么？

马拉：如果写小说也算一门艺术，我想说的是很难说哪个比哪个更重要，更不好排序。作为一个写作者，还是要根据自己的特点来。有些作家天生具有极好的语言天赋，这一门课也许他就可以免考了。一个故事天才，自然也不需要费太大的劲儿去编制故事。就我个人而言，语言、故事、结构始终是排在最前面的，这是终生不能毕业的课堂。

小饭：介意别人说你是穷作家吗？物质和精神怎么互相救济？

马拉：一点都不介意，我对自己做过分析，即使不写作，做别的我也发不了财。这么说吧，我真不知道做什么，怎么做能发财。我要知道，我肯定去干了。我那爱哲学的朋友告诉我，你没挣到钱，首先你对钱没有敬畏，而且你的欲望不够强烈。我觉得他说得非常对。相比挣钱，我觉得懒洋洋更舒服，那就这么着吧。我也不觉得我很穷，应该算正常吧。人不能太穷，太穷会影响心理健康，这是我对物质和精神最直观的理解。

小饭：那你这方面就挺自信的。韩东说，写作者的骄傲还是骄傲，只有自卑者终成大器。在写作这件事上，只有你的自卑是值得一提的，它给你动力，让你知道天高地厚。写作是道，知耻近乎勇。你自己觉得，你骄傲不？

马拉：我见过好东西，我想我应该也理解过一些好东西，我怎么可能骄傲？我也不自卑。我读过一点书，也知道在漫长的时间线面前，无意义和虚无乃是必然的结局。因此，即使从功利的角度，我也没有必要自卑。我唯一渴望的是这辈子我能尽量按照想要的方式生活，这已经很奢求了。

小饭：你说作家对社会公共议题的幼稚，我也有同感。更多的作家则完全避免谈论社会话题。我认为这是一个民族的悲哀——又确实符合某种生存哲学。有一种说法是，作家越来越娱乐化，越来越缺少"知识分子"的属性。另一种说法与此相反，他们认为"天下兴亡匹夫无责"，他们只想单纯地写作。你更支持哪一种观点？

马拉：我认为还是有责。话语权也是权力，无论怎么讲，作家的工作依然具有极大的公共性。真正藏在抽屉中的作家，从某种意义上讲是不存在的。我们所知道的作家，一定具有公共性。既然具有公共性，那必然就有"天下"，那就不能"无责"。作家缺少知识分子属性是作家自身的问题，并不是标准问题。

小饭：那你认为知识分子和作家应该如何介入社会，介入到何种程度？比如一个小说家，是不是在小说的创作中一定要对某些社会问题发言？这种要求在我们这个时代是不是有点高？

马拉：我常常谈到小说或者文学的任务，个人认为文学的任务在于"提出问题"，而不是"解决问题"。小说一定是在介入现实、观念创造的世界同时也在影响现实。小说家介入现实的方式不会像社会学家、历史学家或者政治家那么直接，它可能不会直接面对某个社会问题发言，更有可能，这些社会问题只是写作背景。我以前很反感为时代写作这个说法，后来，我慢慢试着去理解它。到今天，我认为这个说法没什么问题，只要我们不把时代理解得那么狭窄。我们活在某个特定的时代里，成为其中的一环，显然，这一环我们感同身受，你不可能什么都不说，你不可能没有意见，当你说出来，写出来，你实际上就已经参与了，至于深度和广度，那是另外的问题，但你已经参与了，你摆脱不了。

小饭：你好像对"故乡"这个概念无所谓。好似没有根基，过着浮萍的生活。但事实上你后来也没有长期离开中山。这是不是也导致你的小说中不像福克纳、莫言、苏童那样，总是呈现某一处。你的小说中总是吐出抽象的人，例如《送释之先生还走马》《一个寻找天堂的人》。你有没有留意这一点？

马拉：我有部分小说写到一些抽象的人，老实说，那是理想主义的化身。我有过类似的幻想。作为一个写作者，我对这个世界不是那么满意，我得通过某种方式写出来。还有什么比一个理想主义的人更合适？我的小说中多次写到"走马镇""铁城"，我老实交代，我小时候生活在走马村，我在铁城已经生活了近二十年。童年记忆和现实生活给了我最大的写作动力，这两个名字都很抒情，也像是某种意象，用起来非常方便，我愿意一次次用它们。作为容器，它们足够容纳我的肉体和精神。

小饭：你长篇也写了不少，有四五个了吧。短篇也写了不少。以你自己的理解，你觉得你更擅长短的还是长的？

马拉：我的长篇都很短，十几万字，没有一部超过十五万字。

这是我喜欢的长度。我想我应该更擅长短篇，我有非常不错的直觉，遗憾的是一个人对自己的认识往往不够客观，我的短篇似乎没有我的长篇受人欢迎。

小饭：第一次被文学"奖励"是发生在什么时候？被奖励得爽吗？我说的不是获得某些文学奖项那种奖励。

马拉：我属于那种起点很低的写作者，当然到现在也不是个玩意儿。由于写作过程非常平缓，几乎没有什么起落，我确实没有那种被奖励或者被惩罚的感觉。我看很多人谈退稿之苦，写作之难，我脸皮厚，一家退了我给另一家，总能发出来，没觉得这算什么事儿。写作之难，我也没有特别觉得，太难了，我暂时放弃嘛，我就不能做点我擅长的？一旦没有雄心壮志，事情总好办一些。我渴望被文学狠狠奖励一下，如果真有这种奖励，不妨再晚几年。我现在还能写，等我不能写了，再奖励吧。

小饭：你好像喜欢喝酒。喝酒的时候一般你会聊什么？跟作家喝酒和跟其他人喝酒有啥不一样的谈资？酒精对你来说，能起到什么样的作用？会帮助写作吗？

马拉：说来你可能不信，我不喜欢喝酒，但我确实经常喝酒，这两年频率也降低了，不像以前，一周三五次。无论什么酒，刚入口那会儿，我没有享受的感觉，都觉得难喝。喝到五六成，精神上放松下来，会有舒适感。一旦喝醉了，人非常沮丧，产生强烈的自责。我有相对固定的酒友，我不太喜欢和陌生人喝酒，更无法做到和陌生人谈笑风生，推杯换盏。在酒桌上，我主要聊文学和哲学，老天爷照应，和我喝酒的朋友多半爱文学，有一个爱哲学。我聊诗歌更多一些。我几乎没有聊现实生活的兴趣，除开偶尔聊点儿事关国计民生的八卦。我不知道别人喝酒聊什么，车房股票我都不懂，聊不了，女人可以聊一点。酒精影响了我的写作，我的记忆力和思考能力明显差了，据说这种伤害是不可逆的，以后尽量减少伤害吧。喝醉了酒，我不仅不能写作，连书都看不进去。

小饭：如果非要做一个选择，写诗，写小说，烹饪，发朋友圈，一天你只能选一样去做，你会怎么选？

马拉：写诗。我在写诗时有强烈的自由感，基本上已经随心所欲了，没有功利。写小说对我来说还是有些费劲，我脑子里还有不少栅栏没有拆掉，它让我不舒服。至于烹饪和发朋友圈，那都是日常的休闲娱乐，可有可无，不值一提。

畀愚：深入往往就是迷失的开始

畀愚，1970 年生，浙江人，1999 年开始小说创作，电视剧《叛逆者》原著作者，曾出版长篇小说《碎日》《江河东流》等，中短篇小说集《罗曼史》《邮差》《站在到处是人的地方》等。

小饭：畀愚老师好，先恭喜你的新书《云头艳》完成。这次你写了一个"职场故事"。还是女性职场。还"悬疑"。你怎么会这么了解职场？作为一个作家，不怎么上班的作家，现实生活中接触的女性估计也不多，你这是不是属于闭门造车？

畀愚：感谢小饭老师对这本小说的关注。说心里话，《云头艳》在我的创作中可以算是个另类，不过也并不算太奇怪，我一直想写一本我认为的"悬疑"小说，跟我们通常认为的"悬疑"又稍稍不同的，更加地基于我们平实的现实生活的那一种。你说得一点没错，我已经很多年没怎么"上班"了，但即便我每天"上班"，我的职场跟小说里的职场还是有本质上区别的。有时候，我们要去了解一种生活是有很多途径的，并非一定要投身到那种生活里面去。我们都知道，深入往往就是迷失的开始。

确实，在我的日常中，不要说接触的女性不多，接触的男性也不多，可问题是数量并不能决定质量，有时一草一木里就是大千世界。我一直认为小说就是个真实的谎言，我也不反感有人说作家就是在闭门造车。但是，你造的这个"车"肯定是基于你的人生经验，你的生活阅历，你对人性、人情世故的理解与体会，对这个世界与世事的观感。所以，我写了这么一个职场女性，但她所经历的人生又不全是在职场，那只是一个平台，是安放这么一个人物的地方。既然是人物，就必须要为她提供一个舞台，让她尽情施展。

小饭：这个书名很"雅"，好听好看，我还特意去查了这三个字的意思：云头艳是一得阁旗下的一款经典墨汁，墨色浓重，含紫玉之光。我想这当中有"故事"。能说说为什么用这三个字作为这个作品的书名？这本书对你有特别的意义吗？当时是怎么想起来开始这一次写作的？

畀愚："故事"算不上，只能说那是一段小插曲。你有没有发现封面的那行英文？这个小说的原名是《在那遥远的地方》，文本里也写到，是王洛宾的一首歌的歌名。在快付印时人文社的编辑老师转达了购书网站与宣发方面的建议，问我是不是可以换个书名？让这小说更多一点悬疑的气质，而不是那么文艺。我们大家一起想了很多，又都觉得不怎么合适。后来，我看到案头放着平时练字用的墨汁，就索性叫了《云头艳》，是不是跟故事有点不搭？这倒是有个故事的，有一次去参加一个活动，观摩了一部日本电影，觉得内容跟片名也很不搭，就问了那位导演为什么取了这么一个片名？他回答那是他女儿的意思，他女儿认为年轻人会喜欢这样的。我也希望这本小说会更受年轻读者的喜欢。

我在以前的一些访谈里说过，在之前的十年里，我一直在写民国为背景的小说，人们把它称为"谍战"。其实，我坚信自己写的是一些人的人生。接下来的十年我打算专写长篇，《云头艳》是其中一个，我选择了悬疑，因为本身自己喜欢。我喜欢悬疑，但又真的不怎么去读悬疑小说，有时候看迷雾剧场也这样，看了个开头，基本上就知道结局了。我们有些所谓的悬疑常常是让人少了点惊喜。当然，我指的是我需要的惊喜。我一直有种偏见，就是认为真相应该是在水面之下的。因为在更多时候，在真实的生活里，人们需要的不是真相，而是平静。

小饭：《云头艳》还有一句广告词，广告做得不错，其中还提到了"人性推理"。你的理解中，人性可以推理吗？我总觉得推理人性，过程也许很精彩，结果非常不确定。你喜欢"推理"这个词吗？你喜欢看推理小说吗？

界愚：饭老师的眼光敏锐。我觉得，人性当然是可以用推理的方式来解读的，去考量、揣摩，然后判断，不光是人性，人情、人伦、人世间的一切都一样。推理只不过是种有逻辑的思维，你是学哲学的，你应该也是这样看事物的吧？举个例子，以前，我碰到过好些个警察，每次刚认识他们的时候，我都会问他们说会不会明天就去系统里查看我的户籍？他们基本都很惊讶，反问我是怎么知道的。因为，他们是警察，我是个作家。我想，这就是最简单的人性与推理。我特别声明一下，这事是很久以前的事了，现在绝对不允许了，是违法的。同样的道理，任何一件事，一旦需要我们去考量、揣摩与判断了，那肯定是件不怎么愉快的事，至少它是困扰了你的。

同时，推理也是不确定的，各种原因都会让它出错的，可我认为，比推理更不确定的应该是人性，它的那种无端与变化，也正是写作这个行当存在的理由与意义。如果人性都可以洞穿了，那人生还有什么意义？而且，"推理"这个词是动态的，我还是更喜欢"悬疑"这个词，它在有这个人之前可能已经存在，没有了这个人依然会存在，而推理是必须要有人介入的。我是不是说得太多了？

我小时候是喜欢看推理这类小说的。当然，那个时候也没几本推理小说。后来慢慢发现，我们看到的所谓的推理，都是为了推理而推理，其实像揭秘。我更喜欢小说里那种难以尽然的悬疑，让它一直存在着。因为那是留给读者的。

小饭：畀愚老师，假如，我是说假如，在年轻的时候（或者说更年轻吧），如果你放弃写作去上班，你觉得自己会是一个好员工吗？你会不会在上班的时候偷偷阅读和写作，俗称"摸鱼"？会害怕老板吗？会选择什么样的行业和什么样的老板？

畀愚：我上过班，自认为也曾是个好员工，现在不大上班了，仍然相信自己是个好员工。因为我遵守规则。你想呀，在单位里，只有不怎么好的员工才会去指摘别人好与不好，一个好员工就是安分守己地做好自己的事。我至今都是这样的人，埋头做好自己。

上班时写作倒没有过，因为习惯问题。我只有在一个人时才思考与写作。阅读会有的，一般在空下来的时候。像我这代人做什么事通常会顾及旁人的感受，特别特立独行的事情一般是不大会去做的。说穿了，就是一个普通的人，常怀着一种普通的心境，不想成为别人眼里的风景。

我的人生经历里好像没有老板，领导倒是有过一些的，通常他们比你更讲道理。当然，颐指气使的那种也见识过，在一个作家面前，只要他们不觉得自己有点像小丑，不怕会成为人家笔下的人物，我是没关系的。

我的职业就是写作，如果有机会再选一次，我倒想去试着做个小老板，开深夜食堂的那种。

小饭：你觉得现在的职场，你理解的职场，你笔下的写过的职场，如此"精细""危险"，充满玄机，这究竟是起源于一个什么样的社会模型？是商业资本对职场规则的塑造更大，还是人情世故对职场气氛的改造更多？

昇愚：这个问题有点宽泛的，但职场从来是个没有硝烟的战场。我想，很多人会认同我这个说法，人在江湖飘，谁人不挨刀？人心险恶从哪里发现？每次不都在你的周边吗？而每天普罗大众身处其中的不就是职场吗？有利益、有竞争的地方就会有陷阱、有阴谋诡计，这是人性，但我们也用不着因为这样而悲观、失望。在我看来，这也是一种历练，生活教训你，社会毒打你，慢慢你就百毒不侵了。我们大多数人每天在做的不就是跟整个世界去和解吗？

这两个问题很难回答，资本本身就是无孔不入的，有人的地方就是江湖，江湖就是人情世故，可在我们的社会里，它们在权力面前就什么都不是了。只有少数人制定规则，大多数想的是怎么去适应规则，或是怎么在规则里头钻个空子吧？恐怕只有更少的才会想到要去改变规则，你说如果真有这样的人，那他是不是个深谙人情世故的人？

小饭：在文学圈，作家圈，有没有和你笔下所谓的职场相似的结构性的内容？有没有那种互相对比起来感觉差不多的"职场规则"或者"潜规则"？不要担心，你可以说得很巧妙的，我相信你。

畀愚：你是知道我的，我是个不太介入圈子的人，我喜欢的是独处，现在更是这样。我们都知道无规则、不社会，但我更相信你获得了你想要的，那是你的福报到了；你没有获得你想要的，是你的修为不够。

小饭：别的作家我都会引一些思想家的名言来发问，面对畀愚老师，我竟然想起了马斯克。注意，不是马尔克斯。马斯克说，一个公司只要一个老板和一个会计就足够了，最多加一个秘书。你认可马斯克这句话吗？

畀愚：马斯克是个了不起的人，如果再年轻一些，他会是我的偶像，现在之所以不是，是因为我跟他行业不同，想的也不同，他想的是宇宙，那些没有人的地方，而我考虑的是人与人心。不过，我也曾经办过一个小公司的，只有一个老板与一名会计，连个秘书都没有。所以，那个公司后来注销了。要是早听到马斯克这么说，我肯定去找个秘书了。

小饭：那对于一个作家来说，什么是必须的？一个支持自己写作的妻子重要吗？相对富裕的物质生活环境重要吗？

　　畀愚：我不知道别的作家会怎么说。我一直认为生存是最重要的，这是先决条件。如果，我今天不是这样的写作者，我可能就不会去写你看到的这类小说了。虽然，决定你作品品质的是你的内心与情怀，可生活与处境会在不知不觉中改变一个人的品质，也会改变一个文学作品的品质。我是这么认为的，当然这是一家之言。

　　当你把一份职业变成了事业，我想，你的亲人们都会支持你的。说心里话，我从没想过妻子是不是支持我写作，因为从一开始我们就是命运共同体了，到了现在早已不是支持与不支持的问题了，而是怎么见证岁月年华的问题了。

　　物质生活当然是重要的，改革开放四十年，我们的奋斗目标首先是富裕起来。

　　小饭：从《叛逆者》到《云头艳》，你写作的重心是不是从男性偏移到了女性？我印象中你以前笔下的女性角色也很丰富。你对这年头的两性话题关注吗？会把一些热点新闻融入你的故事，融入你的写作当中？过去这样干过吗？

　　畀愚：这么多年写作下来，其实我塑造的女性形象可能更多一点，相比较男性角色而言，我倒觉得我写的女性角色可能更有特色，更加立体、鲜明与复杂一点。而且，我自己认为在前二十年的写作中，我塑造的女性形象是比男性更能感动人的。比如说《罗曼史》中的邢美玉，《站在到处是人的地方》中的李明珠，《叛逆者》中的蓝小姐，《邮差》里的苏丽娜，《丽人行》里的钱紫云、钱久红，《瑞香传》里的瑞香，当然还有今天这本《云头艳》

里的婉豆，我觉得她们比男性更有一种果敢与坚忍，一种不屈服的精神，同时又那么柔弱无助，这都是中国女性的宝贵品质。我想，通过她们，我是写出了人的复杂性的。

两性话题当然要关注，我们都是普通得不能再普通的人，茶余饭后能有点瓜啃，在一个泛娱乐化的时代里这至少还算知道了点真相。而且，它们也确实能成为创作的素材。小说来源于生活，这话没毛病的。我们小说中的所谓想象应该都是从现实这个平台上起飞，最后还是落回到现实的。所以说，新闻素材与小说素材之间需要一段想象的空间，是需有牵着风筝的那根线的。

小饭：畀愚老师作为一个写作经验丰富的"老"作家，你觉得写什么是最困难的？三个选择，人心？历史？现实？能结合自己的作品举例说说吗？

畀愚：人心、历史、现实，这三个都是小说绕不开的主题。人心的复杂、对历史的疑问、对现实的困惑，不正是小说要表达的吗？

你比如说《云头艳》里的婉豆，她一开始只想平静地谈一场恋爱，来圆满自己的大学生活，后来周易出现了，想想当个周师母也不错，他们一个做学问，一个将来搞经济。再后来，为了免于城市生活的寂寥与那名警察同居，她明知道那不是爱情，是一种被禁锢式的被爱，但现实与处境有时候就是会让你身不由己地走到那一步。最后，她嫁给了一直守候着她的钱新荣，她仍然觉得更是一种被爱，但好在人家有她想要的，至少财富自由也是种自由，直到钱新荣死，她终于醒悟，单纯的被爱已经在日常生活中转向成了彼此相爱，只是自己身处其中，不知不觉，是她的欲望毁灭了她自己的爱情。所以，她在丈夫死后才真正找到了她要的爱情，却只能把对丈夫的爱，全部倾注到他们的孩子身上。这些转变、转化，都是缘于内心的。同时，也正是她人生在经历、造就她内心的变化，它们相互作用，相互催化，驱使着她带领我们一步步走到小说的结局。

小饭：希望自己的孩子成为一个文二代吗？作为父亲，你对孩子的教育和培养有怎样的理念？

畀愚：不希望，也不会。写作这行当太辛苦了。当年，我父亲倒是一门心思希望我成为作家的，圆了他的文学梦。现在很多时候，我只觉得他倒是有了成就感的，而我却一直有种恍然被骗的感觉。

在对孩子的教育与培养上我是很惭愧的。这二十几年来，我几乎没有教过他什么，更没有灌输什么理念，生活上一直是他母亲与我母亲在照顾，但现在想起来也是好的，至少他在思想上是自由成长的，不像我，从小被逼着，被管着。让我欣慰的是他长大了，长成了一个正直、善良的青年，而且工作上也兢兢业业，这会儿刚刚回家，拿回来一张奖状，评上了单位的年度先进。我也是在这一刻忽然发现的，他才是我们这个社会的主流。

小饭：我还有一个问题，在我理解中，很多小说家很喜欢写中短篇小说。并认为这是一次又一次思维和想象的挑战。你同意这种说法吗？那你为什么不写中短篇小说了，或者很少写了？

畀愚：我好像没这种感觉，决定一个小说长短的因素很多，有时跟年龄、状态与心境也有关系。尤其是现在，我是越来越觉得是写作这条道路在不由自主拉着你往前走，一直想停一停，也一直有各种人各种理由让你继续写。唉，人在江湖。我基本上算是那种写过十年短篇后，又写了十年中篇，再打算写十年长篇，写三四部也差不多了。有时真想全心全意地干一件与写作毫不相关的事，也花上十几二十年。

小饭：关于未来，你自己还希望写出怎样的作品？有这样的三年五年计划吗？

界愚：前几天在会上，我说了句平生可能说得最大的话，就是写一部将来可以垫进棺材里的小说。现在正在写一个关于四十年改革开放的小说，这四十年其实也是我们这代人成长的四十年，许多往事历历在目，刻进心里，也刻进了骨子里。把这种个人经验、对一个时代的感受写成小说，我想是很有意义的，也是有种使命感的。

那多：怪物终于出现了，你的恐惧也就过去了

那多，悬疑小说作家，作品总销量数百万册，犯罪 / 社会小说代表作有《十九年间谋杀小叙》《骑士的献祭》《人间我来过》等。

小饭：那多老师好，我是你二十年的读者了。早年你写了很多稀奇古怪的东西，没办法归类，有时候是搞笑的，有时候是都市言情的，你还写过历史小说，还挺受欢迎。但你这些年的创作似乎有了重心，主要围绕在犯罪和悬疑这些元素，而且很多取材于真实发生的案件。我想知道你是如何来到这个领域的？

那多：年纪大了以后，一般人会对现实的东西更感兴趣。我也一样。其实之前大约七八年我基本上都在悬疑领域，只是最近几年我的取材更多来自于现实了。这么看来我并没有完全开辟一个新的战场。与其说我选择了现在这样的写作，不如说我是一点一点调整到这里来的。在我开始"严肃写作"，比如早年的《百

年诅咒》和《甲骨碎》，它们还是有神秘主义的元素，到后面的《一路去死》才是一个纯粹的犯罪小说。我认为自己真正比较成熟，是在我创作了《十九年间谋杀小叙》，相当于定型了。

小饭：很多文字作品都与真实有关。对于真实故事文字的再呈现有几种模式，比如新闻报道，包括前几年比较火热的特稿；还有一种是非虚构写作，最有名的杜鲁门·卡波特的《冷血》，演变到中国，我们也能在一些公众号上看到"真实故事计划"这一类作品。但我觉得你的创作似乎并不属于这两者，既不是新闻报道，也不是非虚构写作，那么你创作过程中是如何在真实和虚构之间做取舍的？

那多：我一开始没有想过你这个问题，因为我最初的创作模式基本上都是虚构的，哪怕是到了《十九年间谋杀小叙》。尽管有一些真实事件的影子，小说依然还是以虚构为主的。我开始真正思考这个问题，是在写了《骑士的献祭》之后。这个故事确实来源于完完全全的真实案件，我在一个警察朋友那边把整个案件了解清楚之后才开始写作，写作过程也基本完整呈现了案件。但是问题也出现了，我要面对真实和虚构的选择。首先是故事的容量上，我发现一般的真实案件从容量上来说大致只能符合一个中篇小说的体量，甚至只有短篇小说的体量，但我要写的是长篇；其次我需要在故事中保持充分的悬念，而在真实案件中有时候没有这些元素。如果我不对真实案件"改编"，我就没有办法完成我想要的叙事节奏和写作技巧。有时候还需要我"创造"出一些故事细节和人物角色来。回过头我还发现真实案件给创作带来某种限制，有时依赖"真实"，可能会让你对人物的行为和逻辑了解得没有那么透彻。我遇到过这种情况，一次我的出版编辑问我："这个角色为什么会这样，你为什么这么写？"其实我完全没想过和推敲过，只知道现实当中他就是这样的，他就是做了那些事。因为无法回答编辑的问题，我就意识到了之后的创作不能这样。我不能把真实的东西放得过重、过多。我告诉自己，只是借用了真实故事的背景，然后杜撰出了我的人物。这样想了以后，我仿佛对我的人物更熟悉、更了解、更有把握了。

小饭：那么哪一类真实故事会更吸引你，继而开始你的创作？惨绝人寰的，还是活久见的，抑或是从常理上来看漏洞百出的？每天我们的热搜新闻层出不穷，"精彩故事"源源不断。

那多：在千千万万的刑事案件中，尤其是凶杀案件里，我会选择能够冲击到我内心的故事。具体地说就是冲击我的情感。比如像在《骑士的献祭》的原型故事里，作为犯罪者的情感和他的犯罪动机——当时我听完这个故事的时候就很难受。仿佛有什么东西一直憋在心里。这种难受或许包括对犯罪者的共情。《人间我来过》也是，但与之前不同的是我虚构出了一个人物，以及人物的处境（小说女主人公爱着一个想杀害她的人）。"这种情况下她会做什么样选择？"我开始思考，并让我决定去写这个小说。

小饭：从真实故事中取材还会有一个敏感问题，就是如何对真实的人，尤其是对还幸存着的人物进行改写，会冒犯和侵犯到那些人的名誉和利益。一方面你要遵从创作的逻辑和规律，另一方面似乎也不能扭曲这些角色在真实生活中的画像。你是怎么做的？

那多：遇上这样的问题，我的办法是不会公开去说我的小说

160

是与某件事一一对应。我不会说我的小说是根据某个真实故事改编的。不然大家难免会过于对号入座。

小饭：称不上好坏，但这确实是个办法。那你怎么处理道德问题？我认为一个作者如果共情犯罪者可能会造成一部分读者的反对。我们这个社会现在似乎更欢迎符合道德伦理的故事，但从历史上来看，完全符合道德伦理的作品和故事又很难"脱颖而出"。在你的小说里，会做怎么样的取舍和平衡？

那多：到目前为止我的小说里还没有碰到我需要回避的道德问题。与罪犯共情这件事，如果只是到我这样的程度，我觉得是可以被接受的。我愿意展现人内心复杂幽暗的地带。比如《人间我来过》这本小说，里面有一段是直接描写杀人者的心路过程，我当时需要站在这个罪犯的角度去感受，从创作角度，理论上我是需要把这些过程写充分的，作为一个杀人者，他自己需要完整的逻辑和支撑他去杀人的力量，否则他就不会去行动。我作为作者需要把这条路走通才行。这实际不是一个道德问题，而是创作上的问题。同时我的做法是会加入一种扭曲感，能在阅读过程中让读者感受到这种病态，与常识和常情相偏离的东西……但最后假如有些读者感受不到那我也没办法。

小饭：那有没有你在写这一类作品的过程中特别信奉的创作法则呢？

那多：我觉得我这一类小说就要写奇情。所谓奇情，就不是每个人在自己生活和身体里能经常感知的那种情感。如果写"人之常情"，只不过是某种意义上的重温，我不认为这是有价值的创作。爱也好，恨也罢，或者其他的情绪，第一你必须有足够能力让读者认同这些情绪是人类能生发的。第二这些情感强大而奇特，写出来才能有"震撼"。我小说中的主要人物一般需要具备这样的奇情。用俗气一点的话来说，我想这也是读者希望看到的"光芒万丈"的人物。这种光芒，不是伟光正，而是有力量能走进读者的心里去，能击穿读者内心的。有了这些人物，你还需要具备结构和编织出一个属于你小说的新世界的能力。我是属于现实主义犯罪题材的创作，而在现实中你会受到非常多的规则和行事准则的束缚——比如你觉得在一个普通的罪犯逃无可逃之际，你就得想办法让他逃出去。不然就算不上是优秀的写作。你需要让你的人物去突破正常人的思维和处事法则，还不能是以正常人的司空见惯的方式。你需要为你的人物造出一段"奇妙的旅程"。你的人物就必须不是普通人，他才有能力突破某种规则和限制。作为作家本身你也和你的人物一样，需要具备这种突破常规的能力。

小饭：听说你在创作的过程中会把故事的进展读给你太太听，那如果你太太反对某些情节的话，你会乖乖听话吗？记得好几本书你都提到你太太对你创作的帮助，能展开说说吗？

那多：我通常比较能听得进那些我有信任感的人给的意见，我太太当然就是我最信任的人之一。而且她阅读上的审美能力很出色，她的意见我都会郑重对待。通常在写作的过程中也不会再有别的人能有机会看到你正在创作的东西，尤其是当我处于某种"不确定"状态的时候，我太太作为第一个读者，那么她的反馈就特别重要了。当然我也不一定会改，不改的话至少我的态度会很好。改完再改回来的情况也会发生。这些年我写了很多女性角色，我的太太会以女性视角给我提供很多帮助。

小饭：你曾经说创作是一种逃避，作为一个怕死的人，你又会琢磨死亡这件事。想知道你这些年不停书写死亡会不会让你产生对死亡这件事的抗体？这是不是你的目的之一？你以前除了死亡还写过很多灵异小说，类似灵魂不死的多重世界，这是不是也是你逃避直面死亡的一种办法？

那多：小时候我确实很怕死。这些年来我认为自己在这个领域能写出更好的东西，这种价值的创造非常有助于我对抗因为死亡产生的恐惧。

小饭：你说过亲人的去世让你改变了对死亡的态度，我想知道这前后态度的转变主要体现在哪方面？

那多：最重要的改变就是我终于知道这是一件谁都无法逃离的事。以前的死亡对我来说不是直接呈现在我面前的，哪怕是去参加追悼会也好，都不是完整地见证死亡。追悼会也只是死亡的一部分。但我父亲的去世让我完整见识了死亡。父亲是我从出生就认得的一个人，几十年的时间，我看着这个人衰老，最后他去世的时候我也在他身边，这才是真正意义上我全程参与了的一次"死亡"。这样的一个死亡事件直接抢在你面前，你就只能承认它。这种直面一定意义上就逼着你上上下下打量死亡这件事，就没有之前那种不敢看、不敢面对而产生的恐惧。一个怪物终于来到你面前了，你也就不怕了。在一个恐怖片里，你害怕的可能是配乐、影子什么的，但怪物终于出现了，你的恐惧也就过去了。

小饭：这就像王小波说的那样，当一切都"开始了"以后，这世界上再没有什么可怕的事。王小波那句话特别有意思，他说，"我现在只是有点怕死。等死了以后就不怕了。"那么在你眼里，死亡后面是什么呢？

那多：死亡就是逃不掉的，必须经历的。死亡是在我们面前的。至于死亡的背后……我爸去世以后我写过一个手记系列，叫《荒墟归人》，马上会出版，这里面写的其实就是我对死亡、时间，包括亲人的一种想象。这种想象也仅仅是科幻方面的一种努力，并不代表我知道死亡背后是什么。不可能有活人知道死亡之后发生的事情吧，除非你从宗教方面去认知和解释。我暂时是没有这方面的信仰。

小饭：在你之前，苏童、余华尤其是余华的小说里出现死亡的概率也非常高。我甚至认为余华是国内犯罪小说的开山鼻祖。但余华笔下的死亡和你笔下的死亡有明显的区别。这种区别好像跟我们所认识的纯文学和类型小说的区别正好相对应。余华小说里的死亡，是突然的，宿命的，比如《现实一种》《活着》，让人压抑，战栗。死亡在你们手里都是一种工具。你一般希望死亡能为你的创作提供什么样的帮助？

那多：我没有研究过纯文学领域里的"死亡"。而死亡对我这一类犯罪小说或者说类型小说的创作来说，是必要的。如果没有死亡，我的故事甚至不成立。死亡在一开始就是必须存在的。死亡有可能是别的故事的结果，也可能是我某个故事的开始。通常没有死亡事件来推进故事的话，很多类型小说的读者会无所适从。死亡是一个助推力，发端，核心，很多矛盾冲突围绕死亡产生和展开。人在面临死亡威胁的时候种种挣扎和反应也能构建故事。怎么逃开，怎么忏悔，总的来说，在我的创作里，死亡的位置非常前置。

小饭：和死亡相关的另外一个话题，杀戮，或者说谋杀。之前有一本小说的广告语是"你永远不知道有多少好人会在深夜冒出杀人的念头"，你一般如何安排你故事里的主角杀人的动机？

那多：制造杀人的动机确实是一个很麻烦的事。真实案件的好处在于你不用去怀疑罪犯杀人的动机，知道他到了这个点，他就得杀人了。没有真实案件作为背景的话，你就要去琢磨这个事，从无到有创造动机。我到现在可能已经不太喜欢那种特别传统的凶杀动机，情杀，或者为了钱，大家完全能想到的这一类动机。前面提到过，我希望写出一种奇情。那这方面的动机也应该是特殊的，奇特的——虽然这也挺困难的，我总要为这个伤脑筋。我还没有总结出来一条规律，所以每次都是具体的一道难题。

小饭：你写了那么多次凶杀，还记得第一次写杀人的时候自己的心情吗？

那多：我的启蒙读物就是恐怖小说和武侠小说之类的，里面自然充满了死亡和杀戮，人物角色尤其是不重要的，在那种小说里很轻易就死掉了。不是作为一个人死掉，甚至只是作为一个数字死掉。所以我自己在开始写的时候，死亡对我来说也不是事儿，好像写起来也是漫不经心的。但是这几年，尤其是《十九年间谋杀小叙》之后的创作，我似乎越来越慎重对待死亡这件事，以及围绕着死亡的诸多的时刻。我也会感到这可能是写作中的一个难关，因此还会越来越兴奋……

小饭：现在由于科技发展和资讯发达，很多凶案的侦破似乎缺少了作者发挥的空间，都是监控、指纹、手机定位，你如何面对这一类困难？或者说你有什么小诀窍去绕过这些障碍？

那多：我目前有两种方式。第一，我对故事的主人公设定，基本上他们不是警察，我的主人公一般都是犯罪者。我是从他们的角度去叙事。当然大部分时候我也不耽误警察去查案。整个小说的发展会在很短的时间里。可能警察一两个礼拜就破案了，但我故事的主体部分就发生在这个时间段里面，我得把事说完。一样会有悬念，一样可以制造跌宕起伏的情节。第二个方式是让整个事件不进入拥有高科技手段的警方视野，也就是说没有"案情"，对警方来说如果没有人报警就没有立案这个过程，相当于就还没有成立这个案子。避开了这个，故事就正常开展。

小饭：在《收获》上发表的《十九年间谋杀小叙》被认为是你的代表作，而且很明显从你的创作时间表上来看，这一部前后的作品有很明显的变化，你甚至说从这一本小说开始你越写越好了。是你在某一刻总结到了什么宝贵经验和武林秘籍吗？有的话可以说说吗？

那多：不见得有什么明确的具体的经验，我觉得就是时间到了。经过了很长一段时间的练习，我在写作方面经过了几本书的实战，自己生活方面也增加了阅历，年纪更大了，也就是说更老了，就是时间的原因。我认为自己不是一个天赋型的写作者，但我自认为是一个比较稳定的、会一点点进步的写作者。时间对我来说会起作用。

小饭：一些人认为犯罪小说有他的天花板，有些人甚至认为这不是一种"高级"的小说。不过现在这种观点的人少了很多，因为后来同行们发现这种类型写作也非常考验一个作者的思考认知能力和写作技巧。就说思考认知能力，你会看一些历史宗教和哲学的书来给自己输血吗？你是如何训练自己的写作能力的？

那多：我认为我的共情能力越来越强了，这是写这一类小说非常重要的能力。除了正常阅读之外，我没有刻意地选择我输入的方式。我是在不断的写作当中提升自己。生活中我也会针对某些已经发生的事情做出自己的预判和解答，会发在网上，也会跟我的太太交流。过了一段时间，当我的预判和解答成为事实，我就会更自信一些。这个过程本身就是一种训练。在每一次开始写作的时候都会产生大量的逻辑问题需要梳理，往往写着写着你会发现前面有逻辑漏洞，需要修补。自己织出来的网络，你需要把所有的漏洞补掉。相当于以赛代练。我一年之中的大部分时间都在写作，虽然每天可能只写几百个字，但这种写作本身就是我的一种训练。

小饭：在你们这个领域里，有东野圭吾的《白夜行》，有尤·奈斯博的《雪人》，有杰夫里·迪弗的《人骨拼图》，国内还有紫金陈的《坏小孩》。我问的方式也许有点奇怪，你最希望其中哪部作品不是你写出来的？你会避免自己写出哪一类作品，避免自己传达哪一种观念？

那多：《坏小孩》没有看过，所以对文本方面我没办法评价——这么说或许有点不负责任，但我相信《坏小孩》不是紫金陈最好的作品——我看过紫金陈其他的作品，似乎更好。《白夜行》和《雪人》我肯定是不会排斥的，我当然希望这两部作品都是我写出来的，因为这两个都是厉害的东西啊。在某个阶段里，《人骨拼图》其实是我写作的一个范本，但在今天看来，我会觉得它的娱乐性太强了，在情感上的冲击力《人骨拼图》比较欠缺，相对于其他三本的话是这样。这种冲击不是指写作技巧。我更希望写出能留在读者心里的作品，现在的我可能更偏向于社会派的写作。一般作者要写一个东西，第一考虑的不是避免写出什么样的东西，而是我想要写出什么样的东西。但我每一次想要的东西其实都是不一样的。如果真的是避免，那就是避免陈词滥调。避免写出只有故事的故事。避免写出纯娱乐化的东西。现在去写那种纯娱乐化的东西对我而言既没有价值，也不存在挑战。

小饭：具体可能每一次写作确实是不一样的。但大体的追求上，或许有内在一致性的东西吧？比如你前面提到的对一些边缘人的共情，以及对人心幽暗的观察。你写作的时候，从哪里出发？

那多：我以为自己现在有能力做得更多，或者说写得更高兴。要写出能让自己满足的东西。想到自己即将写出的东西挺厉害的……就从这里出发好了。除非我想玩一下，想要写出一个极致的充满悬念的反转的东西，娱乐一下，但肯定不会去重复地做这种尝试。

小饭：除却故事的设计编排之外，有些人愿意把自己的思考结果写出来，有些人还愿意把自己的思考过程写出来。你倾向于哪一种？

那多：如果简单理解你这个问题的话，是不是一个关于高级不高级的问题？

小饭：我是想问你除了对故事的追求之外，是不是会考虑别的？

168

那多：在前面三本书里面，我能让自己起劲的是我小说里这些人物是如何从一个阶段来到下一个阶段的。但我现在又不完全这么想。我尝试去写一个不常见的犯罪小说，希望读者看完之后能够有情感上的新鲜感，之前没有得到过这样的阅读体验。

小饭：你主攻类型小说的创作，但似乎也不抗拒纯文学这个概念？你会把自己设定在某种类型的创作者上吗？事实上现在国外已经很少区分这两种写作。

那多：我是从类型写作出发的一个写作者，我的脚总是站在类型小说这个块块里面。但我现在做的，包括我现在的兴趣有可能已经超出一般读者认为的类型小说的范畴。当然我在做这方面努力的时候我又会时刻提醒自己，我的脚是在哪里的。

小饭：听说你在上海组建了一个类型小说作者的小团体，并且固定见面吐槽彼此最新的创作，以此作为交流，能说说做这件事的初衷吗？效果如何？

那多：写作者互相之间需要有个能坦诚交流的环境，而且类型小说确实更容易交流，因为这当中有一些可以通约的范式和技巧。评判标准相对严肃小说也比较统一。之前在传统作家，包括作家协会和文学期刊的环境里，很多同行见面，客客气气，不太有能深度交流的机会和场合。偶尔有这样的场合也会因为大家不是同一种写作而无法进行针对文本的有效的探讨。这件事我想了很多年，终于在两年之前付诸实践。到今天，上海悬疑推理领域的作家基本上都在我们这个俱乐部里了。效果比我想象的还好，我起初以为写作者比较宅，或者比较有个性，一担心他们不出来，二担心他们不认真。总之我蛮怕这种交流的乐趣只是属于我自己个人的乐趣而不是大多数人的。可是这个俱乐部持续到了今天还在继续。我们对于参加会议要求还是蛮高的，每个月约定一次见面交流，相当于每个月你得花一定时间去认真读完一部我们其中之一的最新小说。这当中，捧别人是一件有乐趣的事。而当你自己被捧的时候，这种压力也很大。我们鼓励针对文本的吐槽和攻击，批判对方的作品，从各个角度花式挑刺。因为足够坦率，也鼓励批判，因此对参与者来说大家普遍认为还是能学到真正有益的东西。无论你是去点评别人，还是自己的新作被点评，或多或少都会让自己往前走。

薛舒：不能让角色思考，而要让读者思考

薛舒，女，上海70后女作家。2002年开始发表小说。中国作家协会第十届全国委员会委员。

小饭：薛舒老师好，第一个问题想问问你，平时喜欢看电影吗？看过一部叫作《爱在记忆消逝前》的意大利电影吗？

薛舒：电影是看的，但你说的这个电影我不知道是否看过。有些电影片名很容易混淆。最近看的是那个失忆父亲的电影，你看我又记不住片名了。但看到片头就知道了。对，是《困在时间里的父亲》。你说到的这个我也看过。

小饭：类似这样的电影，从题材上，到主题上，似乎和你的一部分写作很接近。但气质上却不太相同。可能要表达的倾向性也不一样，东西方人的价值观念也很不一样……你更接近东方的价值观，是这样吗？

薛舒：对，我在看这一类电影的时候，总有一种隔靴搔痒的

感觉。的确是价值观不同，东西方文化不同的原因吧。

小饭：你提到过很喜欢麦克尤恩、伍尔夫这些西方作家，那在他们的作品里，你有没有这种隔靴搔痒的感觉？

薛舒：也许是文字与电影的区别吧。电影更接近用生活的表达去诉说故事，但是麦克尤恩的那种抽象与意识领域的东西，是内在的。如果说对比的话，同是电影，比起《爱在记忆消逝前》，我更喜欢《困在时间里的父亲》，后者更现实。这也是我近距离接触阿尔茨海默症病人之后，让我感觉到更真实的、更具文学意义的表达。也就是说，有更多内在的东西的表达。其实我就是在想，阿尔茨海默症患者对于幸福的理解，不是健康人所认为的那样的理解。大多数电影，都试图用正常人的叙事去解读病人的内心，尤其是，以病人的视角出发的作品，很容易落入普通人的观念。比如，和老妻一起出去自驾旅游，这似乎是一种寻找幸福的方式，但在我看来，也许对于病人而言，这不是最能触动他，或令他痛彻，或让他快乐至极的行动。还是落入了创作者的习惯性思维。

小饭：事实上我们很难代入阿尔茨海默症患者——通常我们只能假想代入，假想成功代入了。作家要去写这一类"边缘人物"，当然不必成为其中之一。更多的是观察，以及通过自己的学习。这当中有类似庄周梦蝶的悖论，作为作家，怎么处理这种悖论？

薛舒：对的，的确很难。因为我的父亲患 AD（阿尔茨海默症）前后总共八年，前三年，就是在与他的失忆、幻觉、与正常生活脱轨的对抗中度过。我想，我会更理解一些病人真正的恐惧，尤其是在患病初期，他的恐惧和痛苦。所以我在写《远去的人》的时候，我没有选择虚构的方式。我的感觉就是，虚构也许还是会落入太过主观的自我设计。观察的确是最重要的，还有，在与病人的相处中，你还是会发现他们真正的需求。给我的感觉就是，AD患者真正痛苦的是要面对自己不断"失去"的恐惧。

小饭：书写这样的经历，会确确实实起到某种治愈的效果吗？

薛舒：会有。书写既是一种记录，也是一种宣泄，而且在写作过程中，通过梳理一些问题和想法，有些疑问和不解也得到纾解。所以有些朋友会不好意思在我面前提及我父亲生病的话题，但我自己已经不怕提，也不怕去解释。这个书写不仅治愈我，似乎也治愈了一些读者。有一个读者的父亲，也患了同样的疾病，全家人陷入痛苦。但读了我的书，她赶紧推荐给她的母亲，彼此心理上得到些许安慰。我觉得这也挺好，虽然开始写的时候并没有想到要去治愈别人。

小饭：之前有评论说你笔下诸多小人物，形象鲜明而活跃。另一些人不太用"底层写作"去归类和描述这种写作。你觉得"底层写作"如果成立，对你来说意味着什么？

薛舒：走走曾经说过一句话，我很认同："接地气的小说很难写，难就难在，是用自己的温情去写人间的黑洞，而不是用人间的温情去写自己的黑洞。"走走在评论我的小说时说的这句话，几乎说出了我的初衷。

小饭：说得真好。包括书写底层人物的作家——或许其中一部分作家会有"我就是底层人物"的意识，但这并不客观真实。

最多表达了作家对所写人物的关切。作家能完全了解自己的写作对象吗？

薛舒：任何层面的人，也许对自己都是不能完全了解的。作家在写某一种人物的时候，的确需要警惕，我们只是停留于这一类人物的表象。

小饭："底层人物对真实的人性洞悉得很晚，也很浅。""底层人物只知道埋头苦干，忽视了对别人心理的理解和控制。"我觉得这两句话是人们对底层人物的某种偏见——但同时，可能也是真相。你同意这几句话吗？

薛舒：这两句话我都同意。我的感觉是，底层人物不是没有感知，而是没有意识，去主动认知、主动思考的意识。生存困境占据了他们的大部分精神和体力，他们没有能力去思考更深入的问题。至少是大部分吧。所以写作底层人物的时候，大多数作家都应该知道，不能直接让底层人物去做形而上的思考，这个工作，需要作家用技术去解决。不能让角色思考，而要让读者思考。

小饭：你在写作底层人物的时候，或者对任何所书写的对象，会做出类似的判定吗？你用来提醒自己写作的充满奇思妙语的小本子上，会有这部分内容吗？你是如何开始一次写作行为的？

薛舒：我的小本子上的确有一些突发奇想的东西，但很少特意提醒自己不能干什么。但会提醒自己要记得某些想到的部分。对，我会有一些突然冒出的想法，或者看了一个社会新闻，或者听朋友说到的某个故事，吸引我的也许不是故事本身，而是某些细节。然后，我就记在本子上，三言两语。需要发酵一段时间，不断加固。我会隔一段时间看看我的本子，像检查一遍篮子里捡到的麦穗，感觉某一天，可以加酵母了，就开始酿酒。哈哈哈。举个例子：有一个离婚的朋友，说自己离婚时不吵不闹，还一起吃了一顿离婚饭，颇为浪漫，离婚后和前夫也一直关系良好，是中国最佳离婚夫妻。然后有一次，一位熟悉她的朋友背地里说，离婚的时候，闹得鸡飞狗跳……我忽然想到，其实她是在描述一种理想的离婚生活吧？我就记下来了。这是一个离婚之外的问题，就是说，理想生活的问题。在任何状态下，人都希望过上理想生活，理想的婚姻生活，理想的离婚生活，理想的单身生活，理想的亲子生活。我的很多小说，就是这么开始的。从一些细节，想到一些问题，然后，开始构筑生活的骨肉，包裹起我要的那些想法。

小饭：这一听就是个令人感兴趣的小说或者故事。我想到你的《隐秘复仇者》，在这个故事里，是否包含着某种"坏老公""坏爸爸"最佳消失的方式？母女最佳的相处模式？很想了解这篇小说开头的模样，生长的地方。

薛舒：对，这个故事是有原型的。我的一位女同学，读书的时候，在宿舍里，我们提到各自的父母，她会突然哭，说自己要是有我那样的爸爸就好了。她的爸爸，很多行为被我用在了这个小说的男主人公王寅初身上。然后，另外一个女同学，她的父亲，患了直肠癌，晚期时很痛苦，摸电自杀了。我把两个角色结合在了一起。这两个同学中，我觉得更重要的，是我的第一位女同学。直到现在她还会向我倾诉，父母年纪大了，父亲越来越弱，母亲越来越强大，强弱身份渐渐在转变。有时候，甚至母亲会欺负父亲。感觉报复正在开始……我同学的态度，讳莫如深。她既痛恨年轻时父亲欺负母亲，又有点可怜老了的父亲，但是，母亲报复父亲，她会纵容，甚至帮母亲。可她又很讨厌母亲那种睚眦必报的状态，觉得母亲不优雅，很农村，令她厌恶。很多时候，小说比生活更简单，生活中的人，他们的情感和心理，远比小说复杂。在小说中，我用了一个男主人公自杀的情节，是想让故事清晰一些。

小饭：一般你在听到故事之后，在写下之前，会加以自己的价值观、价值取向，为故事披上可能会引发讨论的道德议题吗？

薛舒：很多时候我尽力避免表达太过直接的价值观。但我会站在某种未必道德正确的立场，希望让小说看到更多可能性。

小饭：说回这篇《隐秘复仇者》，我觉得你走了一个巨大的悬疑路径（自杀，还是谋杀，如果是谋杀谁是凶手），拉着读者一起进入这个故事，进入这一对母女的生活和内心。这种让小说好看的手段，你会坚持下去吗？

薛舒：这种方式，我尝试用过几次，但可能不是我致力追求的吧。可遇不可求。

小饭：那你会在意自己作品的可读性吗？

薛舒：说实话，不是特别在意。但是起码我会为自己认为的可读性去努力一把。很多在别人看来特别好看的小说，我会读不下去。比如《盗墓笔记》。

小饭：薛舒老师认为小说最大的可读性来自于哪里？尝试过理解对《盗墓笔记》这一类小说读不下去的原因吗？

薛舒：可能对于我个人来说，语言的魅力是别的东西所不能匹敌的。好的语言会让我不介意故事是不是好看。我可能从头读到尾还不是特别清楚这到底是个什么故事，但我很愉快地读完了。就好像，听一部音乐。这是一种审美的乐趣吧。情绪，心灵，以及精神上的认同。《盗墓笔记》我试过听语音。语音比读书顺利很多，或许是因为我对书面文字的确有要求吧。

小饭：你有没有那种对时间、生命的紧迫感？以及对自己的某种使命感，比如说写作上的焦虑？

薛舒：使命感的问题，可能隐藏在血液里。我不敢认为自己是可以担当起文学使命的那个人，但是任何一个写作者，无论如何，都会有一些这样的梦想吧。上升到使命感，有些言重，我更希望努力写作是一种职业操守。因此焦虑时常有，但我也很认命。我在想，可能我是半路出家，小时候没有当作家的理想，成为作家后也从不认为自己理所当然应该是优秀的作家。我所学的专业，以及从事的工作，也都与文学无关。所以，写作真的好像只是一次"误入歧途"。但是，真的从事这份工作，的确时刻伴随着焦虑与紧迫感。但是生活也是舒缓剂，我也热衷于为老公和儿子做美食，热衷于独自完成一件毛衣的编织。后来，父亲生病，我也完全进入照顾父亲和母亲的模式。就当是生活的积累吧，也许在未来的创作中，会有用。

小饭：一定会有用的。我想通过一个概念，比如说我们经常说到的，一个作品的完成度——来作为提问工具。你对自己作为作家这个角色的参与度、活跃度、贡献值——这个角度上，给自己打个分。距离你自己理想中的一个作家的所有，满分是在生活中已经百分之百地以作家的身份在生活和工作。或者把之前的都简化为一个问题：作家这个身份对你的生活和自我认识，重要吗？

薛舒：我可能会认为，当我不是一个作家的时候，也许，我的生活还是与现在相差无几。很多作家总是认为自己所承担的人类思考与社会责任比其他职业的人更强烈，更先进。但我并不这么认为，我经常要想的是，我为什么不认同他的想法？是我出问题了，还是他出问题了？自我检讨，才是作家更应该具有的品质吧。我觉得自己还是一个挺愿意自我检讨的人。作家的身份，对于我而言，也许只是一个职业而已，尤其是这些年担任作协的一些行政工作，接触了太多作家。感觉太把自己当作家，是个问题。哈哈哈。

我举个例子，我们作协院里的保洁工阿姨，工作一段时间后，她开始喜欢与我闲聊，她说，薛老师，你一点都不像个作家……她觉得不像，才愿意和我聊天。我甚至为此而感到挺自豪。

小饭：保洁工阿姨有没有给你带来过一些写作上的灵感和启发？

薛舒：保洁工阿姨的人生，非常曲折，非常生动，也非常底层，她还是一个爱读书的保洁工，我们办公室要丢掉的一些过期杂志，她都会带回家看。还到门口书店买了我的书，叫我签名，然后回家读了还问我一些问题。与她聊天其实是有技术含量的，因为，她知道你是作家，所以她会有选择地告诉你一些她的故事。而我对她的故事未必有兴趣，我更有兴趣的是她在面对曲折生活时的一些细节。保洁工阿姨的生活，正在成为我一些小说的素材。聊天也依然在继续。所以我尽力在与她聊天时，更琐碎，更家常，更细节，而不是去所谓宏大叙事。

小饭：很明显，你这些年致力于中短篇的创作。不写长篇的原因，主要是时间问题吗？

薛舒：朝九晚五，忙各种作家的联络、文学活动、创作组织等等，好像还挺忙。时间的确是个问题，繁忙的行政工作让我很少有时间定下心来思考，以及积累长篇所需的素材资料。不写长篇，准备不充分，怕自己写不好，干脆等有空一些再准备了。

小饭：事到如今，还愿意为文学和写作做什么样的让渡或者说牺牲？

薛舒：这个还挺难说。如果是牺牲家庭生活，我可能不愿意。因为，也许家庭生活才是我最根本的创作源泉。别的，娱乐、爱好、睡眠，都可以牺牲。

小饭：在过去一次访谈中，你提到会经常自省："这些年我有没有变成一个更好的写作者？"那次你只是自问，没有自答。现在呢？这个进度条有没有继续前进？

薛舒：哈哈哈，我是一个保守的写作者。我依然不敢说是否成为更好的写作者，这不是我自己说了算的。还有一点，社会层面的评价，也许会掺杂很多除了创作本身以外的别的因素。所以，我很少去真正评价自己是否变得更好。主要还是，这个"好"是什么样的好呢？"好"不是一个让我有确定答案的东西。"这些年我有没有变成一个更好的写作者"，这个自问只能算是一个自我鞭策吧。

小饭：现在你倾向于阅读什么样的书籍和作品？

薛舒：读书还是比较杂的，小说，非虚构，中外都有。没有特别倾向。但是说实话，小说的阅读比过去比重减少（但还是最多），但总体而言，现在大部头的确读得少一些。最新在读的是《陶庵回忆录》《傻瓜吉姆佩尔》。

小饭：在阅读小说的时候，有没有那种作家，你在没有读过他（她）作品的时候非常崇敬，读完觉得普通？反过来的例子也行。

薛舒：反差特别大的，似乎没有。但会对我一向喜欢的某位作家的作品，抱以希望，读了却觉得不如我想象的。但是，这可能是国内当代作家，所以就不提谁了好吧。

小饭：让我们的访谈结尾也不忘初心……薛舒老师还记得起自己的第一次写作吗？

薛舒：我的第一次写作，像是在做一个游戏。已经三十岁了，儿子也生了，那时候是一个学校的老师，然后，暑假，很空闲，就开始把记得的小时候发生在我的小镇上的往事写下来。先写了一个，觉得挺好。还是在本子上写的。我需要感谢网络，在还没有信心投稿的时候我是先发在了一些文学论坛，包括榕树下。一开始写的东西，大多是在网上发，还有一些文学爱好者网友可以相互交流。这也给了我一点信心。

顾湘：令我感到痛苦的是浪费时间

顾湘，生于1980年，毕业于上海戏剧学院和莫斯科国立大学。著有《为不高兴的欢乐》《安全出口》《点击1999》《西天》《在俄国》《穿过近海》《好小猫》《赵桥村》等。获第五届华语青年作家奖非虚构作品奖主奖。

小饭：我感觉你一直是一个忙碌的人……我是指你总是有事情忙，画画写作养猫，还有搬家啥的。你还是我认识的最早开网店的人，你最近在忙啥？

顾湘：还能忙啥，我最近就忙着做核酸和吃饭。本来每天吃饭就很忙了，再加上每天做核酸，忙死了。还有运动，运动也很花时间。我不太能剧烈运动，但就算慢跑和散步，也至少得一个小时，因为你后面还要换鞋子啊洗澡啊之类的。我之前做过一个实验，每天把吃饭（自己做饭），稍微不那么潦草的那种，加上运动，这些就要花很多时间。然后在房间理一理东西，天就黑了。我经常感慨，只要把基本的事情不要很敷衍地做完，一天就过去了。但我不是个麻利的人，我理东西要理很久，一边理一边看，很仔细，也很慢。

小饭：所以你生活得很认真，那你会担心生命啊、年龄啊这些问题吗？

顾湘：担心也没用。我从三岁就意识到人会死这件事。

小饭：怕死吗？我没记错的话，在社交媒体上你嚷嚷"自杀"十几年了。

顾湘：我没嚷嚷过要自杀，我一直嚷嚷的是"好想死啊"，这很不一样。"好想死呀"是哀叹生命的短暂和别无他法的处境，对按照自己的意愿生活的强烈渴望令我对当下的局面感到痛苦难耐。按照自己的意志生活我就觉得很舒畅，辞职以后基本上没干过什么自己不愿意干的事，所有工作都是我喜欢的，所以辞职后就不这么嚷嚷了。那只是一种对痛苦难耐的表达。其实我非但不想死，还想长生不老呢。但因为无法长生不老，所以有时候还是感到痛苦难挨。这痛苦难挨不是因为不想活，而是十分想活，想要生活，想要有意义地生活，怀着热望。感受不到生活也感受不到意义，于是就低落了。恰恰是因为人会死，才倍感浪费时间的痛苦，假如时间宽裕得无穷无尽，那么当时的无聊乏味也就能平静地忍耐过去了，无所谓了。令我感到痛苦的是浪费时间。

小饭：辞职跟你隐居有关系吗？说说你隐居的事吧？怎么想的，怎么做的？

顾湘：我从来没有想"隐居"。我还是经常出来的，住在这里

（上海远郊）只是因为房子大又不要钱，就这个理由。这个理由谁不要住啊。你市中心给我个不要钱的房子住我也要住的。可是哪有不要钱的市中心房子呢？

小饭：但是相对你在市区的朋友你就是隐居了。你搬家之后写了很多，出了好几本书，是不是找到了更好的创作状态？

顾湘：我这个人不会利用碎片时间，我也不能利索地切换状态——做完这件事马上投入另一件那种，我就不行。如果我下午什么时候有事，前面很长时间就没什么用，准备着出门，就连叫好外卖以后我也会等着，不能好好去干自己的事，也许是因为不想让别人等吧，所以只好花自己的时间——外卖快来了就跑出去在路口等着，跟人碰头要时间充裕地出门，诸如此类。像那种很忙的女作家又要育儿又要工作还要抽空坚持写作的生活我是做不到的，很佩服。我有时候甚至觉得我每天只能干一件事，当然有点夸张，就指正事或者大事吧，比如出一趟远门去医院，坐车来回，候诊，几乎就要花一天时间了，回家以后我就干不了什么正事了，不能争分夺秒地写，这点不行。

小饭：那你自我定位是哪种作家？竹林七贤？

顾湘：没啥定位啊，就是我自己。我都不一定是作家。

小饭：那什么样的人，写了什么样的东西，在你眼里可以称得上是一个作家？在你眼里什么样的作品称得上杰作？

顾湘：我觉得一个是职业的吧，在作协或其他机构领工资的，还有一种就是写出杰作来了吧。但比如我如果写了一本书，后来几十年都啥也没写，那也叫作家吗？那就比较可疑呀——除非写的那本书超级好吧。比如《麦田里的守望者》，还有那个写《杀死一只知更鸟》的人——他们写得很少但是凭作品能立住——否则我是不好意思自称作家的——要么就是持续在写作一直有输出的，但我也没这么勤奋，并不是一直在工作状态。你说一个人要是只写了点青春文学，后面一辈子都叫"作家"啦？

小饭：可是这样的人大有人在。我正好想问，"青春文学"在你这里是不是一个比较糟糕的名词？

顾湘：不是的，不是说青春文学不好，青春的时候写青春文学很正常，但一个写作者要追求进步吧！我会受到保持创作的自我督促，如果我好几年啥也没写了我就不大好意思被当成作家，所以感到害羞。

小饭：就算不是作家，在我眼里你也是一个稀奇古怪的人。你也这样觉得吗？你的自我意识是怎样形成的？你最早接触的文学读物，少年时期被谁影响最大，除了父母或朋友？

顾湘：自己怎么会觉得自己稀奇古怪呢？人都是有各种想法的，每个人的想法都有一大堆人和他/她不一样的吧。我小时候家里都是书，就自己找来看，各式各样的什么书都有，每天在家翻也翻不完，没谁影响，就那些书自己在那里，世界名著，社科，自然科学，还有伪科学，武侠小说……我长着长着就这样了。

小饭：那谈谈阅读吧？阅读你有啥按图索骥的方法吗？好像你总是能第一时间读到一些有价值的书。

顾湘：这不是多关注几个出版社的号就知道了吗？看书我还是很爱看的呀。

小饭：出版社那么多推荐里，很多都是人情和商业吧，怎么分辨呢？会因为人情推荐一些图书吗？

顾湘：看了几十年书总归大概分得出的吧。我从来没有发过人情推，不管是以前《外滩画报》做图书版面的编辑的时候，还是后来的微博。我从来没说过我觉得不好看的书好看。我的人情最多能做到，我觉得难看的书我不公开说它难看。我也不是啥作协的，我交友也不广，我没什么人情。

小饭：如果有一个之前对你有帮助，假如说对你的写作或者出版发表有帮助的老作家，前辈，出了一本新书，让你写个评论或者推荐语之类的，你会怎么做？

顾湘：没人找我写啊。

小饭：假如嘛，一个假设性问题。如果你愿意回答的话。

顾湘：如果觉得很难看就说，"写不出来""最近太忙没时间看书""怕耽误你们出版时间"之类的。

小饭：这是出于对文学品质的坚持，对自我的坚持吗？

顾湘：就不爱说假话啊。别的事也是一样。反正他们有的是人可找。我不吹有的是人吹。也不稀罕我吹，不是吗？

小饭：那你平时生活里会撒谎吗？会撒到哪种程度？会撒哪种类型的谎？如果一个人完全不撒谎我既不相信也觉得很无趣。

顾湘：那肯定会啊，比如考不及格自己代替家长签名。我还会帮别的同学签名。好几个同学爸爸签名我都会学。

小饭：这么做的时候会紧张和不安吗？

顾湘：不会！啊我还想起来，比如说刚刚你说出版社找我写个推荐啥的，过了好多天你来问我，我有时候会说最近太忙了还没来得及看——怎么可能没看，拿到书肯定会拆开翻一翻啊。说还没看，就是觉得不好看懒得看——不过有时也会直说这本书我不大喜欢，看情况。

小饭：生活中会不会紧张和不安？

顾湘：会，比如明天五点要赶飞机，超焦虑。

小饭：对人类失望吗？怎样才能拯救人类……以我的了解，你是有英雄概念的人，未必自己要当英雄，你肯定是喜欢英雄的，比如变成了孙悟空的至尊宝之类的。

顾湘：这个问题太难了吧，能拯救自己就不错了！人总归分有希望的人和没啥希望的人的吧。但我是个个人主义的人，我不会按照一个集体概念去想事情。什么人类、苍生，我不会去这样想。并不是说我不关心别人或者人类的命运，只是我不会去为人类画一个蓝图什么的，没有构想，也没有理想，没有建设性的想法，我是谁啊我只是一个人，我觉得什么人心里有这种蓝图，都有点吓人。我没有这种想法。我也不会觉得人类有希望或人类完了。

小饭：未来的世界是什么样子的？你希望未来的世界是什么样的？想象过吗？

顾湘：我想长生不老看一看呀！我没啥希望它要怎么样，随便它怎么样。我就是也蛮好奇的。也许不堪设想……我觉得可能搞不大好的，大多数人能获得的"真东西""真实的体验"也许会越来越少，其实这都不用"未来"，我小时候，漓江是敞开的，后来听说漓江部分已经圈起来了。去东南亚看看，美丽的海滩也是圈起来的，变成高级酒店的一部分。以后出门在草地上踢个足球也是特权。也不用"以后"，现在就是有人吃瑞士卷，有人就吃吃泡面。浦西人已经出门放风了，对浦东人来说也是幻觉。

小饭：那你对自己现在满意吗？是不是觉得现在处在"当打之年"，可以写很多东西？创作力旺盛……或者相反？

顾湘：还行。不是很满意也没有很不满意……是有挺多东西想写的。但是杂事干扰还是挺多的。

小饭：从想写，到写，你一般会花多久时间？

顾湘：不一定，有时很快有时超级慢。

小饭：快和慢决定于什么？

顾湘：好多因素啊……我去年底有个小说写了一万多字到现在也没写下去。

小饭：没写下去是因为兴趣转移了还是因为厌倦了或者说对写的东西没有信心了？

顾湘：一个是杂事多呀，年底要拆迁啥的，这种外部干扰很多很多。还有一个是小说本身的原因。那是一个爱情小说，我其实没怎么写过爱情小说。我就想让我来写写看。但是爱情这个事情，搞到一个阶段就会没事可干。至少对有些人（我）来说是这样。我的主人公就到了没事干的阶段了。前面当然是很有劲的，已经写好的部分我也很喜欢，就两个奥涅金躺在那里有点没劲。

小饭："两个奥涅金躺在那里有点没劲"这个说法太好了，很形象。是不是你对爱情的体验和领悟，或者说爱情的表现力，这些东西陌生了？

顾湘：不知道！

小饭：利物浦这几年变强了，但感觉你不再频繁提起这个球队了？这几年难道你不看球了吗？

顾湘：不看了！自从杰拉德退休以后，我就渐渐越看越少了。

不知道为啥，这个事跟戒烟差不多的，也不用刻意戒（就戒掉了）。

小饭：你一直保持着打游戏的……生活方式？打游戏明明很累的，而且也没什么产出，甚至没什么营养，打游戏总是能提供单纯的快乐。你怎么形容这种快乐？

顾湘：我觉得打游戏嘛就跟人家喝茶抽烟抄经啥的是一样的吧，快乐的呀。今年最快乐的事就是玩《艾尔登法环》，感觉到心扑扑跳！打游戏基本上有两种快乐：一种就是这种心扑扑跳的感觉，但这种游戏很少很少的，难得可以遇到。还有一种反而是镇静舒缓的感觉，就让我感受不到那种焦躁难耐的情绪。我坐在那里一盘接一盘打 CODOL 就是这种感觉，变得很安稳，心里很宁静。我猜那种坐在那里不停玩柏青哥的人也是这种感觉吧。所谓"快乐"就兴奋欣快和镇定放松两种呀，那种扑扑跳的快乐堪比读世界名著，腾出时间来玩一玩放下什么都是值得的。那种"宁静放松"有点浪费时间的，我也不会沉迷太久的。我这个人自控能力还蛮好，我是那种可以狂玩一段时间然后就不玩了的。

小饭：假如这本书让你有意外的惊喜……假如一个你之前并不太了解的人，你看了他的新书，觉得很了不起……有这样的经验吗？那时候你是怎么想的？

顾湘：我不了解很正常，还有很多我不了解的很厉害的人——去年底才发现一个写恐怖小说的人，《被损毁和被染病的》，是我孤陋寡闻不知道他，我很喜欢。封面上写史蒂芬·金推荐什么的，我觉得他比史蒂芬·金好看多了。

小饭：你喜欢这种类型小说？推理悬疑恐怖，这样的？

顾湘：他不是那种类型小说，他是一个卡夫卡。或者感觉是耶茨住在"血源"里（此处"血源"是一个游戏，全称《血源诅咒》）写出来的小说。

小饭：推荐几个好玩的游戏？

顾湘：《血源诅咒》就很好玩啊，还有《艾尔登法环》《恶魔之魂》《马里奥赛车》，玩最久的应该是《马里奥赛车》吧。The Sims 我其实不大要玩的，以前玩过一会儿，有点浪费时间，以前有个童话叫《毛毛》，灰先生给了毛毛一个玩具娃娃，灰先生是一帮靠吸食人的时间为生的家伙，他们把人的时间晒干卷成烟来抽，要一直抽那个烟才能活下去，然后他给的那个娃娃就会一直说，"我要漂亮衣服"，"我要汽车"，"我要鞋子包包"，然后小孩就要继续满足她……The Sims 就是这种游戏。我为什么要在游戏里搞那么多假的东西，我还不如买个真的花盆来种种花，毛毛也不要玩那个娃娃，因为玩那个娃娃的过程不包含什么创造和想象。

小饭：好的文学和好的游戏，有什么共通点吗？

顾湘：我觉得比如说《血源诅咒》那种游戏本身文学性就很强，但是《街霸》也是了不起的游戏，就好像也不需要什么文学性……要说共通性就是你把时间花在上面是值得的，那段生命是有意义的。哦，《街霸》和文学的共通点都是"了不起的才能和技术，但外行可能看不出来厉害在哪里"，路人可能看到会发华丽的大招就觉得厉害了，但其实一点也不厉害的，非但不厉害，乱发大招反而很容易死，是初学者的不加制，发出来谁也打不到还暴露出一个大空门，重要的是精确，它们其实都非常朴实又非常难，又非常美。

小饭：我玩了五六年 CODOL，结果去年停服了……一个玩了很多年的游戏如果停服了，让人觉得死了一段人生。很多钱，很多时间，很多记忆……最实在的，我买了很多装备，变形武器，全没了。认识的很多朋友……其实也全没了，这一切就像死亡。痛苦的。我们是不是谈游戏谈得太多了？

顾湘：游戏可能比书更容易把你带离肉身的痛苦，前几天我跟我一个朋友都被封控得很痛苦，然后他又开始玩《艾尔登法环》……就是书也看不进那种痛苦，但还可以玩游戏。前几年我生病需要开刀，开完刀很痛的时候我想我也不要看书，还是玩游戏好过一点。

小饭：你写作会写提纲吗？在我想象中这发生在你身上是不可思议的事。

顾湘：不写的。

小饭：哪个作家你在阅读的时候感觉他/她很接近你自己？

顾湘：啊这是不是有点不要脸啊！毛姆……？我真的（跟他一样）很八卦……

小饭：最满意自己哪一个阶段的作品？

顾湘：都挺满意的。虽然看小时候写的也蛮难为情的，觉得很傻的话也蛮多的。

小饭：最满意哪一个阶段的自己？

顾湘：也都挺满意！哎呀但其实今年不大满意，今年乱七八糟的事实在太多了，我没干什么有意义的事情！不是说一定要产出，就是如果我在开心地闲逛我也会很满意，可是今年我没怎么过上随心所欲的日子，就是在白白浪费时间的感觉……因为搬家

190

把我的桌子什么的都搬走了，桌子搬走了我就不能写字画画，人又被封在赵家村，画材搬的搬送的送，都没了，每天只能坐在床上看书打游戏，浪费半年了已经！这都五月底了，除了打了一个老头环我简直什么也没干，时间没有由自己掌握来用掉它……

小饭："老头环"是啥？

顾湘：哦，就是《艾尔登法环》！怎么还不出 DLC 啊！

王威廉: 一切历史都是未来史

王威廉,中国作家协会会员,广东省作家协会主席团成员,广东省小说创作委员会副主任,广州市作家协会副主席。出版小说《野未来》《内脸》《非法入住》《听盐生长的声音》《倒立生活》等,文论随笔集《无法游牧的悲伤》等。

小饭: 威廉好。我没想到你也是会写爱情的——我是说你会讨论爱情,用《文学的牧师》这样一个小说。你用你身上更显眼的标签——科幻作为手段,爱情作为目的——或许是这样。第一个问题可能直接一些,如果可以,给你作品中的爱情几个关键词? 什么样的爱情,爱情的哪一部分,你会更愿意放在自己的作品中去体现? 你了解爱情吗?

王威廉: 我当然会写爱情,但是一般来说,我不会讨论爱情,讨论爱情是因为这篇小说也是一部跟未来有关系的小说,必须要在未来的尺度下重新来理解爱情。爱情在未来是否可能，这个是我所关切的。什么样的爱情我更愿意去体现？我觉得肯定是关乎存在的那部分爱情。这个意思就是说爱情可能会改变我们对于人生、对于世界的一种看法，从而改变生命的状态，这种爱情我当然愿意去体现。我还不能说自己了解爱情，因为如果真正了解爱情了，也许就失去兴趣了。它就是一种混沌的东西，我们必须置身其中，永远被它裹挟，体验它当中所蕴含的人性密码。

小饭：《野未来》给人太深刻的印象。有评论者认为你"依托于技术的革新，给出了科技对生活细节甚至人类思维、情感的高度介入之后派生出给人类带来一定程度焦虑和惶恐"的"野"未来。看起来这个短篇依旧是这种味道。你决定在什么时候停止这一类型的写作，还是决定在这个方向上做到何种极致？对自己身上的这一系列标签，是否觉得很称心满意，或者偶尔也会不舒服，有点逆反，认为自己可以写的实在是更多？

王威廉：我没有考虑过停止。我觉得人类处于这种状态还远没有结束。因此我的写作是敞开的，需要去继续丰富那个世界。什么是极致我不知道，但肯定差得远。确实，我可以写的实在是很多了，我现在只是觉得精力不够用，一个人总是有限的。尤其是写小说，非常需要体力。你有一个很好的想法，甚至说你有了很好的构思，但是你要把它写成文字，还是需要反复打磨，毕竟它是艺术品。打磨语言的这部分实际上非常累，对于腰椎和颈椎来说，提出的要求是非常高的。

小饭：我们都很熟悉，罗伯特·麦基写了一本叫作《故事》的书，用尽全力告诉我们如何讲一个故事。而你的写作，似乎有一种反故事的姿态。那你对"故事"这个词怎么理解？相比语言，所谓的思想，在文学的世界里，故事有什么样的地位？理应有什么样的地位？

王威廉：反故事其实也属于一种故事。我们不要把故事想象得特别狭隘。有时候需要用反故事来呈现一个好故事。那么，思想在文学的故事里面是很重要的。我们已经有太多的故事，我们每个人每天聊天都是在讲自己的故事，那么文学的故事，它是有一个隐秘的精神核心，它就像密度更大的天体一样，具备引力，赋予我们以秩序和意义。如果没有这样的聚合力，所有的故事都会走向分崩离析，失去意义。

小饭：深刻而无懈可击。下面我从你的某个小说里找一段你给女主角的台词，她说："我们这个时代不需要作家了。"然而，这可能不是现实。至少目前还不是。在你看来，怎样的未来，不需要作家了呢？或者反过来问，你觉得一个合格的作家可以带给一个社会什么样的价值？哪些作家，至少在中国，完成了他们的天职一般的任务？

王威廉：我不确定这个问题。也许在很长的一段时间内，这个社会还是需要作家的。但与其说作家，不如说写作。每个人都需要写作，在未来文化中，写作的地位可能会非常重要。因为人类是一个语言性的存在，任何经验在再发达的科技社会，也需要语言把经验记载下来。语言的效率是最高的，比如说你用视频去承载一个内容，它是一个时间性的形式，但是对于语言来说，它的叙事虽然是时间性的，但是它具备了一定的空间性，信息的密度也是不一样的，更大。

很多作家完成了他们的任务，比如像鲁迅那一代人，他们完成了现代汉语的奠基任务；还有新时期以来的这些作家，对于当代文学的范式做出了重要贡献。

小饭：那我很好奇你文学的起点是在哪里？是读了什么样的作品才有了你这个形状的写作？除了那几位诗人，有哪些作家是你真正的老师？

王威廉：一个作家的文学起点太多了。当你成为一个作家，回看自己的过去，你会发现很多事情都可以构成你文学的起点。比如我小时候听祖父讲故事，比如我躺在床上做白日梦，都是。我读了很多的作品，但是不一定是你读的作品构成你的写作形态，写作风格跟自己的气质、想法、性格都是有关系的。甚至说有些人气长，有些人气短，从而造成有些人喜欢长句子，有些人喜欢短句子。

太多的作家是我真正的老师了。我读大学的时候，对于余华、莫言、苏童、格非等作家以及西川、欧阳江河等诗人的持续阅读给了我很大启发。此外，像凯尔泰斯·伊姆莱、勒克莱齐奥、库切、奈保尔等等这些新世纪的诺奖作家，也给我很多启发。

小饭：现实主义作家似乎给了你很多。而你写作的兴趣点通常是在"未来"，那你对历史是没有兴趣？还是在某种程度上做了逃离和避免——逃避？你从没有在历史中找到兴趣点吗？

王威廉：我当然对历史有兴趣，但是正如克罗齐所说的，一切历史都是当代史。那么，在今天，实际上一切当代史又是未来史，所以一切的历史都是未来史。意思是什么呢？我们可能要通过发明一个未来，来重新发明历史。这才是历史的真相。并不是说写了一个历史题材的小说，才是对历史有深刻洞见的。尤其在中国，"历史"是个巨大的概念，我们常常为之自豪，但实际上，历史与我们的关系是想象性的。我们还不能说只要我们是中国人我们就很懂中国历史。

小饭：说起这个，我在你的小说中看到很多观点和观念。一个小说家在其作品中的价值观可以被信任吗？可以被视作是他本人的价值观吗？你害怕在你的作品中暴露自己的价值体系吗？如果有人——批评你在作品中的价值观，你会怎么解释或者反驳？如果你要我举例——"这个时代视唯一性为敌"，这是你的观点吗？

王威廉：小说是大于小说家的。小说的立场是复杂的，是暧昧的。它比起小说家固有的立场肯定是更大的。我不害怕在我的作品中暴露自己的价值体系，但是我会在小说中反思自己的价值体系。我在写作过程中必须为自己设立一个对立面。你要时时否定自己，或者说进行一种辩难，让你的观念经受冲击，然后你才能够更加确信。如果别人质疑我的观念，我还是会做一些阐释。比如你说"这个时代视唯一性为敌"，这当然不是我的观点，这是小说里面主人公的话。小说虚构了未来一个很紧张的社会，其中科技管控无处不在，又试图制造出多样性，才有了这样的说法。

小饭：那么你如何评价你的"同行"刘慈欣？如果他今天坐在你的对面，你看他的眼神会是怎样的？你如何评价你们的写作上的某种共同点和不同方向？

王威廉：刘慈欣以一己之力把中国科幻小说推到了一个高峰，这是毋庸置疑的。我认真读完他大部分作品之后，确实对他感到非常钦佩。所以他坐在我对面，我还是会很钦佩地看着他。实际上，我们是见过面的，是认识的。我跟他的共同点当然就是我们对未来、对科学的前沿发展都感兴趣，但不同的是，他是一个特别典型意义上的科幻作家，他能够建构出一个非常大的未来尺度，并且详细地预测未来的一些技术状态。从故事的角度来说，他的小说是一个大开大合的状态，尤其是小说的外壳，是通俗文学的外壳，强调比较紧张的冲突，比如说有侦探小说的外壳，还有战争文学的外壳。但对我目前来说，我所写下的这些作品可能更是人在科技语境下的存在状态的切片。我对切片的细微纹理更感兴趣，对人性在其中的危机更加敏感，也许这就是我们的不同点。

小饭：说得真好。前面你提到鲁迅，我查阅资料的时候看到你曾经说，"鲁迅活到当下也会创作科幻小说"。鲁迅为什么不会去创作悬疑推理那一类作品呢？——不，我的问题其实是，你以后会去尝试创作悬疑推理那一类作品吗？

王威廉：鲁迅写的《故事新编》其实都有很强的科幻色彩，但是鲁迅肯定不会去写大开大合的那种悬疑推理小说。他只是把这些元素容纳在自己的小说当中。我如果去尝试创作悬疑推理，也是一种借用，一种借壳生蛋。

小饭：借壳生蛋是作家的必备技能。我想是这样的。前一阵儿，我问几位作家，关于 ChatGPT 对作家的帮助——而不是替代——究竟在哪里？很多作者认为文科生在写作科幻、悬疑推理之类的作品时，会展现出弱势，但是 ChatGPT 出现之后，这种弱势似乎可以被弥补，因为它能在最大程度上，代替理工科的某种训练和素养——从而被文科出身的作家所利用。你觉得这个逻辑成立吗？

王威廉：我觉得这个逻辑是值得怀疑的。GPT 最大的帮助实际上是材料的整合，但是它的答案也是大众化的，符合我们这个时代的平均知识水平，而不可能高于这个平均线。但我觉得一个作家如果想有所创新的话，这显然是不够的。当然，你如果从信息的收集上来说，肯定有帮助，那么搜索引擎也是有帮助的。

小饭：你更喜欢别人视你为学者、教授、批评家，还是视你为作家？因为你前面几个身份属性多少都是存在和严格存在的，在这种情况下，你会认为自己的写作，是某种意义上的"知识分子写作"吗？这六个字在你眼里有没有过时？

王威廉：我还是喜欢别人视我为作家，倒不是因为这个身份比其他身份更优越，恰恰不是，这个身份其实在今天是最暧昧的，有时候是备受质疑的，反而是其他的身份有一些确切性。只是说，我的思维方式是作家型的，哪怕是我写评论、搞学术，我的立足点都是从一个写作者的角度去看问题。"知识分子写作"这个概念看你如何理解了，它是萨义德意义上的那种承担性的写作吗？还是一个懂得更多知识的人在写作？这完全不一样。曾经有些人称我的小说叫"学院派写作"，其实那个时候我还没有到学院工作。我对知识、对思想确实有着很浓厚的兴趣，但我并不想被框住。如果是萨义德意义上的知识分子写作，应该说是没有过时的。

小饭：你写科幻小说，同时对物理学、人类学的经验和知识让我感到头疼，这时候我只能问一个博物学相关的问题了。因为

"博物学要和科学保持距离"。博物学是个挺奇特的学科,在我看来。其中有一个记忆点是一句话十个字,"浮生常博物,记得去看花"。你听到这句话之后——假如你是第一次听到——的当下感受是什么?

王威廉:我第一次听到这句话,我觉得有些费解。但是"记得去看花"这个倒是挺有意思的,似乎是一种提醒,多去大自然走一走,看看花花草草,见识世界的无穷。在我眼里,博物馆实际上是一个特别奇妙的存在,它告诉我们世界上有很多种奇妙的东西及其知识,但实际上那些知识在日常生活中是冷知识,但正是这种冷知识,在校正我们已经特别熟识的生活。

小饭:你在乎别人对你的误解吗?如果别人——也许是无心的——说起一件你从没有做过的事,从没有说过的话,你会有什么样的感受和反应?

王威廉:我觉得大部分人还是在乎别人对自己的误解,只有佛才会笑看花开花落。所以如果被误解,我还是会在适当的时候解释一下,但是如果解释了之后还没有用,那我就只能选择放弃。

小饭:好了,最后一个问题:"人的本质是什么?"你可别告诉我让我去再好好看看这篇小说。何况你的小说里至少没有直截了当的答案。如果下一次你有机会让你的主角说到这个问题的答案——这个答案会是什么?

王威廉:确实是个好问题。因为在未来,这个问题可能越来越尖锐。因为在人类的过去,提出这个问题的,要么是哲学家,要么是疯子,但未来人工智能都要超越人类了,高级生命的形态甚至都会发生变化，那么"人的本质是什么"越来越凸显出来了。每个人都要去思考这个问题。我当然不会给你一个具体的答案，因为这个问题本来就是开放性的，这个问题在这个时代以及未来时代的提出，其本身比答案还要重要，它会确保我们保持一种警惕和反思的心态，从而记得以往的历史和文明所提供的关于这个问题的答案，并把它的精华在未来延续下去。

赵志明:连着几天不做梦,
我心里就会有点不踏实

赵志明,1977年生,江苏常州人,早年活跃于"他们"文学论坛,出版有小说集《我亲爱的精神病患者》《万物停止生长时》《无影人》《中国怪谈》等。

贾平凹很少推荐年轻人,赵志明是其中之一。韩东认为赵志明有能力规定何为经典。曹寇则在赵志明的作品中看到"一个透明的赤子"。

或许就是一根"透明的红萝卜"——沉默寡言,经常对着事物发呆,对大自然有着超强的触觉、听觉。

把传奇的故事写成小说不算本事,考验作家的是把日常写出不下于传奇的动人色彩。这是赵志明关于写作的最低要求。

赵志明同时是一位编辑,有一天他读完一篇稿子夸一位作者：你很有潜力，小平很有眼光。那位作者问，小平是谁。赵志明回答：小平是大学时同学给我起的绰号。我的别名。

根据我的观察，一个爱做梦的人通常也念旧。但是谈起二十年前，那个时候，赵志明觉得年老的多少有点老不正经，年轻的又显得过于少年老成。他羡慕老不正经，厌恶少年老成。我猜的。

小饭：祝贺志明出版新书《看不见的生活》。这个书名我想问问是怎么设计的？这本书的设计也很特别，可以说说吗？

赵志明：小说集里有一篇同名小说，题目就叫《看不见的生活》。当时发表在《创作与评论》上的"新锐"栏目（由谢有顺与李德南主持），还配发了樊迎春的评论《世界的另一边》。因为写的是一个盲人，所以就偷懒取了这个名字。小说集也用这个名字，我觉得蛮好。因为我喜欢东西老师，可以视之为对东西老师的致敬。小说集的装帧设计，我个人还是蛮喜欢的。首先是无论将书竖拿还是平放，书名都能处于视觉中心。另外，封面用图也很贴切，简单来说，体现了如梦似幻的感觉。据说，责任编辑王倩云老师花了很多精力寻找适合的图片，好不容易找到这张，广西师大还斥以重金购买了该图的使用权，设计师看到图片后，也觉得图文非常相配。封面的用色也好。衬得这本书厚重了不少。因为我以前的几本小说集，封面都比较活泼、鲜艳，显得很童年。有朋友反馈说，这本小说集有了"文学"的味道。

小饭："文学"的味道，我们偶尔会听见这样的修辞，我想知道你对这种修辞的理解。

赵志明：这是偷懒的说法。就好比我们说一位女士很漂亮，一位男士很英俊。漂亮和英俊是含糊的说法，事实上不够精准。翻开宋玉的《好色赋》和曹植的《洛神赋》，我们会对赋中女性的美心动神摇，大为赞叹。说一篇小说或一本小说集有"文学"的味道，也和夸人漂亮或英俊大体类似。因为这位朋友和我认识、相交多年，可能会省略了这个评论的前提，即他所认为的我的写作具有的一些特征，在这本小说集（封面设计和内文）上得到了更多的呈现。当然，这是很狭窄的。如果我的小说具有一定的"文学"性，那也是在"文学"范畴内的，那种可读的，具有现代性的。这也是我对"文学"的理解。作为现代人而不是古代人，我的写作理应具有现代性。至于可读性，也与之相关。如果波拉尼奥的长篇小说《2666》都具有了非凡的可读性，那么短篇小说就必须更"好看"才行。这里的"好看"，在一定程度上也体现了"文学"的味道。

小饭：在几篇小说中你都提到了父亲这个形象，但似乎你对父亲这个形象的描述又不同于普遍的那种慈父，对父亲的形象你的态度总是充满对抗。真实生活中，你与父亲的关系是怎样的？

赵志明：在我十一岁的时候，我的父亲就去世了。后来只能通过回忆来还原父亲，这可能造成了我对"父亲"形象的偏执。在我的青春期，由于父亲的不在场，我几乎没有叛逆期，而且因为母亲比较辛苦，我表现得像个好孩子，懂事得早，刻苦学习，善解人意，独立性强。但是，等到我上大学后，迟到的叛逆性还是体现出来。2001年我毕业，虽然当时师范院校还管分配，我却义无反顾地选择了自主择业。其实那时候对工作、对未来可以说一无所知，冲动、任性的根源或许就在于叛逆，我只是想选择自己想过的生活，哪怕这样的生活并不清晰，可能很糟糕。这虽然没有什么对错，但现在想来还是欠思虑了。基于此，说到我与父亲的关系，可能就是没有定型下来，所以，我乐意将之想象为对抗，一种一方缺席的对抗，一种趋于虚无的对抗。自然，这种对抗也就不会显现出现实生活中的剑拔弩张、水火不容。我想，那还是因为父亲这个角色在我的生活中长期缺席导致的。它提供了一种稍显奇怪的视角和切入面。

小饭：抱歉，我确实不知道这个情况。那你觉得你身上所谓"迟到的叛逆性"，这是不是一种生命的活力？一种勇气和智慧的体现？你现在还"叛逆"吗？现在对生活和生活方式的理解，相比年轻时候，有什么样的发展？

赵志明："叛逆性"体现的活力感在某种程度上可能具有欺骗性。或者说，在我身上的"叛逆性"的拧着来、反着来，更多的是一种虚无感。虚无感当然并不仅仅表现为消极。就我个人而言，我觉得虚无或者说消极，有的时候也是一种选择。既然是选择，多少能体现出个体的勇气和智慧。可以这么理解吧。千人千面，勇气和智慧也会因人而有差别。正因为如此，不同的人生才让生活更加多姿多彩。我现在仍然很虚无。就像我喜欢的大学老师鲁羊先生的诗，"退缩之诗"。我比较喜欢隐忍和退缩，不喜欢咄咄逼人和张牙舞爪。在我上大学的时候，我就很反感得意扬扬。相比于庆幸，我觉得得意扬扬很低级。我希望我的生活能够自适，不被裹挟着去做无聊的攀比。活着不是活给别人看的。活着是自己的一种状态。如果这种生命自由的状态越来越负荷于外在，那活着的意义就被削弱了，几乎没有了，那还活个什么劲呢？

小饭：你说你的写作，"穷尽各种回忆，编织各种梦境"。我恰好又看你在朋友圈写到，梦境会给你带来小说的灵感（大意），那这是真实的吗？你觉得梦是什么？于你而言灵感又是什么？

赵志明：确实梦到过小说。比如说，在梦里看到一篇小说，从头读到尾，大受震撼，击节称赞。但读完后，才反应过来：这是"梦里"的小说，我大可以据为己有。但醒悟得还是太晚了。梦醒后，想要回溯梦境，比大海捞针还难，因为针在海里，梦里的故事却不会沉淀在梦中等你去打捞。就这样，你最多回忆起只言片语。梦里惊为天人的好小说，瞬间烟消云散，除了"好小说"的惊叹，什么都没有留下。这可能是平时玩味小说、经常打腹稿的影响。日有所思，夜有所梦嘛。不过，我很喜欢做梦，喜欢梦的非理性剪辑方式，喜欢梦的不落窠臼、空灵和异想天开。我觉得梦大体就是这样，不仅是现实的反映、投射，也不仅是现实的延伸、补偿，它更宽泛，也更独立。一个人爱做梦，会做梦，醒来还能记得梦，我会非常羡慕。他等于过着无数人生，像平行空间。至于现实里的窘迫、拘束、困苦，便有可能不那么沉甸甸。灵感有可能会通过梦境给予启示。梦醒的刹那，人是非常清明通透的状态，如果幸运的话，他会获知灵感，而不会去妄想复盘梦境。对我来说，灵感犹如你永远不会忘记但也不会轻易记起的东西。

小饭：你会不会觉得，梦境里的内容，如果写出来，实际上是被再次过滤的。而且你说梦有一种独特的剪辑，我觉得这个说法很好玩。在我的经验里，梦的逻辑和生活现实的逻辑，有很多相同之处。你认为梦的产生，梦的启示，都是可靠的吗？

赵志明：特别奇怪。很多年前徐峥和小陶虹有一部戏《春光灿烂猪八戒》，主题曲里有一句"好春光不如梦一场，梦里青草香"。我五音不全，平时很少听歌，但这首歌的旋律和开头的歌词我却忘不掉，有时还会不自知地哼唱几句。我也剖析过，或许因为我的虚无，所以和梦天然亲近。至少，在我看来，梦境和现实相比，不遑多让。连着几天不做梦，我心里就会有点不踏实，甚至惶恐。我不会把梦境简单地归因或等同于现实的投射和补偿。这实际是把梦境放在了现实的附庸地位。梦境即使在量上远不及现实，但也无损它的重要性。换句话说，我们常常会慨叹"现实差强人意"，但我们从不会苛责梦境待我偏薄。即使做了噩梦，从梦境脱身逃离后，我们虽然想着但愿不要再做这样的噩梦，但也不会发愿将梦从睡眠中剔除干净。

小饭：贾平凹先生在对这本书的推荐语中写道，你的小说"语感显得西欧的影子比较浓烈"。我解读为，你的小说有法国新小说那种写实和荒诞。那法国新小说，或者国内八十年代先锋派，这些作家和作品对你的影响大吗？是不是至今还在延续？

赵志明：贾老师的评语，其实只针对我的一篇小说《钓鱼》，当时发在《延河》。后来用为《我亲爱的精神病患者》的推荐。现在又拿来用作《看不见的生活》的推荐。我本人是不愿意这样做的。张冠李戴不说，而且，名人推荐对于小说集销售的加成可能没想象的那么大。但我也不是很坚决地反对。因为卖书不易，出版社其实面对很大的困难。至于贾老师的评语，我觉得不管是对《钓鱼》，还是对我的其他小说，确实非常贴切。我学西方小说，主要学习他们的语感。这种语感当然不是翻译所能完全传达的，而是句与句、段与段之间的秘密衔接、呼应。像卡夫卡的小说，他的绵密不在于设计，而在于起首句的高屋建瓴。起首句成了，后面就一气呵成。还有胡安·鲁尔福。我学的是这些。利用语言叙述，从而达到浑然一体。这个比较不好把握。我到现在还只是管窥，没有形成可以分享的经验。至于写实和荒诞，我的理解是，这是生活的本色。比如加西亚·马尔克斯，我觉得他的小说写实和荒诞兼而有之，而马尔克斯自己也认为他写的是真实的南美洲大陆。像西方小说、法国新小说和国内先锋小说，当然会对我产生极大的影响。但这种影响我觉得首先是通过韩东传达给我的。我记得韩东说过"把真的写假把假的写真"，这句话对我影响极大，可谓开天窗，醍醐灌顶。还有作家如何找到、确定自己的写作方向（韩东的大意），这启发了我，一个认真的写作者，不应该追求猎奇式的、哗众取宠的写作，而应该沉下心来潜心于从平实无奇的生活中发现自己写作的素材。也就是说，把传奇的故事写成小说不算本事，考验作家的是把日常写出不下于传奇的动人色彩。这些我都奉为圭臬，也会通过我的小说写作一直践行下去。

小饭：看来你早有准备，多有积累。从何时开始，你认为自己拥有写小说的天赋和权利？这种信心在长达十几年的写作过程中有没有被摧毁过一次两次？

赵志明：我发现自己的记忆力不错。比如小学时没有什么读物，会和同桌比赛把语文课本甚至思想品德课本全书背下来。背到那种娴熟的程度，随便说一个词能脱口而出具体的页码。这种无聊的游戏，让我训练出了耐心。在高中时因为到了常州市的国家重点中学，里面的图书馆让我狂喜。我申请做了图书管理员，也稀里糊涂看了很多书，有《百年孤独》，也有《丰乳肥臀》。我记得当时跟我的老师聊天，说后者在我看来可能借鉴了前者。我的老师不置可否，但后来他一直鼓励我读中文系。到了中文系，我开始看文学期刊。看完当期就找过期的看，又把图书馆几乎能找到的所有短篇小说集都翻阅了一遍。我心里渐渐有了小说"好""坏"的标准。有了这种模糊的界定，我觉得我能写出中不溜丢的小说，当然，心里渴望的还是写出伟大的小说。后来有一天，因为一次偶然的机会，韩东看到了我写的一组诗，给予了让我吃惊的评价，当然我也很高兴。这没有鼓励我成为诗人，却让我更跃跃欲试去写小说。刘立杆曾对我说，我身上有一种很好的耐心。我渐渐觉得，对于小说家而言，耐心和坚持也许比天赋更为重要。这几十年来，我觉得我的耐心相比以前，比如二十年前，还是下降了不少。因为耐心需要精力和意志力。这两点在四十岁之后，都在缓慢却坚决地消退。不过，我的写作信心却从来没有被摧毁过，可能是因为所求不多，知道自己几斤几两吧。但写作的乐趣和激情在这几年确实难以为继……

　　小饭：这是否是因为你没有读到或者写出那种非常棒的小说？写作者在不同的阶段总是觉得自己写得还不错，或者很差……这是一种常见的轮回。那么在你的价值观里，什么样的小说是最让人激动的？击节叫好的那种好。可以举一两个例子吗？

赵志明：我经常读到很棒的小说，但望山跑死马，到了自己身上很难按图索骥。我也经常自认为有很棒的构思，如获至宝，写出来却觉得大为失色，甚至很自责，不该浪费掉这么好的构思，简直是一朵鲜花插在了牛粪上。这是典型的眼高手低，一种需要警惕的习病。知人者智，自知者明。前者相对容易达到，后者更具挑战。无论知人还是自知，都需要不断精进，否则就会囿于所知，深陷于自己的舒适区。说到小说的质地，我个人偏爱那种什么都不说，但又似乎什么都说透了的小说，最让我激动，因为余韵悠长，三日不绝于梁。像《神曲》(我私下里把它当小说读)《伤心咖啡馆之歌》《没有人给他写信的上校》《地球上的王家庄》《繁花》《一个人张灯结彩》《跑步穿过中关村》、卡夫卡和博尔赫斯的诸多短篇等等。

小饭：有人说，在目前国内的文学环境里，如果用"纯文学"的方式去讲述凶杀罪案，是最容易"出头"的……志明是作者也是编辑，对此你有什么想说的？

赵志明：我将之视为一种"文学阉割"。凶杀罪案这类，在我看来是猎奇式的题材，用"纯文学"的方式去写难以摆脱哗众取宠的嫌疑。当然，如果，单纯从精彩、好看角度，我觉得作家完全可以去接触这类题材，但无须改头换面用"纯文学"，你可以而且必须遵从类型。"纯文学"在一定程度上是避免了难度，有点挂羊头卖狗肉的嫌疑，有点过水鱼或过水蟹的感觉。

小饭：也就是说，你不会这样做，对吗？如果有一个年轻人准备这样试试，你有什么样的建议？

赵志明：我其实很想尝试类型写作。但我掂量过自己，觉得实在是知易行难，便放弃了。《看不见的生活》里，《路口》便是这种尝试的结果。我是按悬疑小说来写的，结果还是画虎成犬，因为有读者反馈说，读到小说开头他便猜到了结尾。这当然打击到了我。事实上，我确实在开头便交代了作案者。我发现自己缺乏层层剥茧的耐心和技巧。这也是我想给更年轻写作者提出的建议。类型小说有其特有的规律，不广泛阅读，不积累专业知识，想要写出读者认可的好看小说，那无疑是缘木求鱼。

小饭：早年在论坛（比如"他们""橡皮"）上的"文学生活"对你而言是一种什么样的经历？

赵志明：哈。那个时候，年老的多少有点老不正经，年轻的又显得过于少年老成。总之，老少打成了一片。我觉得这种状态是最好的，可遇而不可求。喜欢的就夸好，不喜欢的就提出批评。因为夸好可以用真名，批评可以用匿名，呈现出比较真实的坦诚的状态。几乎每时每刻都能看到好的作品发布，下面马上出现一长串中肯的批评跟帖，就跟盖楼房一样。那时候，只要登录乐趣网，就能学到很多，而且知道自己是谁，和谁在一起，心里非常放松。

小饭：今时今日，在写作和文学面前，你还有什么特别想完成的东西吗？一部能代表自己文学理念的长篇，或者一首让人一读就无法忘却的诗歌？

赵志明：我有很多想写的。邱华栋老师曾经推荐过一个好习惯，把想写的小说名字记在 excel 表格里。我经常更新我的 excel 表格。空空的标题下，世界蠢蠢欲动，黑压压的汉字随时会倾巢而出。这种感觉妙不可言，但也有压力。因为自己真是太不勤快了，几十年来都没养成好的写作习惯，没有见贤思齐，像阎连科老师，还有于坚和韩东。我特别想完成三部小说集，关于过去的、关于现在的、关于未来的。等到能够从我的作品中精选出这样的三部小说集，我觉得就能大致呈现出我的写作成果和文学理念。

小饭：很期待这三部小说集，有没有时间表，可以告诉大家的那种时间表？

赵志明：没有具体的时间表。宁缺毋滥吧，所以很可能永远只会停留在我的想象和规划里。

小饭：人生啊，如果可以重来，你有特别想再体验一遍的时光吗？是大学时代吗？

赵志明：我觉得人生是苦旅，悲欣交集而已。虽然我不那么悲观，也会安然享受这个过程，但真的不愿意再体验一遍，哪怕是三秒钟的幸福时光。

小饭：那我觉得你是一个悲观的现实主义者。对人生的过往，只想通过写作来追溯吗？那么你对未来的期待是什么？社会生活，文学生活？

赵志明：其实归根结底还是虚无。陶渊明不是说过吗，往者不可谏，来者犹可追。念念不忘于过往，打捞记忆的残简碎片，是因为力求知之，享受乐之，渴望好之。即使虚无主义者，也难以摆脱这三之的吸引。至于对未来的期待。未来已来，渺不可寻，难以察之，悚然惊之。希望在未来能活到真的生命。

小饭：在我印象里，你结交的文友特别多，是真心喜欢交朋友吗？或者只是一种社交的需求？怎么样才能做你的朋友？这方面你是一个挑剔的人吗？

赵志明：我挺喜欢和朋友在一起。喝酒、吹牛、旅游、踢球。在我看来，我认识的朋友都有真实和可爱之处，让我珍惜和羡慕。但我特别不喜欢社交。比如说，我和一位兄长打赌一场篮球比赛。我输了应该请他喝酒。但不知道为什么，事情一被延误我就特别无措。好像是在兴头上，我会乐于做任何事，兴头一旦过去，我就会特别丧，不知道该怎么办。比如说，我在北京二十多年，很少和朋友单喝。现在我也意识到这个问题了。我喜欢有趣的人，有趣而流露善意，那就最好了。如果兴趣相投，肯定很快相熟，相处多了，自然而然成为朋友。如果话不投机，与其成为互相讨厌甚至敌视的人，那就最好不见。我可以少一个朋友，但真不想多一个敌人，时光快而生命短，特别不值得。

小饭：假如海明威和韩东都掉进水里了，而你不会游泳，救不了他们，但你会对他们分别说句什么样的话？

赵志明：对海明威：想象这是一座酒池，畅饮吧，海明威。对韩东：书到用时方觉少，只恨我是旱鸭子。

林棹：穿过困境写作，或在写作中穿过困境

林棹，1984 年生于广东深圳，作品有《流溪》《潮汐图》。

小饭：林棹你好。第一次在《收获》上读到《潮汐图》，让我感觉惊艳。区别于当下流行和渐成显学的现实主义写作，它显得很独特，甚至有些狂野。我想知道你是如何选择了这个宏大的"题目"，如何选择这种写作风格，这当中有没有一些犹豫？还是始终非常坚定？

林棹：谢谢您鼓励。倒没有觉得它宏大，它首先是向珠三角，也就是我出生和成长的这个区块的地理和生态切入，这个点是我非常感兴趣的。假如我们把人也看作生态的组成部分，那么诸如方言、建筑、绘画艺术等"文明产品"，也就相应地变成生态的一部分，好比蜜蜂窝和马蜂窝，作为蜜蜂的作品和马蜂的作品，具有不同的形式——这个类比可能有点儿随意。不同的"主

义"，其实是不同的视角，不同的逻辑，它们把"人"放在不同的关系网络中去阐释。我们知道现实主义是特别关注人与人的关系的。别的"主义"呢，也许重点关注人与意识的关系，人与死物的关系，人与科学技术的关系，等等。我对动植物和自然环境感兴趣，就这么写了，受兴趣驱动。这个兴趣的强度非常强，独大，所以不存在选择，也没有犹豫。

小饭：让我们把时间拨回一些过去……我知道你的处女作《溪流》大致的写作路径——把意外得到的过去的稿件修改而成——很想知道你究竟修改了一些什么内容？

林棹：应为《流溪》。我在原稿基础上添油加醋，泼颜料，把它变得更戏剧化，更夸张，然后把它摁进反讽的软口袋里，怀着温情和理解扎紧了袋口。

小饭：对不起对不起，实话实说，我好几次搞错了这本书的书名（是我个人经历的原因）。刚刚去查了"流溪"这个词……如果不作为地名河名的话，就是一个生僻词语。相反，它的原名《阿维农》更容易被记住——"阿维农之囚"——关于小说的主题，这个词多多少少可提供一种理解作品隐喻的工具。你为何把篇名《阿维农》改成《流溪》？这不免让一部分读者失去了通过篇名了解作者用意的那种解谜的快乐。

林棹：我也有过类似情况。有好一阵子一直把琵嘴鹭喊成琶嘴鹭。

"流溪"是河流名字，小说里母亲这一角色曾经在流溪（河）林场"上山下乡"。百度百科说，流溪河"从北到南纵贯从化，再流经广州白云区的钟落潭、竹料、人和、江村等地，汇入白坭河，经珠江三角洲河网而注入南中国海"。很温柔，载着一个又一个地名。但发起洪水来，生灵也要受苦。

小说叫"阿维农"的时候，尚未有流溪河、林场、上山下乡等等情节或细节。这些内容在重写的时候增长出来。我挺喜欢它的新名字"流溪"，它和小说扎根、生长的地方建立了联结；也可以宽泛地指示动态的溪水，同时还有一个悠扬的、叹息般的尾音。

小饭：作为读者如果能了解作者在写作之前的一些准备工作，这是获悉作者和作品缘何如此模样的另一种途径，我想知道从第一本《流溪》到第二本《潮汐图》，在写作这两部作品之前，你分别做过哪些准备？

林棹：《流溪》是重写稿，准备大约包含多吃的十几年的饭，外加一种全情投入的状态。《潮汐图》有材料搜集、实地调查期，断断续续穿插在写作过程中。《流溪》主要是释放。《潮汐图》既有吸收，也有释放。

小饭：这两部作品我认为几乎是"对立"的，无论在题材还是主题上——为什么会出现这么一种完全无法解释和过渡的"跳跃"？

林棹：您使用了"对立"这个词。在您看来，在"题材和主题"上，它俩如何构成"对立"？

小饭：我想说的就是《流溪》和《潮汐图》不是一个系列作品——尽管文字和叙事风格上有其一脉相承之处。我所理解的"对立"的意思更多是跳跃和失序，无法成为族群，相对于很多作者的"系列写作""X 部曲"这种作品风格和主题上的延续，序列感。

林棹:我更愿意把它俩看作一张网的两个节点。"对立(点)"似乎暗示着相互抵牾,是两股能量的战场。节点则是能量们的旅馆。

对立也好,网也好,都是人类虚构的、用以简化和理解世界的模型——同类模型还有直线、太极、圆环、金字塔、多面体、树、块茎……用上述任一模型处理两个小说的关系,或任何一种关系,终究都能自圆其说。更值得观照的,是您所选择和反对的模型,我所选择和反对的模型,每一个个体选择和反对的模型,以及被这些选择和反对反照出来的东西。

小饭:嗯,但"自圆其说"是一方面,那是作者调用理论知识的能力,甚至是一种"能言善辩"。那么作为"表格人"——你的自我评价,会严格遵守时间表阅读和写作(输入和输出)——你会把自己的写作,做较为长期的有关序列的计划吗?类似一个厨卫品牌的主理人,他可能做完一个抽油烟机,下一个产品是消毒柜,或者是电磁炉灶。

林棹:是,我会继续试着做一些以岭南为基点的题目。

小饭:你的作品被评论家们以"粤港澳大湾区文学""新南方书写"等名词归纳,但评论家李德南先生说《潮汐图》"在历史的层面,有着全球史的视野"。还有人评价你的《潮汐图》"用力过猛,自我催眠太深收不住"——但这位读者依然给你打出了高分——"用力过猛"事实上读者已经肯定了你是一个有力的作者——对类似这样的评价,你会怎么回应(即时的那种回应)?

林棹:如何阅读、如何评价是读者的自由。我们都曾是并仍然是读者。我们都明白什么是读者的自由，以及它有多么甜美。因它我们才爱上阅读。

如果评价者本人有兴趣知道关于评价的评价，我们当然可以有来有往地聊一聊，那也挺有意思的。

小饭：那我们就来试一试——比如你对"用力过猛"这四个字如何评价？一个作家应该在作品的每一处都恰当地用力——类似于按摩，如果太用力，或者太不用力，或者用力不均，可能都无法达成目的。

林棹：这里包含两个立场：发力者的立场、受力者的立场。

按摩师傅为顾客提供的，是一对一的个性化服务。

我想以《小松鼠过河》为例。文本是故事里的那条河。读者是与河偶遇的大马、小松鼠、长颈鹿，可能还有大老鲲。小松鼠觉得河水太深太急。这里小松鼠还分两类，一类小松鼠过不去河，会说："好大一条河！"另一类小松鼠过不去河，会说："好坏一条河！"大马觉得刚刚好，且渡且嬉戏觉得挺愉快。我们要是问大老鲲意见，它可能要瞪回来："拜托！哪里有河？我只看见一滴水。"

所以河做自己就好。

小饭：这两部作品的创作，从写作之初算起——当中实际上有差不多十多年的"经验"，这个过程你离开了写作，是完完全全离开，还是保持着某种距离？这当中有没有一段时间会产生创作欲望？产生了又如何压抑回去？

林棹：应该说是完全离开了"文学创作"。此前十多年还是比较频繁地和文字打交道的。两者的区别在于，把文字当作工具

（广告文案，设计方案，产品说明，游戏脚本），或把文字当作目的本身（文学）。对我来说这两者是泾渭分明的。我记得一种时刻：面对非常、非常壮丽的山川，我感到沮丧，因为我不知道该拿那种壮丽，以及它所引发的至深的感动怎么办。那是留在界线对面的时刻。我记得那种沮丧，那种无意义感。跨过界线之后，所有的雄伟壮丽，或一切给心灵造成波澜的事物都有了归处。人不再是消极地等待某种终点的到来。人希望还能有所发展，尝试去向更远、体验更多。

因此这似乎是一个把心脏关进箱底，后来不得不把它翻出来重新装上的故事。箱子和压箱的东西是什么呢？是我的胆小和无知。

小饭：这是不是就是创作者们经常提到的"失语"，一种创作者独有的"病症"？最后是如何康复的？通过阅读？或者朋友们的鼓励？还是你恰巧在某时某地，迎来了"开悟时刻"？

林棹：修辞意义上的失语和病理学意义上的失语我都没有亲身体验过，因此没有发言权。作家默音写过关注失语症的作品。失语症患者和他们的亲人不得不承受巨大的艰难，相比之下，修辞意义上的"失语"……只是修辞。

我的情况完全是个人选择。因为胆小，不敢冒险，缺乏信心，等等吧。类似于一个胆小鬼，特别向往远处某个地方，但前怕狼后怕虎，就是不敢出门上路。2018 年初生病，差点死掉了，躺在病房里想"不干这个，活着，试过了，答案是如果死掉会超遗憾"。不想下一次死的时候（下一次就是真的死掉了吧！）还遗憾。外加一些条件：必须在家静养至少大半年、有了些积蓄、人比十几年前勇敢了一点点、家属的支持。就下定决心干干看。我挺感激那场病的。它模拟了一次大结局，让我决定开始二周目。

我获得过很多鼓励、帮助和爱，来自前辈、师长、朋友、读者、家人。我很珍惜这些情谊。因为他们，我想变成更好的人。

小饭：我们通常在确立某个愿景之后就会付诸行动。但你曾说你不相信必然，一切皆是偶然和选择。那直接一点，你相信因果论吗？因果论被一些"极端哲学"——倒不至于多极端，比如维特根斯坦和休谟，但侧重点不同——认为是隐藏在人生经验中的最大的骗局。这样一来，你刚刚说的"努力"，会不会也成为一种单方面的不确定结果的行动？

林棹：结果一定是不确定的。如果过程足以让我们获得意义感，如果愿意也能够承受代价，就去做。我此前的问题，就在于过分畏惧不确定性。

现在也畏惧，但会敦促自己要勇敢。

小饭：你认为这个时代，一个有才能的小说家偏偏就是不写作——没有选择写作，他／她的主要困境，可能是什么？希望能结合你不写作的那些年的直接经验聊一下。

林棹：我想这是一个心理学问题。把"我"看作一个接收器。您知道世界，或您的用词"时代"，虽然是同一个，不同的"我"接收到的世界或时代却是百千种模样的。"我"是一个变化的过程，它将不断变化直到死亡前来终止一切。概率事件，或者俗话说的运气、命运，一直在发挥作用。我们总可以从两个方向谈：外部的力量，"我"的力量。如何阐释这一组关系，将影响我们的行动。

我们无法谈论他人，因为每个人有各自的困境。如果您让我谈自己，我会说求诸己——"我的主要困境是我自己"。引用卡尔维诺："有的人写作是因为相信并重视世间万物，有的人坚持阐释生活，有的人有自己的一场仗要打。"人们穿过自身的困境来到写作面前，或在写作中穿过困境。

不仅写作，任何一个向我们显现生命意义的事业都是如此。重要的是找到并确信这个事业。生命只有一次，其中还包含了漫长的懵懂、虚弱之年。我们要用这唯一一次的生命做什么？

小饭：我们要用这唯一一次的生命做什么？——是获得幸福感吧。当然幸福感也有不同的解释。但殊途同归，就是"值得"，是"心也甘情也愿"。比如，有自觉意识的作者，通常觉得把这一生，大量的时间用来写作，是"心也甘情也愿"的生活方式——尤其是在自己的写作被"奖励"（获得认可以及赞许）之后。想了解你和你的写作在被"奖励"之前和之后，有一些不同吗？这些年的顺利发表和获得奖项，不能否认你明显是被奖励着。

林棹：得先定义"写作"和"奖励"。也许我们对这俩词的理解天差地别。

我从最宽泛的意义聊吧：认认真真写作文也是"写作"，被小学语文老师表扬也是"奖励"。因为一切事情正是从微小处开始的。"写作被奖励之前"，那是念小学之前了。

有一种说法是讲，一个人长大后擅长做什么，从小就会显露迹象。还有另一种说法——一个人长大后之所以擅长做这个，只不过是因为从小到大，他/她在这个事上获得的奖励最多。参考实验室小白鼠案例：如果小白鼠按下红键就能获得一块糖，小白鼠就会不断、不断地按红键，最后变成小白鼠中的红键大师。您更认同哪种说法？

最宽泛意义上的"写作"——尤其是世纪之交、文学论坛时代的"写作"——曾带给我友谊、启蒙、榜样、亲密关系、成长、新知、成就感、稿费、自我认同、勇气、意义感……这些是无比丰厚、无比珍贵的"奖励"，它们修补、拓展我的人格。

您说的"这些年的顺利发表和获得奖项"，当然也是奖励。

小饭：你说的我都认同。我进一步认为在相当程度下，你的写作在被"奖励"之后，已经是充满自由的——现在对你来说，写作真的是自由的吗？我们都知道这很难，你现在可以决定写自己所想写的一切吗？以及是否在某些题材、某些情节上，还会存在些许自我审查和自我校准——不一定是因为对出版和发表的敏感，或许因为别的原因？

林棹：如前所述，我依然胆小、懦弱。这依然是我的困境，我依然在努力改变。我们的能力决定了我们能享有什么程度的自由——自由是挣得的，不是天赐的。我曾为它付出过什么？我愿意为它付出到什么程度？我们将已知和未知的文学时空比作一望无际的旷野，问题是，我们的能力——意志力，技术——是否足以征服其间的一切地貌？

小饭：一个作家最大的能力，除了语言能力和结构能力，包括你说的意志力和技术——但从根基上，最大的能力或许是来源于爱和怜悯。你同意这句话吗？从这两方面得到了充分的补给吗？

林棹：假如微调成"人类最大的能力来源于爱和怜悯"，我还会同意得更多。

能力"来源于"爱和怜悯，不等同于应该"滥用"爱和怜悯。

小饭：是的。这似乎又来到了心理学的领域。在早前一篇访谈中，你提到弗洛伊德对你的影响。尤其是在《流溪》中，或许弗洛伊德的影响还大过纳博科夫。人有怎样的过去，就有怎样的现在。人是所有过去的总和。人的现在被过去所支配。很多作家相信的"童年说"便是这个说法的延续。弗洛伊德还有一个朋友阿德勒——后来他们当然分道扬镳了。他认为心理创伤根本不存在，人也不会因为过去影响现在——这一切都是因为你现在的问题，你现在潜意识的问题。而我们把现在的问题，此时此刻的所有问题，从过去找到了看起来完全可被他人甚至自己理解的"借口"。简单地说，同样为了治愈心理创伤，弗洛伊德遵循因果论，而阿德勒更信任目的论。弗洛伊德的学说，要求我们改变过去，这几乎无法实现。而阿德勒的说法就有可操作性，只要你改变现在，你的心理创伤或许就能得到解决——似乎更积极一些。你怎么理解这两位的学说？

林棹：理想情况也许是：上一站弗洛伊德，这一站阿德勒。

您提的这两位，我读过一点点，只能肤浅地聊聊"用户体验"。很多年前，第一次读阿德勒，没读几段就不要读了，觉得这个人站着说话不腰疼，一点儿同情心没有，人家弗洛伊德多好啊，帮我把负担都卸掉了。前年还是去年又读了一点阿德勒，感觉变了，觉得挺在理，还获得了一种被鼓劲、被加满油的感觉。而且，我还对弗洛伊德有意见了，觉得他把事情搞得太过静态，

"是，就算是这样吧，然后呢？"——他没有继续聊"然后呢"。

弗洛伊德和阿德勒还是老样子，我从小松鼠变成了大松鼠。

心理学流派千千万（有点儿夸张了），想知道它们各个讲了什么，很方便的，几本书的事情。比较难的可能是知道自己——其实也没办法真的"知道"，而是劝自己相信一个故事，一个关于"我"的故事，一个永远在延续、在变化的故事。"现在的你是这样的，没关系，咱们想想办法。"——现阶段我是这样跟自己相处的。解决之道永远是行动。如您所说，"操作"起来。

弗洛伊德也挺好。如果没有弗洛伊德帮忙疏通，我也许就咽不下阿德勒了。

小饭：这种输入的方式和心态让人敬佩。你会在写作过程中，一直保持一个对外打开的交流渠道吗？还是写下了第一句之后，不管不顾了。在写作中出现困难甚至困顿的时候，你一般会怎么做？

林棹：遇到一个障碍——阅读相关材料，或到实地走走，感受。不能停住。不能不行动。旁敲侧击，绕着圈看，换角度看，把那个障碍放在一个网络当中重新考察。这个网络不行就换一个。想办法刺激大脑。大脑喜新厌旧。我们负责喂就是了，它自己会鼓捣的。

小饭：有失败的案例吗？——就是怎样都不行，你怎么喂，它就是不吃。它嘟着嘴，让你感到尴尬，为难，甚至痛苦。就像现在很多小孩子的厌食症。它说，我不饿。这时候你怎么办？

林棹：如果连基本兴趣都缺乏，即您说的"不饿"，那就改行。一个事情是否非干不可，大脑会在一秒之内回答我们。干非干不可的事。世界很大，人生很短。

小饭：有一位前辈曾经告诉我，一个人一直待在家里"职业写作"，是会"中毒"的，大意是这样。你把自己定义为"全职写作"之后，我想知道你有没有类似的共鸣？这种毒毒性如何？到底是什么样的毒？如何排毒？

林棹：有选择的话，不要一个人一直待在家。无选择的话，记下无选择的感觉、细节，记下是什么因素将我们置于无选择的境地。

全职写作大约是要解决写作的"能源和成本"问题。如何用一个可承受的性价比，或尽可能低的成本，去获得尽可能充足的能源。阅读，行路，与目标对象交流，体验和学习新技能，跑到各行各业人群中做一个潜伏者、观察者……所有细节是可具体化、可规划的，它类似于一个完全自主的、充满趣味的做项目的过程。最后诞生的文本是项目成果。写作者的生命是这样一个又一个过程的总和，被它们丰富。

小饭：怎样才能成为你的目标对象？这方面你是一个严格的人吗？你对目标对象有怎样的描述？

林棹：比如我们计划写一个关于翻糖蛋糕的小说，那么翻糖蛋糕师傅、翻糖蛋糕学徒、翻糖蛋糕店的房东，都可以是我们的目标对象。这个清单可以继续写。这个阶段不太应该"严格"，应该开放地欢迎可能性。

小饭：在接下来的写作中，你是否会考虑期刊、市场——他人——重要的文友的评价和期待？

林棹：主要会和前两个小说比较。如果能写得更有意思就最理想了。

大头马：我有另一个身份——侦探

大头马，1989年生，写小说和剧本。出版有《谋杀电视机》《不畅销小说写作指南》《九故事》等作品。

小饭：大头马你好。咱们能不能放松一点，心态放开一点进行这次对话？

大头马：好的。

小饭：你的笔名很有意思，要不就从这里谈起？

大头马：我的笔名就是我小时候的外号，也是那时的笔名和网名。就一直用到现在了。

小饭：我注意到有一本书上，你强调自己"年龄未知，性别不详"，这是出于什么样的目的？年龄和性别对一个个体来说是重要的标签，你为何要让我们忽略它们？

大头马：现在想想这么说确实挺中二的。主要是我一直没把写作包括出书这件事当回事儿，所以经常显得随心所欲。当时那么写估计纯属拍脑门，还有一个原因就是，正如我说的，对写作这件事没有太认真，所以潜意识会觉得不想让它影响到我真实的生活，那么就不会希望自己的真实信息曝光过多。因此才会语焉不详。

小饭：那我们来聊一下生活中真实的部分。多年前《自然》杂志上刊登了科学家们对 Y 染色体的研究成果，研究报告中指出：X 染色体有一千零九十八个蛋白质编码基因，Y 染色体上仅有大约七十八个基因。身为女性，你能在生活中感受到比异性多出的一千多条编码基因吗？这些基因"优势"对写作有具体的帮助吗？

大头马：我不太有性别意识，很少有意识到自己是女性的时刻。当然也不会觉得自己是男性，看到男性我也觉得自己离他们挺远的。我觉得性别挺难把两个人囊括在一个单元里面，让俩人产生什么基于性别的共感的。现实生活中和人打交道我也不会以男性／女性的目光看待对方，通常我会把每个人都当作一个特殊的个体来看。这不一定是个好事情，我对现实生活常常是懵懂的……仿佛一个巨婴。所以我也不知道从属于一个性别对写作有没有具体的帮助或优势／劣势，肯定是有的，只是我没思考过。

小饭：那你平时喜欢思考什么？一个写作者理应对生活和世界带有思考——我是说咱们总是有思考对象的。写作本身也是一个思考的过程。我的提问就是想探索你对诸多问题思考的结果。

大头马：我也说不上来，都是生活中遇到的具体问题吧。还会思考一些诸如人应不应该吃狗肉之类的和自己的生活实践关系不大的问题。我会和一些朋友去交流这种看似无甚意义的命题，我很高兴有这样的朋友可以进行这类思辨讨论。不过写小说时，我思考的主要是故事本身，不会带什么问题意识，我想的都是很具体的东西，比如怎么开头、用什么样的语言风格、有哪些人物等等。

小饭：你会书写成功和失败吗？别人的成功和失败对你有意义吗？会羡慕某些作家以及他们的人生吗？

大头马：啥叫成功和失败？我的小说里好像不太会涉及这种主题，也没有从这个角度构思过小说。现实生活里，别人的成功和失败肯定是有意义的啊，看到成功会羡慕，看到失败会反思，这是人之常情吧。我比较羡慕海明威的人生，浓墨重彩，随心所欲，绝对是个大玩家，那种日子是我想过的。

小饭：他的人生"丰富多彩"，某种程度上他的确是一个勇敢的人——有人说作家并不是海明威的正业，他正业是拳击手、猎人、战地记者、士兵……他一生还结过四次婚，但海明威几乎也没有停止过写作。你的意思是羡慕这些吗？

大头马：对啊。只有写作的人生有啥好过的，写作应当是对人生的一种总结／白描，而不是其中的主体。我特别忍受不了无聊。经常有人说要在日复一日的生活里，那种枯燥重复的日常里发掘人生的意义。我很钦佩这种想法和做法，但是我不太行，我跟海明威一样，得不停地在世界上乱窜，静止不动的生活会让我自杀。

小饭：害怕在写作中暴露真实的自己吗？真实自己中并不让自己满意和喜欢的一面。

大头马：是有顾虑的。不过写作的目的不就是为了暴露自己吗？我觉得写作就是泄欲……虽然我写的是小说，所谓的虚构，可是我的全部自我应当都体现在这里面了，有时候回头看还挺震惊的，我怎么能暴露得这么彻底。所以我通常不会希望身边人看自己的小说，会觉得挺不好意思的。也羞于和别人谈自己的写作。生活中我习惯隐藏自己。

小饭：你曾说"写得太烂和写得太好都可以，避免平庸"。我假设是你认真说的。那这是从生活经验中提炼的，还是阅读过程中获得的，抑或是思维模拟出来的？对平庸的厌恶具体表现是什么？

大头马：我觉得平庸就是不动脑子，照猫画虎或者自我重复。或者在一种流水线式的文学生产中进行着没有自由意志、没有创造力、没有生命力的文学媾和，这让我感到恶心。不过现在想，不平庸其实还挺难的，是很高的要求了。当然不管能不能做到，首先得追求不平庸吧。

小饭：《不畅销小说写作指南》里面充满车轱辘话，你是对车轱辘话迷恋，还是春秋笔法，讽刺某些现象或者现实？

大头马：我有点不记得这篇小说了，是哪些车轱辘话？

小饭：把那些说成是车轱辘话是我不对，不准确——你那些话并不算絮叨："永远不要试图政治正确。也不要试图刻意政治不正确。""不要在乎你的读者，但切记你自己必须是一位读者。""不要惦记拿奖，只有从不想着拿奖的人最后才有可能拿到奖。""越短的小说，应该用越长的时间来写。"就是类似这样的话。你能把一个概念，一件事，正着说一遍，再否定它。我是觉得这些表达方式有意思。

大头马：这几句就是纯属配合整本书的指南式的设计而写的几句假模假样的写作指南。是故意写成那种看着有道理实际上啥也没说的金句似的句子，不是经常会有那种文章——总结世界上一些一流小说家的写作建议 / 写作指南吗，就是在戏仿那个。

小饭：你的故事中有很多警察，你喜欢写探案……你对侦查的兴趣是从哪里来的？对整个过程中最感兴趣的是哪个部分？

大头马：我是一个推理小说迷，小时候的梦想就是做一个侦探。后来家人告诉我，中国没有侦探，只有警察，我才打消了这个念头。到现在推理小说仍然是我的阅读中占比挺高的一部分。我也经常去玩剧本杀，在那个圈子我介绍自己的另一个身份，是个侦探……现在还没被人发现是假的。不过，真实的侦查过程和小说电影里呈现的相差甚远，大部分时候都很枯燥，也基本上遇不到什么大案子。真让我去干刑侦我应该也受不了。

小饭：也就是说你欺骗大家说你是一个侦探？据我所知你确实去派出所实习过，真实的侦查过程一定比小说电影中的枯燥和漫长，但就像钓鱼，这种体验的快乐是那最后解谜成功的一刻。能说说你参与的印象最深刻的一次"侦查"吗？

大头马：对，我不仅骗大家我是一个侦探，连我的名字、经历、生活都是假的。我在这个圈子里还挺有名的……他们都是以另一个身份来认识我的。现在我也很骑虎难下了，不知道哪一天会被拆穿。我在好几个刑警队实习过，但肯定不是正儿八经的侦探，我觉得真实案件的侦破过程其实关键不是解谜，因为嫌疑人都是很快就能锁定的，现实生活中极少有什么复杂的、高智商的案件。破案更关键的是怎么去做完整那个证据链，你甚至可以说大部分工作都是做材料。我几乎没参与过什么侦查，因为这个过程很少存在，参与的更多的是出现场、抓捕、审讯和看他们做材料，这里面印象比较深的还是看法医验尸和解剖吧。

小饭：说到这儿，那你对真相关心吗？相信平行世界吗？

大头马：不知道你说的真相具体是指什么，故事的真相吗？那还是关心的，这就是基本的好奇心吧。但是没有真相也能接受，毕竟作为小说家，真相是什么对我来说不重要，我可以创造出各种"真相"。关于平行世界，我大学时酷爱读科普类的书籍，尤其是物理方面的，于是读了很多理论物理的书，有一本加来道雄的书《超越时空》讲的就是平行世界，印象蛮深的，很好看。平行时空是否存在取决于你倾向于认为哪一种 Theory of everything 更 reasonable，不是一个简单的独立存在的问题。所以我不好说相不相信。

小饭：诗歌爱好者流传一句话，"诗歌到语言为止"。你的语言风格非常之明显，长句很多，这种语言是怎么来的？会刻意寻找自己的语言风格吗？会设计自己的语言密码吗？

大头马：爱写长句是个不好的习惯。我现在已经改了挺多了，以前觉得写长句好像显得很厉害，不仅长还很多是病句。最近我在改四五年前的一些稿子，就觉得，哇，我以前的语言怎么这么差。长句是不加控制的结果，现在我会觉得美的语言是有节奏感，而不是一味的长或短。语言在我看就是一个人的声音，这种声音的形成挺复杂的，每个人都会形成他/她自己的声音，这和他/她从小到大接收的语言环境、自己的性格和个性、对语言的偏好等等很多方面都有关。很难说有设计之嫌，我觉得这是大脑的自动发展结果。

小饭：你对自己的生长和学习，不加控制吗？对人生和未来，没有计划吗？

大头马：我确实是个很少有什么计划的人，这主要是因为我完全无法按照计划行事。我很钦佩和羡慕那种制订了计划就能特别自律地完成的人。我对所有事都是三分钟热度，虎头蛇尾，可能唯一的例外就是写作这件事。

小饭：你说要和其他写作者保持距离，身边的同龄作家朋友对你来说有何价值？会去阅读他们的作品吗？会不会让你更自信？

大头马：我感觉写作者们相互之间都会主动保持距离，同行勿近面斥不雅那种感觉。挺微妙的。我没有玩得特别好走得特别近的写作的朋友，但还是有挺多朋友是搞创作的，也会一起吃饭喝酒聊文学，会碰撞出很多的火花。这种交流不宜频繁，多了会让人对文学产生不适感。也不能完全没有，否则搞这个还有啥意思呢，就埋头自个儿在那吭哧吭哧写吗？累不累？我觉得有意思的人对我来说永远是重要的，无论他 / 她是不是同龄人，是不是搞写作的。我非常需要这样的存在。我一直都会读好的作品，以前读得少是因为了解的渠道少，我现在会自己主动去买感兴趣的作品回来读，无论对方是不是同龄人、认识或不认识的作者。也不会更自信吧！毕竟一般有兴趣去找来读的作品都不会太差，别人身上总是有值得学习的地方。我喜欢能够从别人那里得到启发或进步。

小饭：从谁那里得到过巨大的启发和进步？哪种启发，哪种进步，能不能说几个具体的事？

大头马：应该是挺多的吧，那些保持了很多年友谊的朋友，肯定都属于彼此一直在相互启迪的那种。那种启发也不一定就是写作上的或者价值观上的特别宏大的东西，而就是一些生活层面的微观的东西。还有就是我更喜欢和不同行业不同背景的朋友相处，有时在他们那里是常识的东西对你来说却是巨大的新知，具体的事就是比如我会从搞金融的朋友那里获得有关理财的知识……

小饭：你在抑郁症这件事上，有什么思考和经验愿意和大家分享吗？你怎么看待另一个抑郁症患者？会视之为同行者或者知己吗？会安慰他们吗？怎么安慰呢？

大头马：挺多的，不过没法简单地去概述。我因为自己学心理学，身边也有很多人得过或一直身处疾病之中，会经常交流，也读很多相关的书籍，关注学界的进展，所以会有很多思考。一开始我是比较坚定的病理学派，无论是从临床治疗还是关于疾病的认知上，都比较推崇用医学方法去解决，比如吃药。后来我的观念又慢慢产生了转变，开始重新看待福柯的那一套理论了。有点看山是山那意思。现在我的想法肯定也只是阶段性的，不过我觉得怎么看待抑郁症，看待自己的任何疾病，包括怎么解决或怎么相处，都是认识你自己的一部分。它们都是你自己的命运。这没法由他人来提供答案。我的经验也只是一个参考。

我不太会把别的抑郁症患者当作同行者或知己，这个想法太荒唐了，这就好比你会把别的罹患痔疮或糖尿病的人视为知己一样荒唐。实际上我也不太喜欢和抑郁症患者来往，本身我就是个很难开心起来的人，干吗还要给自己添堵呢。当然了，不喜欢归不喜欢，是朋友还是会安慰的，谁让是朋友呢。

小饭：好。那我们说回到写作。对现实的讽刺，对人类的怜悯，对世界的爱，被称为写作者的三个目的地。你准备去哪儿？

大头马：讽刺吧。怜悯和爱很好，也是我向往的，可最后落笔总是在讽刺，这大概是我目前还没法摆脱的事情。

小饭：觉得以后会改变吗？有一天不再毒舌，不再有批判性，而是对世界充满包容和爱……希望将来的自己成为什么样的人，写出什么样的作品？

大头马：我觉得可能会改变吧，但是讽刺性和包容和爱不是互斥的，我希望有一天能写出像《失明症漫记》或是《死亡间歇》那样的作品，成为像萨拉马戈那样的空想社会学家。

小饭：如果成为萨拉马戈需要你放弃高质量的亲密关系，政治和社会主张被同行整天嘲讽，最后流放到无亲无故的海外小岛生活十年，每天修车开锁才能谋生……你还愿意吗？

大头马：我没有想过他的生活，我想过海明威的呀。我是说在作品上希望能写出萨拉马戈（写过的）那样的作品，他的生活是啥样我几乎一无所知。

小饭：你爱上一个作家不会好奇他的生活吗？

大头马：不会。我只会读作品。

邓安庆：觉得这事儿好玩儿就成了

邓安庆，1984 年生，湖北武穴人。已出版《纸上王国》《柔软的距离》《山中的糖果》《我认识了一个索马里海盗》《望花》《天边一星子》《永隔一江水》等书，有部分作品曾被翻译成英、意、西、丹麦等多国语言。

小饭：邓老师你好，作为双栖作家，又写小说，又写散文，你在这两方面都挺有收成，具体写起来哪个过瘾？对你而言有哪些区别，比如写作之前的准备上？

邓安庆：写小说更过瘾，因为是要创造一个世界，从无到有，一点点搭建出来。而散文是要基于现实的材料来组织，创作的愉悦感就会少很多。写小说是要有准备的，在写的过程中还不断确认各种细节，保证是准确的。写散文就不用，因为写的是真实生活。

小饭：你对"写真实生活"有什么样的选择吗？选择的标准

又是怎么样的？挨了女朋友骂，出门摔一跤，这些会成为你写作的题材吗？

邓安庆：真实生活对我而言，就是从我自身出发可感知的生活，"我"是原点，生活从"我"散发出去，然后又返回到"我"，其标准是要"真切可感"。"挨了女朋友骂，出门摔一跤"这些日常细节，要看你怎么用，它当然只是一些琐事，可是创作奇妙的地方在于一些琐碎的细节能激发出创作欲望来，比如说"出门摔一跤"，有了疼痛感，进而想到了关于"疼痛"的一些记忆、心绪，勾起了更多的细节来，慢慢地结构出来了，小说的感觉也有了。所以是不是写作题材，要看这个细节能激发出多大的能量来，还是要回归到"我"这个原点。

再引申出来，一个梦的片段，一截丢在马路边的树枝，一缕飘过的香水味，都可以成为创作的诱因。从这个微不足道的"因"开始，就像是一粒石子扔进了湖里，激发出层层涟漪。而写到最后，这个"因"可能你压根儿就没有写它，读者也不会知道，但对你自己，那是点化的一刹那，十分神奇，十分好玩。

小饭：有趣的是，我举了两个例子，你却选了其中一个回应我。或许你没有挨过女朋友骂，或许这不是你愿意提到的元素。在生活里你倾向于自己是一个批评者还是一个表扬者，众所周知，现在的批评者往往以一个表扬家的面目出现。我想了解的是，你对"批评"这个事怎么理解？

邓安庆：哈哈，很简单，因为我没有女朋友，所以还是"出门摔跤"更有体会。批评者与表扬者我想了很久，在创作上我会是一个"批评者"，虽然读者未必能读得出来，比如说我对女性处境的关注，导致我写了很多以女性为主角的小说，但这个态度我是不会直接说的。我用细节去呈现，而不是去论述。而在生活中，我看书也好，看电影也好，愉悦感是最重要的，在观看时我不会怀着批判的心态，而是投入进去，完全认同作品的设定，充分地享受作品带给我的愉悦，一点一滴都不浪费。作品看完后，我会再回头去琢磨这个作品哪些是好的，哪些是不好的，从"沉浸"的状态转换成"理智"的态度。

我觉得好的批评，是需要水平的。无意义的谩骂没有意义，而好的批评，需要批评者有水平、有眼光，还有勇气。我每一本书出来，都会有一些打差评的，我也会一一去看。有些批评非常好，我十分认同。因为它一针见血地指出了你的弱点，这个是让人服气的。

小饭：你对另外一个"邓安庆"了解吗？我在网上搜索你的信息，会出来"复旦大学哲学系博导邓安庆"——我的意思是，你会经常搜索自己的新闻，以及读者对你作品的评论吗？

邓安庆：2021 年我的小说集《永隔一江水》出版，在上海有一场新书分享会，邀请的就是邓安庆教授，他跟我是本家，家乡也是隔江而望。不过邓教授在哲学领域的著作，我是读不懂的。太专业了。我会时不时搜搜自己的信息，新闻也好，各种读者评价也好，都会看到。

小饭：会不会羡慕"邓教授"？或者希望世界上只有一个"邓安庆"？有人说所有第一人称的写作都是表达同一个东西——"我跟别人不一样"，其实我的问题就是，你的自我意识强吗？

邓安庆：我不羡慕邓教授，也不希望世界只有一个"邓安庆"。

同名同姓，也只是同名同姓而已，名字之下还是迥然不同的两个独立的人。我发现自己很难对别人产生"羡慕"的情绪，随着年纪的增长和生活的变化，我越来越倾向于过好自己的生活，写好自己的作品，如此就够了。每个人都有自己的路要走，一路上体会到的酸甜苦辣，也只能自知。从这个层面上说，我的自我意识算是强的。我觉得幸福感这个事情是公平的，因为它只关乎你的内心感受，这个是他人难以左右的。

进一步追究的话，可能也跟我现在的生活境遇有关。因为现在的生活，是我过去一直想要，而现在终于达成了的。这种自我价值的实现，让我对自己有信心。

小饭：会跟读者交朋友吗？到哪种程度？你认为存在可以深入交流的知己吗？如果有的话是怎么找到的，又是怎么辨别出来的？

邓安庆：我有一些读者的微信，也时不时会有交流，但没有到生活中的至交好友那种程度。读者往往是基于你的书来认知你，但其实书中展现的"我"只是一个侧面，并不完全等同于真实的我。所以这个基于作品的交流，是达不到现实好友的程度的。

小饭：这是不是意味着，你对"至交好友"的标准很高？

邓安庆：应该算是很高的，毕竟这里有"时间"的要素，不是一次两次就能成为深交的朋友。有一次跟朋友聊天，朋友问我："你觉得你所能想象最好的朋友是什么样子？"我想了一下说："可能在内心里已经跟这个人绝交了很多次腹诽了很多次，但是呢，还是没断交。因为反反复复地折腾，就像是揉了很多次的

237

面，到后面变得筋道了。你知道对方所有不好的，但你都接受，对方对你也一样。你也不介意在人家面前袒露你的虚荣、算计、欲望，不怕招来负面的评价。我想有这样韧性的关系，才是长久的吧。"

小饭："有韧性的关系"这个提法真好。那你和朋友们聊文学、聊创作的机会多吗？你愿意在生活中聊这些吗？

邓安庆：更年轻的时候，大聊特聊，对文学有一腔热情，遇到同样有热情的人，就激动得不得了，说一天都不觉得累。而现在已经不太愿意在生活中聊了，有时候朋友提起，更乐意看他们说话，而我自己在一旁听着。倒不是因为热情丧失，而是走上了写作这一条路后，它成了职业，在创作时去投入，在阅读时去沉浸，而在生活中更想放松一点，不太想无时无刻不趴在文学上面，需要透透气。

小饭：我有一个作家朋友，他告诉我早期他也觉得大部分读者都是比他年轻的，思想也比较单纯的人，后来发现有些读者其实在各自的领域都是牛人。于是我那位朋友就主动联系，采访他们，获得那些领域的一些知识点。你会这么做吗？能说一两个这方面的故事吗？

邓安庆：我也会这样做。写小说时，会写到植物，为了避免常识性的错误，我就会去问了解植物学方面的读者。有时候，我也要用到方言，常常我只知道读音，却不知用什么字，此时就会去问了解方言的读者。

小饭：你能把一些小事讲得有趣，或者令人陷入沉思，这是你的看家本事。在你眼里有趣代表什么？

邓安庆：有趣对我来说，就是"兴致勃勃地生活"，对外界有好奇心，也敏感，会很容易被一些细节打动，然后用文字表达出来，进而打动读者。

小饭：你能否意识到在自己的写作中，哪些部分是可以"打动读者"的？

邓安庆：是会意识到的，因为写完的文章发到网上，下面的留言会透露出哪些部分是会触动到读者的。随着文章越写越多，留言也越来越丰富，大概就能感知到读者的"兴奋点"在哪里。具体到我的作品中，我发现"情感"是最能触动读者的，我写家人的文章，看的人最多，因为每个读者都有自己的家人，他们看文章时会代入进去。我虽然只是写自己的家事，他们却会因此想起他们的家事。这种情感的互通，就是"打动"的前提。

小饭：如果这种"打动"是因果错位的，比如，你不认为你的某句话很精彩，某个人物充满弧光——只是你的一般发挥，但是读者给你的反馈却惊人地强烈——你会因此改变自己的观念，甚至会献媚于读者，产生路径依赖吗？

邓安庆：不会哎。我有我自己的生长节奏，这个是别人带不跑的。如果你想要取悦读者，读者到最后其实是能感觉到的，最终你反而失去了读者。读者看你，是因为"这个人写得挺有意思的"，进而是"这个人写得有自己的特色"，再进而是"这一看就是这个人写的"。这都需要作者有自己的生长节奏，按照自己的路子来写。你越坚持写自己的，反而越会吸引到读者。

小饭：一个作家成熟的年龄——如果发育一切正常的话——你觉得差不多是什么年龄段？会看自己以前的作品吗？啥感受？

邓安庆：就是我现在三十八岁的年纪吧，在一个青年时代的末端，中年时代的开端。我会看过去的作品，有一些明显是摸索时期的，显得很幼稚，但那个阶段有那个阶段的气息，是我现在无论如何也写不出来的；有一些是我慢慢找到适合自己性情的写法，看起来就觉得还可以。

小饭：对自己未来十年——如果那是一个作家最好的十年——有什么具体的计划吗？包括阅读，也包括写作，也可以讲讲其他的。

邓安庆：有个笼统的想法，就是创作的两条支线，一条线是继续写我的"邓垸"系列，邓垸是我的故乡，也是我的文学基地，它是我最为熟悉的地方，过去十年我陆陆续续写了几本书，都是围绕着它而来；另外一条线，是"邓垸"之外的作品，它们与我的故乡无关，更多涉及的是社会。两条线会同时进行，我不想把自己局限在"乡土写作"。

小饭：你喜欢摄影吗？那你拍摄的冲动是什么？其实这个问题是想知道你对相片、对时间的理解。

邓安庆：我就是用手机拍摄，现实中很多细节会突然地击中我，我就拿手机拍下来。这个跟我创作的冲动很像，就是容易被触动。相片就是凝聚一个刹那间，它对我来说如同胖大海，当我看到相片时，就是胖大海泡在了记忆中的水中，伸出了触须，那些拍照时刻的种种细节就会复苏开来。

小饭：这是个特别生动形象的比喻，那你的"胖大海"是从哪里来的？

邓安庆："胖大海"从现实生活中来，这取决于你是否足够敏感、足够迅疾地捕捉到现实中触动你的那个细节。上面的回答中我提到了"诱因",这个捕捉到的细节就是诱因,就是一个个"胖大海"。

小饭:上海一位老作家陈村曾经告诉我,一个人一直待在家里,是会"中毒"的,大意是这样。你自己"专业作家"了这么久,有中毒迹象吗?毒性如何?到底是什么样的毒?

邓安庆:我有两次辞职,专门写作,但我发现效果并不好。自由职业到了后期,每天爬起来都有一种空无感,无边无际,无着无落,就像是一个恶性循环。越是怕,越希望能多写一些稿子,为未来做一个保障;越希望多写,就越焦虑,反而更写不出来;越写不出来,就越怕……这样下去是不行的,如此紧紧挖掘自己的"存货",是会伤害写作的。文学是娇贵的,它需要养。以前上班时,我曾经这样想:"让爱好始终是爱好,用工作养着它、滋润着它,不靠它谋生活,其他的事情可以忙可以乱,这件事情要从从容容的、舒舒坦坦的,按照自己的节奏慢慢生长,也不求长出个什么来,就图个乐意,长成这样也行,长成那样也可以。有抱负就多折腾一下,累了歇歇也挺好。一定是无拘束的,觉得这事儿好玩儿就成了。"

现在我把自己带入了一个毫不从容的阶段了,我不喜欢这个状态。我决定还是要回归职场。自从上班后,我切切实实地松了一口气。我不用再每一天都在想我写的小说,只要好好做自己的工作就可以了。那些琐事占据了我大部分的时间。我认识了很多新同事,融入一个团队中,让我安心。

小饭:"我不用再每一天都在想我写的小说",听起来不像是一个"进步作家"说的话，怎么理解这种状态？每天都在想自己的小说会让你感觉"疲惫"？

邓安庆：看怎么定位小说与生活的关系。在我看来，生活是远远大于小说的。小说只是我要做的很多事情中其中的一件，而非全部。我写小说，需要的是饱满的状态，所以要休息好，该看书看书，该散步散步，让脑袋冷静下来，松弛下来，等再次投入创作中，才会有好的状态去进行。我发现如果你一天到晚都在琢磨如何写，反而不容易写好。经常是你忙其他的事情，忽然思路就打开了。创作的状态就是如此奇妙。

小饭：很多人认为这是最好的时代，也有人认为这个时代是作家的中世纪——很多作家都失去了社会性，更别说他们会被各种各样的事情诱惑。你认为这个时代，小说家的主要困境是什么？

邓安庆：我一直认为诺贝尔文学奖应该颁发给现在的中国，而不是给具体某个作家。你每天都能看到很多让你觉得不可思议的新闻，每天要碰到很多无法理解的事情。而这些你还来不及消化，下一波又来了。此时，常会感觉到写作在这方面的无力感。现实常有荒诞之事，小说都不敢那么写。

小饭：你觉得评判一个作家好坏，"勇气"是标准之一吗？

邓安庆："勇气"非常重要。我觉得作家也是知识分子，他对这个世界有话说。当然有很多只埋头于写作的书斋式作家，他们创作出很多好的作品。不过我更加钦佩敢于发声的作家，他的作品我未必完全喜欢，但那份担当是值得尊敬的。从这个意义上说，"勇气"跟作品好坏关联不大，跟作家自身有关。

小饭：那这里就出现了对一个作家的双重评价体系，是否勇敢，以及表达的能力。你更希望自己偏向于哪个坐标？

邓安庆：表达的能力跟天分有关系，这个强求不来。但勇气是可以选择的，我更偏向于勇气。

小饭：在写作中会产生令你恐惧害怕的东西吗？你会避免写哪一些情感和题材？

邓安庆：比较复杂的，牵扯到很多专业层面的、社会层面的，我基本上不会去碰，也写不了。因为我自己的生活非常简单，很多事情都是不了解的，强行写，只会出现很多错误。

小饭：害怕错误可能是因为之前的错误让你受到了一些"折磨"和"苦难"。想听听你在人生中，或者写作上，犯过什么样的错误？

邓安庆：我非常容易相信一个人。一旦相信，就不会去质疑。这样的性格，导致我在生活中几次受骗，损失了一些钱财，在情感上也会受挫。我对人的"善"很容易感知到，但"恶"却不是那么确定，遇到很糟糕的事情，容易自我怀疑和自我攻击。

小饭：韩东说过一句话，我觉得受用，"修正行动，但不要自我谴责"。经历过了糟糕的事情，遭受了背叛和欺骗，还爱这个世界，相信人，这是一种人间清醒，还是只是来自圣母的PUA？

邓安庆：虽然经历这些挫折，我也还是没怎么变，警惕性会提高，但本性依旧如此。爱这个世界，感受到很多美好和温暖，人活得会比较幸福一些。这是人间清醒，还是圣母PUA，不重要，重要的是生命是自己的，要好好活下去。

小饭：最后一个问题：对你来说，活下去的最大意义是什么？

邓安庆：还有很多可能性等着我。过去的人生，是我自己一点点蹚出来的。现在的生活，也是我自己想要过的。所以，未来还有很多可能性等着我。这种等待，让我始终感觉有一份快乐在内心。这就是最大的意义。

三三：此刻我是一块巨大而柔软的海绵

　　三三，1991 年出生，知识产权律师，毕业于中国人民大学创造性写作专业。作品发表于多家刊物，多有选载，曾获第七届郁达夫小说奖短篇小说奖、2021 年度青花郎·人民文学奖新人奖、2020 年"钟山之星"年度青年佳作奖、首届《静·安》文学奖等，著有短篇小说集《晚春》《山顶上是海》《俄罗斯套娃》《离魂记》等。

　　小饭：很高兴能和三三老师做这样一次访谈。我的第一个问题是，在写作这件事上，你最享受的部分是什么？最痛苦甚至厌恶的部分又是什么？

　　三三：谢谢小饭老师的各种提问，很有意思，纵观简直是一个披着严肃外衣的新时代"普鲁斯特问卷"。这决定了我更想从直觉层面回答，而不是那种创作谈性质的，每一句话都生怕不能表达自己的坦诚或聪明。我从 2009 年开始正式写作，中途懈怠过、躺平过、为赚钱而弃绝过，但最终还是回到了写作上。杨德昌的《一一》里有一句非常经典的台词，"电影发明以后，人类的生命至少比以前延长了三倍"。其实写作也有同样的奇效，通过语言的介质进入感觉之后，每一瞬间都被注入更丰富的体验——这是一个远离庸常的自由世界，让人没法不享受写作。至于最痛苦的部分，以前是：写作加剧我的内耗，时常枯坐电脑前，无所写成；现在则是：写作这份职业在国内比较边缘化，也不给缴社保，我妈希望我三十五岁前找一份有社保的工作。

小饭：如果，怪我嘴巴坏了一点，如果三十五岁之前你没有如你妈妈所愿找到一份有社保的且你喜欢的工作，这会对你的写作事业——如果可以这么说的话——产生什么影响吗？这也是一个非常现实的观念的问题：你相信贫穷，或者甘于贫困，清贫这个词或许好一些——会激发天才，还是更确认舒适的物质生活保证才更有利于才能的发挥？

三三：哈哈，"有社保且喜欢"的工作，大概率就是不存在的，一个人即使不爱自己的工作也可以干很久。依照我低社会化的性格，找一份工作是很有必要的，否则会沉湎于内在世界而失去和外界的联结。或许我没有异想天开的才华，所以得走出山洞看一看，去体验、碰撞，哪怕破碎而归。我的适应性非常强，也不算挑剔，说这么多还是祝福自己到时候能找到工作……至于第二个问题，我有个朋友参观完金庸故居后感慨，果然富贵之家才容易出作家。他的判断当然有局限，因为在那个年代，清贫家庭的孩子都未必有条件识字。其实类比现在，依然是成立的，经济能力多少能对教育进行保障——但不仅仅如此。前阵子我读《二手时间》，里面一位受访者说到，在苏联时代，他的父母都是老师，父亲有一整套西装，黄昏时常和母亲互相朗诵帕斯捷尔纳克的诗歌，他觉得那就是幸福。在这段叙述中，贫穷的环境似乎让他们的注意力从物质上移开，从而进入精神层面。如果读整本《二手时间》，我们很容易察觉，在经历长期的物资匮乏和改革后另一种形式的物资匮乏后，苏联人具有何其强大的对生命的感受、理解能力，这无疑是属于文学的。当然，这是另一种极端的情况。在物质生活层面，我觉得作家最理想的就是把自己当普通人，富足自然比贫穷好，但贫穷也能凑合吧。

小饭：另外一个问题，影响（干预，破坏）你写作的最大的外部环境，比如过多的社交、天气环境、家务、股市涨跌，这些能排个序吗？

三三：外部环境影响因素从大到小：母亲的咆哮 > 任天堂出新游戏 > 日常躺平的氛围 > 社交。由于写作没有赚到很多钱，所以不参与股市涨跌活动，这一点值得庆幸。

小饭：关于工作效率，从构思到写完一个短篇，一般你会花多少时间？我也很想顺便听听《飞花》这篇作品的创作路径？

三三：每个短篇都不同，但总体上写得很慢。《飞花》起源于一个纯粹灵感式的念头，一个艺术家虚构了母亲的死亡，并因为献给死去母亲的作品而名声大噪。她非常真挚，有才华，可以说是一个完美的人类范本。她所居住的别墅，所有房间都可以透过玻璃门被看见，只有储藏室的门紧锁……而当她从别墅里消失后，储藏室里走出了她的母亲。这个故事有很强的象征意味，最初击中我的地方在于，其中似乎隐藏了一个关于虚构与真实的诡计。艺术家的虚构多么成功，纪念母亲的主题让她找到了自己的道路，一路顺利。她的生活中最真实的，反而是一种深深折磨着她的内心负罪感——真实以刁钻而幽微的力量抵抗着虚构，无论它多么强悍。此外，一些从故事里蔓延出的细节也很有意思。比如"我"是艺术家的朋友，在她家做过采访，很多次参加她举办的家宴。储藏室就位于玄关和露台中间，通往二楼的一座楼梯底下。可以想象，"我"无数次从这个地方路过，和她的母亲（"真实"）只隔一道墙，但我浑然不觉。写《飞花》的过程中，我想到亨利·詹姆斯有一篇《真品》，讲一对落魄的贵族夫妇想给画家当模特。他们原本自信满满，他们是如假包换的"真品"，却因其笨拙和呆板，还不如平民扮演的贵族，终失去了工作。《真品》与《飞花》想表达的东西，或有共通之处。

小饭：之前偶然的一些经验让我发现在你的作品中，经常写到作家、记者、编辑、艺术家——这是因为你熟悉他们，还是因为你对他们持续地好奇？你对什么样的职业产生最大的好奇心？

三三：我也发现了这一点。刚发现时，我很惊诧，这无疑暴露了我生活经验的贫瘠以及（几乎落入）对文艺生活的想象。所以，近年的写作我已经开始调整素材，开始写律师、打dota的职业选手、过气演员等等。根据最新的自我统计数据，我写犯罪分子的题材有点偏多，即将再次进行调整。我对什么职业都好奇，目前好奇心聚焦在犯罪分子身上，当然这并不是一份好的职业。

小饭：但是无论如何，我感觉这几年你的写作属于喷发期，成绩非常耀眼。导致这个现状的原因是不是你找到了最重要的、值得信赖的写作路径？抑或是你找到了写作的某种真谛？

三三：谈不上耀眼，只是一颗虚弱温柔低调腼腆的小星星。我觉得"写作路径"是一个伪概念。有段时间，我会为写作而焦虑，因为它是一份很难累积有时甚至要绕开经验以避免自我重复的工作。从这个逻辑来看，写作越久，需要用来开辟新空间的力量越大。写作没什么固定路径，依赖某种路径，会让一个作者钝化。我这两年写得相对多一些。2019年秋，我去人大读创造性写作的硕士，这使我拥有大量的时间。另一点就是，疫情封闭期间，我趁居家输入了不少书和电影，也对写作的观念有所促进。

小饭：最近一部热门电影《消失的她》，对你来说这是一部好电影吗？或者说这部电影给你带来的是一个好故事吗？如果你愿意的话，可以说出你的价值体系内，最好的几部电影和喜欢它们的原因吗？

三三：《消失的她》上映第二天，我就去电影院看了。给了四星，高于豆瓣的平均分。我是一个对书影音审美比较宽容的人，和我们所知晓的"木桶效应"（木桶盛水量取决于最短的木板）相反，我更愿意看事物的长处，可能也是典型的学习者心态。我的 Top10 电影榜单分别是伊纳里多《鸟人》、费里尼《大路》、顾长卫《孔雀》、波兰斯基《罗斯玛丽的婴儿》、多纳斯马尔克《窃听风暴》、布努埃尔《泯灭天使》、塔可夫斯基《乡愁》、库斯图里卡《地下》、查理·考夫曼《纽约提喻法》、贾木许《神秘列车》。

小饭：那么我们回到文学上来，你认为最好的小说，最完美的作品——比如，你认为这篇小说如果是自己写的，太棒了，这样的感觉的小说，会有哪一些特质？可以举一些例子来说说吗？尤其是最开始给你最大写作上启发的那些作家和作品。

三三：其实这样的作者很多。你看，我们对于文学创作可能焦虑的原因之一就是，我们阅读的作品远比自己写的好得多。我特别喜欢的一位作者是艾丽丝·门罗，门罗的动人之处并不在于她能铺叙日常，或是精湛的叙事技巧，而在于她对事物的精准感觉与洞察——她的感觉能力尤其出众。以她的小说《科莉》为例。《科莉》写一个瘸腿的富家女科莉与已婚男人有私情，有一天，她收到了离职女仆的勒索信，要求科莉给她封口费。对科莉而言，这笔钱不算什么。于是，一年又一年，微薄的费用从科莉的账户支出，直到通货膨胀使这笔钱变得更为微不足道。多年后的一次偶然机会，科莉发现女仆已经去世，但钱仍然在被收取。她感到惊讶，想写信将这件事告诉情夫，但最终也没写什么。小说的结尾有一句话，让我印象非常深刻。门罗写道：有一天她醒来，发现所有小鸟都飞走了——小鸟曾经是在那里的，她多少意识到它们总会飞走，但她没想到这一天就这样来了。在她清楚地反应过来，是情夫冒充女仆的身份以便多年来向她要这笔钱时（最后通货膨胀让钱变得很少，这好像只是一种对过去骗局的维护，或一种默契式的游戏），其中并没有憎恨。她不恨情夫欺骗，也不恨自己愚蠢，而是她所隐隐等待的事情终于发生了，发生得那么轻率而不可挽回。仅仅一句感觉性的描述，门罗把一切都呈现了，让我们不由得一遍又一遍地进入两人的关系，审视各自的困境、生活的幻觉、动摇的时刻、一种平淡而永恒的冷漠与孤独。

小饭：现在我能感受到你对心理学的兴趣。我想大部分作家都对人心的复杂多面会感兴趣，对命运的偶然和断然多有描绘。心理学上的知识体系对你来说是可靠的吗？在写作上能帮上忙吗？

　　三三：自从互联网开始普及之后，过去电视里的知识竞赛失去了意义。进一步而言，在《黑镜》某一集的设定里，人可以通过在体内植入芯片的方式获得巨大的知识库。我由此意识到，在这个时代，所有知识体系都是不可靠的。它的不可靠在于，大量知识并置的可能性，使知识失去了原有的活力（它经历被记忆的过程中所获得的意义）。相比之下，我更信赖"感觉"——在不同的叙述语境里，它可以翻译为一个空间中各种"能量"的碰撞，或者"磁场"交汇时的一种互动回应。对写作来说，多一点知识肯定是有益的，但千万不能陷入迷信知识的境地。我最多、最科学地运用心理学知识体系的小说是《即兴戏剧》，这篇小说里有四层空间，关于人的精神结构有很详尽的搭建，其中甚至化用了一部分英国精神分析学家唐纳德·温尼科特的案例。我尽可能使知识不要溢出小说，但并没有控制好。有的读者反馈，《即兴戏剧》非常独特，繁复而辗转不断；也有的读者说，根本读不进去。

　　小饭：你在你的部分作品里似乎在探讨艺术和商业的关系。我想问，你如何看待在出版这个商业的行为上，如果有浮夸的部分，作为写作者的我们，理应有的态度和动作？是笑呵呵照单全收更体面，还是内心保持警惕更自洽？

　　三三：很长一段时间，我刻意规训自己在做的一件事就是：减少偏见。商业未必是坏事，尤其是在上海生活多年后更体会到这一点。就出版这一具体行为而言，我认为应当把书当作商品，以尽可能准确、有趣的形式包装它。我的小说集《晚春》用了一个地图册的概念，每篇小说与一座城市相关；《俄罗斯套娃》用的是月份的概念，每篇小说发生在某一个特定的月份，与时令氛围相合。所谓"迎合市场"听起来是个充满评判性的词语，但难道做起来那么容易吗？并不是的。这里的误区在于，好像默认了写作者放弃某种尊严性的东西，就能取得市场认同似的。所以，我个人倾向于信任图书编辑，术业有专攻。假如在出版上，有"浮夸"的修饰部分，可与编辑多协商。

小饭：尤其你同时还是一个知识产权律师，我想你这方面一定还有更多经验——作家和法律之间的关系是如何的？作家和医生之间的关系又该是如何的？作家和美容师的关系又是如何的？这是一系列听上去有点可笑的问题，但我很想听听你的回答。

三三：就我个人而言，"作家"更接近一种形式，而非身份。它得坐在低处，等待他者流入其中。一个作家可以是任何身份的人。

小饭：我想你是读过余华先生的作品的。如果有人让你评价余华先生呢，现在你会怎么评价？三十年后，总之是很长一段时间后，又会有什么不同吗？如果有机会认真说几句的话。

三三：去年年中，我突发奇想，重读了余华老师的《活着》。过去，这是一本让我很感动的书。之所以感动，是因为隐约感受到了一个人在不合理的、极大的苦难之下，仍然会有所相信，生存的意志何其伟大。而重读之后，侧重的部分似乎变了。《活着》依然是一本经得起阅读的、动人的作品，不过这回我脱离了故事，看到更多的是余华老师的叙事才能、睿智、先锋——总之，属于创作才华一类的东西。这个视角的转变未必是好事，甚至有点买椟还珠的意思，但至少让我自勉，创作扎实的作品是经得起时间考验的。

小饭：所以当余华先生给你好评价的时候，你那时候的心理活动是怎样的？能不能用一个类似的情境描述一下当时的心情？

三三：当时，我在鲁迅文学院上课。鲁院排课时间早，而我惯于晚睡，因此早起听课时总是浑浑噩噩。正等外卖送咖啡来提神，却等来编辑的一条信息。他给余华老师寄了我的小说集《晚春》，余华老师凌晨读完，给了他反馈。大致说，本来只想读同题的《晚春》一篇，不小心都读了，三三是个好作家……我瞬间清醒了，莫大鼓励。

小饭：鲁迅文学院的生活是很多年轻作家心所向往的，在去之前你是怎样期待的？三个月之后，收获大不大？有没有交到好朋友，或者写出让自己满意的小说？

三三：特别巧的是，我在鲁院和你隔空同宿舍，都是505。这是一间采光非常好且贴边无人打扰的居室，适合自习，也适合恋爱——可惜这两件事我都没有完成。不过，鲁院的环境很特殊，它有一种内循环的神秘力量，使人与人之间的关系得以被放大。我自诩是个非常坚定的人，不沉迷，不贪婪，不容易为障眼法所动，但在鲁院生活了三个月以后，我惊讶地发现友情的氛围超出预料地打动了我。而且，我感到自己的内心比想象中热情，这种体验非常好。虽然没有写出让自己满意的小说，但是交到了几个朋友，很满足了。

小饭：什么样的人可以成为你的朋友？你对朋友严格吗？需要对方和你在现实世界和精神世界都可以共鸣共振吗？

三三：我有很多朋友，这可能和我中二的灵魂相关，总是希望在与人相处时提供一个舒适友善的环境。人与人如果能卸下社交面具，平等交流，就已经是理想状态了，未必要达成某方面的一致，也无须多强烈的共鸣。所以，我对朋友的筛选非常宽泛，堪比孟尝君（这是什么自大的类比……）。然而，达到真正信任层面的朋友却不多，我非常珍惜他们！

小饭：比如，还会和朋友一起逛实体书店吗？其实我更想问的是，在茫茫书海之中，你是如何挑选和设计自己的阅读和输入的？

三三：有的，我特别喜欢逛书店的感觉。前几年，我重新理解了博尔赫斯那句"如果有天堂，应该是图书馆的模样"。当时我站在人民大学的图书馆里，望着满柜的书，心想我几辈子都读不完它们。相对我短暂的人生，它们是无尽的，供应远远大于需求。也就是说，我可以完全放任自己的兴趣去探索，而不必担心枯竭。天堂或许就是那样的地方，外在环境如此丰沛，人完全可以安心地将自己托付出去。在实体书店，一样会有类似的感觉。至于如何挑选阅读的作品，我相对开放，什么类别的书都想读一读。小时候有个常见的俗气比喻，说要像"海绵吸水"一样学习，那么此刻的我是一块巨大而柔软的海绵。

小饭：非常精彩的比喻。其实刚刚看完你的片单，我就确信你是一块巨大的海绵。而且我现在也彻头彻尾理解了余华先生对你的所有评价。那你觉得我们这一群80后、90后青年作家到底算早熟还是晚熟？相比上一代作家，余华苏童马原等等，在三十岁左右的年纪他们几乎都写出了代表作。更别提郭鲁茅巴老曹一代。而今天的八十、九十年代出生的作家，似乎没有这样的形象——年纪轻轻达成某种社会所认可的目标，对这个现象你怎么看？

三三：实际上，我感到青年作家比前辈们具有更强烈的书写时代的意识。要写宏大的、写历史、写人物、写一代人独一无二的生活体验与精神游历，然而，历史的天使背过身去，时代已经远离了文学，多媒体也毫不吝惜地侵占了文学的空间。如今，要出一个余华量级的作家，几乎需要奇迹的出现。即使这样的大作家有可能再现，他的创作也多少会受到新媒体普及的形势下阅读习惯的影响（例如流畅性、故事性、节奏性等等）。不过，80后、90后的成长空间是充足的，不必拔苗助长选出一位代表作家。晚熟，或者只以群像盛开也很美妙。

小饭：三三老师，最后一个问题：能不能在此时此刻，阶段性总结一下自己的写作生涯？有没有几个显而易见的可以被分割的阶段。如果你认为这是一个值得一说的时刻。

三三：我有一本新书《晚春》，腰封上写了一行文案：献给一切消逝但仍有所照亮的。这本书实际上是献给我舅舅的，2018年3月，他心肌梗死病逝，享年五十二岁。2001年，他从法国留学回来，人生最高的成就是连续工作三十多个小时，为世博会写了双语注册报告。在日常生活中，我的舅舅是个非常普通的人，他乐于以平庸、俗常的面貌出现。打麻将、喝酒、炒股，每天都在等退休的那一日来临，以便实现儿时去渔村隐居的理想。舅舅出国的那些年，留下许多磁带和CD，暂时属于我：刘文正、潘安邦、叶佳修、罗大佑、钮大可、李春波，还有Beatles、Eagles、

U2、Led Zeppelin、Carpenters、Bob Dylan……还有书，我的童年即在他无意识的照耀下度过。因此，舅舅意外的死亡让我非常震撼，我忽然具备了一个新的、完整看待命运的视角，它是历经极大的痛苦和冲击之后被顿悟的。在此之后，我的写作有了内在的变化。

曹畅洲：小说家写作，只是让堕落更缓慢一点

曹畅洲，1991 年生，上海交通大学机械系毕业，之后从事过烟草营销、影视策划和综艺节目编导等工作。在《花城》《青年文学》等杂志发表小说，曾出版短篇小说集《失意者酒馆》《久病成仙》等。

小饭：我是从那篇《在我失恋后最难过的日子里》开始关注你的，我认为那是一篇富有感染力的"青春文学"作品，还很洋气，很多情节像美剧里的内容，我是说那种少男少女的生活样态。如果不是出自于生活本身，我想知道你是从什么角度入手写这样的故事的？

曹畅洲：事实上就是出于生活本身，但它太生活、太本能了。写这篇小说时我对小说的概念都还十分不清晰，凭着一股子现实冲动，直接涂到了稿纸上。一方面，它极其不成熟，但另一方面，也许正是这不成熟、这本能，展现出一种直观，起到了打动

人心的效果。如今我的创作，由于更聚焦于如何构思、如何用词等理性层面，反而在文本中难以展现这样的本能了。莫言说他再也写不出《红高粱》，阎连科说他再也写不出《年月日》，也许都是出于同样的原因——那种布朗肖所谓的"元初场景"消失了，转而被成熟的语言和结构限制。从这一点上看，好的小说也许应该得像一个成年的孩子，或者一个幼稚的成人。

小饭：这是否在某种意义上代表你自己成熟或者进步了？世上只有童言无忌的说法，且但凡是一门艺术，一种技术，训练是必不可少的门槛。至于本能或者说天赋，我认为那是会伴随一生的东西，拥有了理论和技术之后才可以更好地使用它们。你觉得在哪些方面你的本能和天赋相对比较有价值？

曹畅洲：只能说对比过去的我，也许稍微成熟或进步一点了，不过也不能这么线性地看问题。我同意你对训练和天赋的看法，二者缺一不可。事实上我不太知道自己的天赋在哪里，当我认为某一点——比如说语言——是我的天赋时，我总会感到别人某个作品里的语言比我好上太多，我这点儿东西压根儿称不上天赋。别的方面也一样。从这个角度来说，有人认为理论上所有人都可以成为作家，有一定的道理：每个人都有自己的独一性，这种独一性恰当地在文字中展现出来，就成了他的文学。

小饭：王朔的确说过，如果每个人把大脑里关于自己的一生写出来，都是史诗巨著。大意。但"写出来"这件事本身就是门槛，时间上的成本上的；再加上"怎么写"，技术上的，难上加难。作为写作者，"写什么"和"怎么写"是两大主要议题，你通常会怎么做选择？

曹畅洲：我也正在学习中。可以说写小说、探索小说，基本上也就是探索"写什么"和"怎么写"。就每一篇作品的写作过程而言，这两者同样重要，有时还是同一件事。当你决定了"怎么写"，落到纸上的文字自然也成了"写什么"里的那个"什么"。对我而言，"写什么"不仅仅是写一个什么故事，或者情节应该如何，人物应该如何，也是文本中的每一处细节针对的是什么。在《霍乱时期的爱情》中，女主人公与男主人公久别重逢，她忽然发现对方和自己多年来的想象不一样。这就有很多写法，可以写她掉头就走，可以写她直接说"我不爱你了"，可以写她丰富的心理斗争，也可以写他们之间的争吵，但马尔克斯的选择是：让她在心里惊呼"这是一个多么可怜的人"，然后省略掉了所有我们也许认为应该详写的部分。这里既是"怎么写"，同时也是"写什么"，乃至于"不写什么"。正是这些细节的不断累积，最后形成了文本的质地。顺带一提，质地的英文"texture"，它的词根"text"正是文本的意思。可见这两者有种同源的关系：文本的核心在于其质地，而非许多人会惯性以为的故事情节。

小饭：之前有个老作家说面前存在两种"青春文学"，一种是年轻人写的文学，一种是书写青春的文学。你怎么看这两种所谓的"青春文学"？

曹畅洲：我不太习惯于分类，但我隐隐觉得"书写青春"这样的定义可能太过宽泛，青春作为永恒母题，与人的生存、生命直接相关，因此在任何一本经典著作中，都可以找到青春元素，也就都可以（如果这么定义的话）称之为"青春文学"。《罪与罚》的主人公是个大学生，那便是青春。《追忆似水年华》，那"似水年华"也是青春……所以如果从分类的严格性上来说，我觉得前者可能更方便界定一些。

小饭：在评论界和市场上，界定、标签都是无法避免的。如果你有权力选择自己的标签，你会选哪些词并为之努力？

曹畅洲：爆炸力、革命性、文体性、哲学性、阴郁、惊恐。某种程度上，就是现在传统期刊不太容易过稿的那种风格。

小饭：前一阵儿恰好看到余华一个视频，内容是一位期刊编辑说余华的某个稿子"结尾写得太阴暗了，是否可以改得阳光一点"。余华笑哈哈地说，"如果能够过稿，我可以通篇给你都改得很阳光"。你会因为期刊的趣味改变自己的一些写作风格和内容吗？最近你在传统期刊发表了一些作品，有什么样的心得体会？

曹畅洲：那个视频来自于《一直游到海水变蓝》，我对这一段的印象也特别深。当时就想：余华真是个天才。写得阳光远比写得阴暗要难，因为很容易就写得轻浮而无意义。我会因为期刊改变自己的风格和内容，事实上也努力地改过，有过一些成功的案例，如你所说，成功发表了。但还是有退稿。这不是最重要的，最重要的是，我发现即便发表了，似乎也没什么反响。不说别的杂志，就是《收获》，我发现也并不是每一个在上面发过文章的作者都会引起关注。这时候你就会开始思考自己发表的意义。想到最后，你总还是希望作品能够多影响一些人，多受到一些瞩目，而不是发表以后在自己的履历中添上一笔了事（当然这也很重要）。想来想去，还是要先按自己的风格来，如果能适配杂志最好，如果不能，再想别的办法。我有时候觉得，要发表真的不难（最顶级的那几家除外），只是如果只为了发表，过程会有些委屈，也背离了自己写作的根本目的。人们能记住的，不是发表最多的人，而是文章最有特点的人。陈春成在大火之前，也没有在传统期刊上发过小说，就是个很好的榜样。

小饭：我觉得这几年你写的无论题材还是风格显得"稳重"很多。是经历了什么还是阅读了什么？

曹畅洲：可能都有关系，也可能这本来就是我身上的种子：即便是写"青春文学""幻想文学"（暂且先用这些分类）的阶段，也不满足于只是编写一个精彩的故事，而总想在故事以外再挖掘些什么。于是就很自然地进入了严肃文学的学习和创作。严肃文学天然地带有"稳重"属性。虽然卡尔维诺提倡"轻逸"、虽然博尔赫斯的作品看似短小灵动，但——借用那本书名——严肃文学终究是"不能承受之轻"。光是"轻"，或光是"不能承受"，也许都算不上最好。

小饭：武林会有高低排位，但文无第一，只能说趣味。如果让你在《水浒》中找"自己"，在金庸小说中找"爱人"，你分别会找谁？为什么？

曹畅洲：我觉得如果穿越到《水浒》中，我唯一可能成为的人是西门庆……无勇无谋，不敢也不愿杀人，不想也不配起义，只有满满的欲望和自身的沉浮。金庸小说中的爱人，可能会找黄蓉。因为我比较慢性子，需要她来互补。

小饭：是的，跟你聊天感觉你是一个慢性子的人，或者说慢热的人。但你写作的速度好像并不慢。你觉得在这个时代快和慢都有什么好处和坏处？

曹畅洲：我现在越写越慢了……也许正处于"看山不是山、

看水不是水"的阶段，写下任何一笔都疑虑重重。我认为这个时代的"快"和"慢"的好处取决于"成"与"不成"。如果同样是解决了一个问题，快点解决当然比慢好。这里面还有一个辩证关系——那就是我们所谓的慢，也许已经够快了。比如王家卫拍电影很慢，但也许拍得再快一点，《花样年华》就不是现在的这个样子了。那我就会说，他拍得其实挺快的。

小饭：有人说爱情主要靠缘分，也有人不相信灵感一说，更认可勤奋。还有一种说法更绝，觉得因果论是伪科学，不足信。你怎么看待偶然和必然，在写作的时候更依赖什么？

曹畅洲：爱情、因果论、偶然必然，谈论起来感觉都有点太大了。从（无论东西方）哲学史中随便挑出一个名字都有一套说法。康德似乎用物自体不可知的理论解决了自由和因果必然的问题，但佛教的"缘起性空"的理论我也十分认同（西方哲学越走向现代与后现代，我发现它与佛学的相交就越密集）。就我自己的写作而言，我不太思考偶然与必然的问题，只是专注于最表层的技术层面：结构如何、人物如何、情节如何、语言如何……当技术完备了，意义就生成了。除此以外，小说什么也不是。这也是为什么总是提倡写小说不要"主题先行"的原因之一。如果按照布朗肖的说法，小说永远是未完成的，而且与作者无关。既然如此，就不去想这么多了。

小饭："未完成"和"完成度"这两个词我想继续听听你的思考。在很多人看来，一个作品的"完成度"是重要评价指标。

曹畅洲：布朗肖所谓的"未完成"，和我们通俗意义上的小说的"完成度"大概不是同一个概念。准确地说，布朗肖说的是"文学永远不是完成，也不是未完成，它是它自身"。我的理解是通过海德格尔对人的"去存在"的存在类比：此在（人）是一种在存在过程中构成自己本质的存在。通俗地说，人是一边活着，一边构成自己的意义，而绝非大多数人理想中的"生命有一种意义，然后我们活着是为了朝那个意义靠近"。小说也是同样，从表层来讲，只要作者活着，他就可以修改他写过的每一部小说，因此，那些小说即便已经发表，也都是"未完成"状态。更深的意义上讲，即便作者去世，由于小说自身的中性，它的意义也经由不同的时代展示出不同的样态，譬如《包法利夫人》，我们和十九世纪的人们看待它、诠释它的视角，一定是不同的，因此它也属于未完成——小说在时间的流程中（其实也未必总和时间有关，这只是一个通俗的比方。小说自身的独一性只来自于自身的语言，或者说，前语言）不断实现自身，并且没有尽头，这个过程也与作者无关。对于布朗肖，谁都不能说真正读懂了，我的解释一定也不太对（或许这种"谁的解释都不太对"，就是布朗肖体系里文学的本质：文学拒绝被理解，它是所有理解的剩余）。

对于通俗意义的小说"完成度"而言，是很重要。对任何作家来说那是第一等重要的事。卡夫卡的《变形记》，理念很简单，成为二十世纪文学的启蒙最重要但却往往被忽略的一个原因是：他把这个理念"完成"了。他用这个理念，"完成"了一个小说。假使另一个平行世界里，有人同样写了一个人变成甲虫的故事，但情节发展立不住，人物立不住，语言不简练，细节不扎实。他一定就被历史忽略了。也许他会觉得怀才不遇，但这不能怪别人，这就是文学的要求。

小饭：思考过这个世界上是先有鸡还是先有蛋的问题吗？

曹畅洲：就像刚才说的，这也是一个哲学大问题，需要用一整个哲学史来回答，而且也不会得出一个最终答案（话说回来，追求"答案"在我看来已经是一种迷思）。如果一定要说个答案的话，我对自己的解释是：先有神。

小饭：在哲学史上有一个悖论，那就是"可信的不可爱，可爱的不可信"。意思是好看的哲学书经不住推敲，厉害的哲学书又不好读。既然提到哲学有关的话题，想听听你平时看哪些哲学书？或者比较信赖谁的哲学体系？阅读哲学方面的书籍对你的创作有直接的影响吗？

曹畅洲：我认为 B 站上王德峰老师、杨立华老师讲的中国哲学挺有意思，可以作为入门。张志伟老师的《西方哲学十五讲》可以作为西方古典哲学的入门，B 站上也有他的讲课视频，非常好，我在人大有幸旁听过他的课，心中满怀敬意。能把哲学讲清晰真的是一件太不容易的事了。现代与后现代的哲学，由于派别众多，梳理性的书籍就不太好找（因为不太好写），可以按感兴趣的作者名，阅读关于他的小册子，如《导读德里达》《导读布朗肖》，然后再读自己感兴趣的原典。我个人不太建议上手先读原典（中国哲学可能可以），尤其在不了解哲学史的情况下，好的导读类书籍有非常重要的建立坐标的作用。另外，我个人感觉，如果对胡塞尔的现象学有一定了解，对理解所有现代、后现代哲学都会有一定帮助。当然，这些都只是我个人的学习路径，没什么权威性，仅供参考。

所有的哲学体系，我都挺信赖的——我的能力还没到质疑某个哲学家的水平，如果我觉得他不对，那只可能是我理解错了。从这个意义上讲，我目前可能是"相对主义哲学"，遇到不同的情况，用不同的理论去解释，去看待，自得其乐。如果说我唯一相信什么，那就是我不相信有唯一的答案。这样的观念对我的写作肯定有内在影响，从我决定写一个什么样的故事，到我在叙述中选取什么样的句子，渗透了我个人对世界的理解。这一点上，我相信别的作家也是同样的——任何一个细节中，都包含了他的整个世界。

小饭：现在作家出版新书都会有推荐人，有时候腰封上会有十几个前辈作家联袂，你怎么看这种现象。对于前辈作家的提携，你认为最关键的部分在哪儿？

曹畅洲：虽然很多人不喜欢，但我觉得腰封挺好的。这年头图书的宣传手段已经够少了，要是再把腰封推荐给去掉，那也太残忍了。当然这会导致推荐的公信力下降，但退一万步讲，推荐人读书总比推荐人干些别的事要好，哪怕推荐的是烂书。现在人们欠缺的不是好书，而是读书的习惯。有了这样的习惯，读者自己会找到他想读的好书。如果因为腰封的推荐人而使原本不太读书的人读起了书，我认为福德很深。

前辈作家的提携，腰封推荐，乃至写序推荐，当然是一种。与此类似的还有提携上文学期刊、提名文学奖评选等。这里面会有阴谋论，但我还是保持乐观。据我的观察和理解，每一个前辈作家都在期待一个真正的优秀文本出现。"圣人畏因，凡人畏果"，至少在中国文坛，我认为文本的质量和它的成就是会成正比的。问题是这里"质量"的标准如何定义，这是另一个大话题。前辈作家的提携还有一种形式，就是我现在上的创意写作班，现在全国有许多高校创办了创意写作班，许多我们耳熟能详的作家亲自下场教授，对我来说十分有吸引力。当作家从名字变成真人站在你面前时，那种言传身教是不可代替的。我也感谢这些愿意在高校中教学的作家老师们。不过对于这一点，我曾有一个不切实际的设想：对于小说这个行当（如果把它看作一门手艺活的话），师生制也许不如师徒制有效。就是说，如果前辈作家精挑细选，收徒传教，带出来的徒弟，也许比作为学生能写出更好的作品。当然，这也会导致别的问题，所以只能是小小地设想一下。

小饭：那你有所谓文学上的师承吗？

曹畅洲：说不上师承，但我现在写作时总发现，我的语言习惯很难摆脱余华、毕飞宇和马尔克斯的影子。另外，最近的文学观也深受阎连科老师的影响。我目前不知道这些是暂时的，还是今后依然会持久地如此被影响下去。

小饭：担心吗？被一些著名作家持久地影响？担心失去自我意识？

曹畅洲：我在鲁院有幸听过叶兆言老师的课，他的一句话使我受益至今：写作中需要的是反向模仿。后来阎连科老师也对我们说过一句话，可视作对这个观点的补充："我们学习卡夫卡、模仿卡夫卡，为的是不成为卡夫卡。"感谢一路上遇到的这些好作家、好老师，他们时时刻刻教我们如何在学习中保持独立性（这呈现特别有意思的悖论：好的教育，是为了叛逆）。我想，只要反复咀嚼、反思这些教益，自我意识就不太会丢到哪儿去。

小饭：你出生于上海金山，据我所知这并非人们想象中的"上海"。如果有人问你像不像上海人，或者问你是不是上海人，你会怎么回答？有没有身份认同的困惑？

曹畅洲：有，非常有，这是个直指人心的问题。当人们说起上海文学或上海作家时，张爱玲、金宇澄、王安忆……那些符号化的细节：弄堂、亭子间、梧桐、大宅、珠光宝气……实际上都与我个人的经验相去甚远，以至于我能清楚地感到自己与它的距离，好像我被夹在了上海人和非上海人之间。但这种感觉很微妙，不会时时都在生活中体现出来。如果有人问，我一定会说我是上海人，因为行政上确实如此，没必要避讳。消解这种内在距离感的一个方法是通过语言：虽然我是金山人，但我不会说金山话，也听不懂金山话，母语说到底还是上海话。而语言——如海德格尔所说——是人们真正的心灵家园。在这一点上，我非常上海，也对上海怀有故土的亲密。我常开玩笑说，我出生在一个多语言家庭：我的父亲那边说浦东话，母亲那边说启东话，在家里我们说上海话，在学校里除了普通话和上海话还不时出现金山话……这对我的影响一定是内在的，甚至可能"比内在还要内在"（奥古斯丁语）。如果说我在自己的文学世界里要寻找什么深处的东西的话，可能就与这个有关。这是属于我个人的独一性：我既是上海人，又不是上海人。

小饭：人们总是希望找到并和村上春树或者周杰伦合作。早年有一些编辑会追求"优质流行"的文字作品及其作者，以此希望达到"受读者欢迎"的市场目的，这种说法是否曾是你在文学上追求的目标？

曹畅洲：是的，尤其记得 ONE 一个最开始打出的口号就是制造"优质流行文学",我们都觉得很好,也很向往。但最近我开始有些反思,正是因为这个口号听上去太好了,因此反而是个大问题。既优质,又流行,口碑与销量、精神与物质,什么都占全了,这合理吗?当你什么都想要的时候,往往你什么都得不到。当你朝着这个目标走的时候,你最可能得到的文学是既不优质、也不流行的。上海话叫"停在杠头上",两头不靠。也许目标不该这么定,目标只能有一个:要么优质,要么流行。在大基数的优质中,有那么几个流行了。或者在大基数的流行中,有那么几个优质了,这是可能的。周杰伦和村上春树就是这样的"结果",而不是"成果"。周杰伦出道时面临着相当大的销量压力,村上春树刚写作时也从没考虑过"我写的东西要让全世界都看到"。以制造下一个周杰伦或村上为目标,是缘木求鱼。这也是我后来选择开始学习严肃文学的原因之一:在流行与优质之间,我只能选择一个。我选择了优质。这话也许有些政治不正确,但我始终觉得,最优质的文学,一定属于严肃文学。而最流行的文学,如今也许是网文。"优质流行"文学,优质比不上严肃文学,流行比不上网文,就"停在杠头上"了。你指望吸引什么类型的读者?另外,我个人最近还有一个偏见:一样东西如果全世界都说好,那它一定不会好到哪里去。这意味着优质和流行之间存在一种悖论关系。你总能找到比周杰伦和村上春树更伟大的音乐人和作家。

这个问题还牵涉到如今娱乐方式的多样化、大众阅读审美能力的多样化、"流行化"的过程多样性等许多要素。总之我的结论就是:高水平的、流行的文学作品,还是可能诞生的。但它诞生的前提是你不能冲着这个目标去。听上去又像是一个悖论。真理的本质也许就是悖论。

小饭：我的确能找到比周杰伦和村上春树更伟大的音乐人和作家，但无法找到在"优质"和"流行"之间比他们平衡做得更好的——如果这是他们有所选择的话。你也承认"优质"和"流行"这两个词之间确实不存在无法调和的矛盾，"是可能诞生的"，因为这是两个价值体系。用象限图来表示，两者可以共存，有相交集的部分——但这也得看你站在什么立场。马尔克斯，用余华举例也不错，他们足够优秀也足够畅销，因此也成为很多作家所追求的——尤其是作为一个作家，曲高和寡，或许并非上上签。既是，又是，就好比你既是上海人，又不是上海人——当然这不完全一样。我想问得更刁钻一些：你确实选择了"优质"，你已经做出了选择，但你在做出了这个选择之后不希望你的书多卖一些吗？换一个问法：拥有更多读者，会不会让你感到愉悦？

曹畅洲：谁都希望自己的书能大卖，都希望自己有许多读者，获得许多世俗的名利，这当然再好不过。只是我想，这里面两个层面的问题：创作论和结果论。布朗肖把书分为两种意义：book，以及 work。book 指的就是"书"本身，那些得了奖的书，流行的书，我们讨论的、具体的书。work 则是文本、作品，即那些不能被现世捕捉的东西。作者永远只能创作 work，把那个 work 印到纸上形成 book 发行出去，其实已经进到另一种层面了。而在 work 的创作过程中，实际上它的流行与否，是不能被运用的。因为 work 有它的文学空间，而这个空间与流行度完全无关。假如你在创作时就考虑了流行，那作品的文学空间就被破坏，也就是说，它不是文学，当然也就不优质了——它的确是可能因此流行的，但它与"优质"在这个意义上而言是天然背反的。这就是我说的创作论问题。在创作层面，你要么优质，要么流行，这里有泾渭之分。

那么结果论是怎么回事呢？结果论全部都是关于 book，包括我们正在讨论的"优质流行"。其实这个词拆开来细说，就是"一个优质的 work，在世俗世界中成为流行的 book"，它其实有点把两个层面混淆到一个词里了。如果一个优质文本因打动人而流行，那不是因为作者"想要打动人"，而是"作品本身打动了人"（如果用"文学就是人学"的理论的话，好的严肃文学都是直刺人心的）。举一个未必准确的例子，男生追求女生，你越是想要打动她，越是每天不离不弃地跟在她后边，为她操劳卖命，效果越是适得其反。男生最打动女生的时刻，往往不是他刻意地、主动地干了什么，而是在不经意间干了什么，让她看见了爱的痕迹。许多事情，你不能从结果倒推原因，或者准确地说，倒推方法。

既优质又流行是一种现象。它产生的原因有许多，最不可能的原因就是作者刻意而为。上面讲过，好的文学，一定有概率打动多数人。那么流行的文学，有概率成为好的文学吗？现在这个时代，我觉得很难。据我所知，为了流行而写作的东野圭吾，也许会被认为是优质流行的代表。在类型小说范围，也许的确如此。可是从严肃文学的角度看，据我了解，当我们谈论当下日本严肃文学的时候，东野圭吾从来不在范围之内。我的这个结论，有个前提，就是"现在这个时代"。在过去，陀思妥耶夫斯基明确说过："我要像托尔斯泰那样写重大社会题材，这样就会成名。"
他也的确成功了。但那里面的时代因素绝对不可忽略。而我认为
现在我们缺少这样的条件。

回到 ONE 一个，"寻找优质流行文学"我觉得是可能的，但
"制造优质流行文学"，我开始反思。把"制造"改成"打造"
也许好点，这意味着将一个优质的 work，通过营销和推广，使
其成为流行的 book。这是件好事。但那不能成为作者创作的出发
点。另一方面，通过东野圭吾我们可以看到，做类型文学也是一
个不错的方向。严肃文学和类型文学的划分也是一个新问题。但
恐怕说下去没底了。

小饭：作家金仁顺说过，人一旦来到了莽林中——她以此比
喻作家的创作之路，或者一个人沉醉于精神生活——就很难全身
而退。你对这句话有什么感悟？

曹畅洲：由奢入俭难。精神生活之乐，如果你有所体会的话，
一定会同意它高过物质生活之乐。这里的高并非道德意义上的，
而纯粹指快乐程度，或者说——充盈程度。品尝过这个滋味的
人，的确很难抽身了。说到底，人活着就是活一种感受。如果金
银财宝不能使你快乐，那它们就什么也不是。我们永远无法知道
心外之物是什么，我们只知道物在我心里是什么。最关键的还是
心。所以禅宗说"但行直心，到如弹指"：你把握了你的心，弹
指间就成佛了。心的魅力，人又怎能抵抗呢？这里并不是说物质
生活必然低于精神生活。按福柯的说法，事实恰恰相反。他认为
这个时代的英雄主义，是一种"花花公子的苦行主义"。这个时
代唯一的英雄，是那些放浪不羁的摇滚歌手，时时刻刻都在发生

冲突，时时刻刻都是个意外，把生命的每时每刻都赋予戏剧性。后现代的哲学思考早已放弃寻找人活着的终极意义，不认为有一个形而上学的最高意义，人们都得为了那样一个"德性"实现自身。没有了。为什么说这是"苦行主义"？我们设想一个人进入了精神的莽原，另一个进入了物质的酒池肉林。可以想见后者随时可能在某个瞬间想到：我这么天天耽于享乐，为了什么？那一刹那，他就跑到精神里去了。这也是一种冲动。而终身不产生这种冲动，或者压抑这种冲动继续自己的"花花公子"的人，既苦，也难。所以称他们是英雄。

这有一点像禅宗的"困来即眠，饥来即食"，不要踏入精神，全神贯注在自己的肉身上。自然就能超越。当然，摇滚歌手那狂躁的欲望是不能有的。所以只是"有一点像"，差别还是有的。

总的来说，不管是彻底的精神，还是彻底的物质，都是伟大的。大多数人做不到。大多数人能做到的事，就是"操心"，操心自己的未来，操心自己赚多少钱、孩子怎么教育……这种"操心"，也是精神生活，但不是彻底的精神生活、存在本真的精神生活。大多数人是在这里游荡的：有一点精神，有一点物质。从这个意义上来说，不管是在精神还是物质的世界中，全身而退都是很难的。人总是有双重生命。

小饭：是的，我们的生活不是非此即彼，很多都是基于成本考虑做出的选择。有舍才有得。你为文学或者创作放弃过什么？荷尔蒙的激情，天伦之乐，足球？放弃到什么程度就不会再放弃了？

曹畅洲：放弃过一些物质生活吧。如果我第一份工作做到现在，收入大概挺滋润。能打败文学的只有文学。如果我觉得哪天写不好了，就放弃了。我一直有这样的思考。我最近认为，世界上最顶尖的小说家，他不写作。我们所知道的那些名作家，但凡他写了一个字，他就是次顶尖的，得从第二档开始往下排。最完美的文学永远不存在于现世。小说家在键盘上敲下的每一个字，都只是让堕落更缓慢一点。

哥舒意：只有偏执狂才能获得最后的胜利

哥舒意，中国作家协会会员，上海作家协会签约作家。代表作品《泪国》《恶魔奏鸣曲》《沉睡的女儿》。

小饭：哥舒意老师好。认识你也不短时间了，一直没有机会问，这个笔名的缘由？是不是你在其他地方也说起过？最近看到你好像也用本名在发表作品了，这又是为什么？

哥舒意：小饭老师好，我们认识挺久了，不过确实没有正儿八经地聊过。这个笔名是写第一部小说时顺手取的，出版时编辑跟我确认是不是用这个名字，后来就沿用下来。今年在《人民文学》2月刊发了中篇《与巨石沟通》，编辑是刘汀老师，当年我们一起参加了一个文学奖，也认识十年了。他因为一直称呼我真名，在发稿时就问我用这个是否可以，我觉得新年有个新的开始挺好的，真身出道。我也觉得作家最好是用真名。

小饭：你作品很多，风格也很多变。你自己说过，"跨界作者"听起来好像很厉害，但是在出版方看来，这是没有准确定位市场的同义词——那你自己最喜欢写什么样的作品？比如题材。写什么题材会让你感觉到自己是在真正进行自己界定的写作行为？

哥舒意：从写作角度上，我认为一个作家应该勇于尝试不同的领域，不同的题材。但是从出版的角度，作家也是品牌，是商品，需要标签化。所以你最好是悬疑作家，是科幻作家，是现实主义文学大师，是历史学家，并且，在垂直分类里最好能做到前几名。就像科幻想到刘慈欣，历史想到马伯庸，悬疑想到东野、阿婆，中国的有我们的朋友蔡骏、那多。这些都有助于分门别类，让读者按阅读需要找到你。

其实题材什么可能不是限制，有的人一辈子都只写推理，只写科幻，因为兴趣点就在这里。有的人却不喜欢自我拘束，麦克尤恩也写科幻，小白也写科幻，罗琳化名去写推理。对于我来说，题材只是外壳，是内容借以呈现的表现形式。所以到现在为止，我所写的题材都符合我自己界定的写作行为，尤其是长篇小说，可能每个创作阶段侧重不同。

三十岁时我写过《秀哉的夏天》《沉睡的女儿》《中国孩子》三部曲，直到去鲁院遇到施战军老师，他点评后我才意识到这三本书其实都是成长小说。这也是那个阶段我的创作。

小饭：如果要向读者，或者一个新朋友介绍你，你会把自己的哪一部作品列入自己的代表作？《泪国》？《造物小说家》？《秀哉的夏天》？《沉睡的女儿》？《恶魔奏鸣曲》？

哥舒意：继续前面说的，作家的创作其实是分阶段的，每个阶段的作品都不一样，目前我仍然是在继续写。最早一定是《恶魔奏鸣曲》，第一部作品，在《收获》上发表，让我走入文学道路。然后第二阶段是《秀哉的夏天》（再版时名《如果世界只有我和你》），这个对我来说有特别的意义，很多朋友是通过这个作品认识我的。比较近的是在《人民文学》上发表的《与巨石沟通》。

还有个多卷本的系列作品还没有出版，我把它叫《泪国编年史》，这个是奇幻、科幻，以后人们想阅读了解我某个层面的创作，基本可以从这套书里知道大部分的信息。

小饭：有人称你的写作为"古典主义"，你认同这个说法吗？在所谓的古典主义作家和作品之中，你得到过什么样的启发？

哥舒意：我没有和出版编辑聊过这个问题，我想当时编辑写这个文案的时候，大概因为我写了古典童话系列故事，这个"古典"的意思是回溯、返璞的意思，就是说我们故事的起源，返回人类叙事开始的时候。这里有一些叛逆，但我也确实认为，小说是要说故事，写作要有意义，写作必须有审美和自己的内在，你也通过写作寻找意义，就像是最早的叙事者，是在篝火旁接受神启，把故事告诉给大家。

我看外国现当代作品比较少，尤其是近些年来引进的。在文学启蒙阶段，影响我的是法国那些作家，巴尔扎克，雨果，左拉。他们都具有自己的社会倾向，可能是在他们那里，我受到最初的教育，作家必须有自觉性，写作必须要有意义。

小饭：这漫长的写作过程中，你曾经有过为市场妥协的写作吗？得到过什么样的结果？在这个过程中自己有过怎样的收获？

哥舒意：我倒是从来没有过为市场妥协，因为我真的不知道市场需要什么。在写作上我比较任性，只考虑自己想写什么。曾经在《萌芽》上写过非常轻松有趣的短文，被很多年轻读者喜欢，到现在还有人在转，挺适合做绘本。我一个出版人朋友很认真地说，这些已经不适合作为现在的你的作品来出版了。你的作品是跟着你往前走的，有些是可以先放下。

在传统的写作出版上，我不认为真的能通过妥协来获得市场，自发性的写作永远只能忠诚于自己。能够妥协的写作者会是很好的编剧，会是很好的网文作家，因为他们要么是真正服务于甲方，要么是服务于读者，甲方和读者不爽的话，会拒绝埋单并且骂人。

有一个我尝试达到的效果是，希望文字不要给阅读造成门槛，所以有的作品是连孩子都能读，我的作品给过我的朋友们，你也知道我的朋友基本都是评论家和作家。某长兄和我说，他的妻子一口气读完了，鲁院读书时的老师说，她的妈妈在读这本书，还有两个作家同学和我说，他的孩子很喜欢。但是这样也会有一个问题，文字处理得过于顺滑，有时会被文学杂志拒绝。

小饭：被文学杂志拒绝对你来说意味着什么？很多前辈作家也会遇到这样的情况，比如余华，他会说，"那我再投一家"。如果被编辑要求改稿，余华说，改，只要你发我就改。你会像余华老师那样吗？

哥舒意：这个话题，每个作家都可以写一箩筐，"你这里要不要啊，不要我去下一家"。其实具体问题具体对待，我第一个长篇发在《收获》，编辑就要求改稿，怎么改呢，原文二十五万，必须删到十万才行，因为只有十万字的版面了，这就没什么选择了，你想上就只能改，把所有的枝节全部删掉，精简到只保留故事主干。这个就是余华说的，只要你发我就改。后来我还遇到过编辑让我先改，拦腰减一半，但是改了也不一定能发的情况，这个我就有点难办，我觉得这可能属于婉拒吧。记得有一次和黄孝阳聊过（他是我鲁院同学，很难过他已经走了），他的《人间世》因为太长，杂志也想要他删，他大概意思说，我已经过了一定要在杂志上发表的阶段了，如果刚开始写作，应该会改的，现在就没有必要，所以他就选择拿回没有发表。

编辑和编辑之间也会不一样，他们秉持的理念不同，有的编辑会尽量尊重作者的创作初衷，认为保持原态是最好的，因为成熟的作者在创作理念上有自己的想法，最重要的是展现作者想展现的。有的编辑是尽量为作品考虑，他会以自己的看稿经验尽量帮助作品更完美一些，所以会对作者提出要求。我觉得这两种编辑都难能可贵。

我认为被文学杂志拒绝是非常正常的事。每个杂志有自己的审美和用稿要求，编辑也有自己的标准，所以你遇到一个能够契合的编辑是很幸运的事，这个编辑会和你成为很好的朋友。并不存在这篇稿子在这里被退了，在另外的杂志上发表了，我因此觉得扬眉吐气扳回一阵，真的不会有这样的心理。最多在心里想，可能我和这个杂志八字不怎么合。

金宇澄老师有一次说，你们不要随便写质量一般的小说，然后到处等待上稿，要写就写杂志不能拒绝的头条作品。我觉得金老师说得对，不过实际上确实很难做到像金老师那样几十年磨一剑，一下子繁花天下开。所以有足够的发表渠道也很重要，这家拒绝，那我再投一家。余华老师真是坦诚得可爱。

小饭：你觉得什么东西最难写？比如人物，人物的复杂性，人的内心，或者现实世界的一些可疑？

哥舒意：写作上有句话是，万事开头难，中间难，结尾难。饭老师列举的这些，想写好都很不容易，其中任何一个侧面，如果能做得很好，基本上作品就能立得住了。可能再现现实尤其显得不易，比方说，现实中，公检法体系是怎么运行的，里面的工作人员的心态和职业习惯，农民工在城市里的生活你是否能描摹出来，你以为他们想的和事实上他们想的是否有差距。这又跟写作进入的角度有关系，所以我不太相信第三人称的主观视角，你的主角是张三，张三是个农民工，你在小说里写，张三想，张三觉得，张三以为。但是这些都不成立，因为你不是张三，你是个写张三的写作者，你对事实上的张三真正的心理一无所知。这方面我很保守，我认为人物获得的信息是有限的，你能写的是有限的信息里呈现的东西。有时写作很像演员扮演一个角色，好的作家往往要经历很多观察很多，才能找到你扮演角色的内心，这通常并不容易。有的人写了几十本小说，你会觉得里面人物都面目模糊，问题可能就在这里。

小饭：哥老师提到的这些我很感兴趣，你认为一个作家的作品，必须从经验出发吗？有没有一种能扭曲和仿造经验的技能让作家获得创作的自由？我举个例子，假如哥舒意老师要写一个三十岁的女人，你必须变成一个女人，还是说只要让你想象自己成为了一个女人？

哥舒意：我觉得作家写作和那个 ChatGPT 原理上很像，首先我们必须建立足够的数据库。数据的来源可以是现实观察，亲身体验，文学阅读，影视观看。所以在年轻的时候，数据不够时，在写作上是会显得狭隘，这种狭隘有种可贵的真诚。作家的作品，完全是自身经验的产物，即便是再虚构的奇幻小说，其创作底层都是来自作者的现实映射。就像饭老师提到的，一种能扭曲和仿造经验的技能让作家获得创作的自由，我觉得我们可能是在不知不觉间多少都获得了这种技能，但它可能不是能够无限扭曲和仿造的，它有自己的边界，它的边界就是作者的局限，好的作家，边际会比较宽，在这个边际里，他都能进行再造。

如果我要写一个三十岁的女人，可能是要让自己在心里变成一个女人，不是全部，是用你内在的一部分去完成这个女人。我们老是说，好的作家都是雌雄同体。但是十八岁的年轻人，是很难真正想象出一个三十岁的女人的，三十岁的女人需要很多生活来填充，并不是进入一个外壳里就能做到，想象自己是就能做到。不过如果在有限的出场时间，表现出有限的内容，这个问题还不是太大。能够写出经典女性角色的那些作家，福楼拜的包法利夫人，托尔斯泰的安娜·卡列尼娜，我认为他们都是获得了足够的经验，我们不管这经验从哪儿来的，这个经验的来源一定非常可靠。

我刚发表的《与巨石沟通》，是写夫妻情感的，写妻子。这个小说，我想写想了很久，然而只有在我自己获得了婚姻体验后，它的写作才能比较自然。

小饭：最喜欢和文友交流什么？还是会和不同类型的文友讨论不同的东西？

哥舒意：我的写作可能和别人不太一样，我在写作之初没有过同行者，没有参加过类似新概念作文大赛这样的比赛，那时也没有互联网，是在一个相对闭塞的环境里写作，闭门造车。所以直到很久以后，我才慢慢学会和人交流。但是在创作时，绝对不会拿未完成的作品和朋友商量情节的构思，结婚以后，这个情况好了一些。但是还是不太习惯完稿前的交流。我们那个每个月的小范围聚会，点评朋友的作品，很有启发性，但是问题在于，不同类型之间，对于文本的要求是完全不同的，例如写本格推理的作家只在乎推理逻辑细节和诡计。他们自己之间会有很好的交流。你和这些不同领域作家的对话，也会很有启发，会发现原来写作真的是隔类如隔山。

除了编辑，第一次有同行对自己的作品进行评论，还是在鲁院时，后来渐渐在杂志上也有了一些。其实这些评论者，他们自己也是写作者，我第一次听到时，其实内心很感动，因为我觉得有人在试图理解你，而且他们确实看到了你自己没有意识到的东西，简直像是做了文本的心理分析。年龄越大越会觉得，能够得到理解是多么不易，你是通过作品，和这个世界建立起了联系。

小饭：你觉得一个写作者最重要的品质是什么？坚忍？专注？富有怜悯心和包容心？你觉得在你身上你自己最喜欢的品质是什么？

哥舒意：坚忍、专注、怜悯和宽容，这确实是一个写作者身上最重要的几个品质。前两者决定了你可以写下去，写很久。怜悯和宽容决定了你作品的深度和宽度。我其实是一个很容易分心，专注度和集中力都不太够的人，唯一可以认可的是，我在做事上却很专一，不会半途而废，我想好了一生写小说，我就会一直地写，不管阻力来自何方，不管是否受到质疑。我们都写了应该有十几二十年了吧，大概会一直写下去，不会觉得无趣和枯燥。

小饭：这种信念感不光有用，其实也让人幸福。你说的质疑，很多是关于评论。有什么样的批评你是可以接受的？如果一个朋友批评了你的小说，言辞激烈了一些，你会有什么样的反应？会因此伤害和影响彼此的感情吗？

哥舒意：被批评当然会不开心，这是人的自然反应。不过我也不认为这会妨碍彼此间什么，对一个作品的看法，很多是和审美，和自我的文学观价值观有关。当一个人不认同你的作品，是在这些层面上和你起了冲突，不兼容。这个没有必要强求，你也不用硬要说服对方，你是作家，不是辩论家，不是为某个人在写作，你始终是为自己在写，你不可能改变自己来顺应别人。别人也不会改变自己的审美来顺应你。作家始终是通过作品得到理解的，这也是个天然的筛选机制。

小饭：那你在不同的阶段，会不会产生一些与自己之前所坚持的文学理念有巨大分歧的想法？这个时候你会做什么样的行动？

哥舒意：只有偏执狂才能成功。只有偏执狂才能获得最后的胜利，如果要证明自己的文学理念是正确的，就必须继续往下写，一直写到最后，没有其他任何可以取巧的方式。把你坚持的文学理念贯彻到自己的作品里。坚持自己的道心很重要，不过万一道心动摇了，就需要更加有毅力地重塑自己的道心。反正我们不是物理学家，不用对这个世界的运行规律负责。

只不过这里说，只有偏执狂才能成功，其实并不是让大家都偏执，更多的偏执狂都倒在了路上，走到最后的人，确实有幸运，也足够坚持。

无论从事什么，改变自己的思想其实是最痛苦的事。没有人愿意承认是自己错了。能够改变自己的理念，这往往也不是一般人能做到的。

小饭：你觉得一个年轻作者要如何保护自己的写作才华？你自己是怎么做的？

哥舒意：我遇到的年轻作者都挺会保护自己的写作才华。其实我不是很理解这个问题，你觉得现实不让你写作了，还是现实逼你写别的了。路都是自己选的，不管对错，都要对自己的选择负责。而且我认为写作和生活，生活最重要。只是有些人的生活，就是写作。

小饭：是这样的。我记得哥老师是养猫的。猫是很多作家的伴侣，人和猫之间，你最在意什么样的交流？如果可以用文字表达，你觉得你的猫对你说得最频繁的是什么？你是怎么想起需要养一只猫的？它的名字叫什么？

哥舒意：如果以后条件允许，我也想养狗，我喜欢这种生命之间的亲密感。养狗比养猫麻烦得多，所以从这点而言，不是作家选择猫，而是作家大多数都怕麻烦。我每天铲屎喂猫撸猫，可能是因为，被需要是一种深沉的幸福，我知道我是被猫需要着，它每天对我喵是想玩想吃想睡。吃饭了一定是它想对我说的。我认真养的第一只猫是和妻子一起收养的一只立耳公橘猫，叫蛋蛋。因为它有一对很完美的猫铃铛，当然已经去掉了。在《与巨石沟通》里，我也写到了它。小说里它是重要角色，勇敢地去宇宙寻找自己失去的蛋蛋。

小饭：在过去的人生经历中，你认为有哪一段是你特别看重的？并被你不断写入作品？为什么？

哥舒意：人生是个不断抛弃的过程，以前无论你受到过怎样的遭遇，总有一天你会觉得那是可以放下的。人生是个荒凉的旅程。可能在某个阶段，是会有执念，不断地强化这段经历，但是总体来说，是渐渐淡去的。我不觉得自己有什么是不断写入作品的。但我也理解有的作家不断重复同一个主题，对他来说，可能每一次的再现，就是每一次的谅解，就是每一次的救赎。

小饭：现实生活给你带来的灵感更多，还是精神生活给你的更多？你怎么看待灵感这回事？

哥舒意：在比较年轻的时候，可能是精神上带来的灵感比较多，因为那时确实没有和这个时代、这个社会产生过多的关联，你所有的知识、美好体验、强烈感情都来自于文学、影视、音乐。但是随着年龄越长，你开始入世，和周围世界产生强关联。以前我对我父母辈、祖父母辈的故事都一无所知，也不想知道太多，但是这些年，我越来越想知道他们的过去，他们经历过什么，你也会对同时代的境遇本能地产生反应，并且想用故事再现它们。

我认为灵感是头脑训练的结果，是在生理层面可以解释的现象，大脑神经元的突起产生了关联，有的人天生突起比较多，这就是天赋。但是大脑是可以训练的，经常使用是会强化这一点。日常的写作读书都是在进行训练。

小饭：说起天赋，你害不害怕 AI、ChatGPT 抢了自己的饭碗？你觉得自己（或者这一代作家）在这玩意儿面前的竞争力是什么？

哥舒意：我其实有点沮丧，我沮丧的是，我的写作跨领域，每个阶段写的也不一样，看来并不能让它深度学习来替代。如果它能根据我的数据模仿我的写作，我觉得我的产出会提高吧，相当于有了分身。

可能诗歌、网文、套路化的写作，有更高的替代优先级。

它可以模仿我们的作品，但它无法模仿我们的人生。而我们的人生我们的经历，塑造了我们，再由我们创作出了自己的作品。

但我认为，AI 和编辑，AI 和作家的合作，有可能会产生火花。

小饭：现在如果让你去一个国企上班，你愿意吗？朝九晚五，享受人间烟火？但是可能会让你失去很多写作的时间。

哥舒意：不愿意。我中间有很多年去工作了，没有持续化地写作，我做过编辑，也做过公司的合伙人，有期权。但我还是想继续写小说。比较一下工作和写作，我的感觉是，如果是工作，其实很多人都能取代你，并不是缺你不可。但是写作，你的作品只有你能写出。写出一部作品的满足感是其他无法取代的，哪怕是很多钱。物质消费给我带来的满足感其实是有限的，我到现在都没有买车，在现有生活的条件下，没有必要为了更多的钱去消耗自己有限的人生。我认为我是通过写作实现自己的人生价值。我并不是说工作不好，而是觉得，写作就是我的工作。

小饭：你相信命运吗？是一个宿命论者吗？有没有想过改变自己的人生——哪怕其中一段？

哥舒意：可能在某种程度上，或多或少相信一些。我好像不太好说自己是否是宿命论者。是所有经历的事，把我塑造成了现在的我。特别灰暗的时刻，比方说我小时候被电击伤，差点截肢，留下半边身体的伤疤，还有其他的。但是这些灰暗的时刻，也是塑造现在这个我的成因，我的性格层面，心理层面，多少都会有这些暗淡时刻带来的影响，但是我挣脱了它们，也可能是共存了。毛姆有一部小说，《人生的枷锁》，人确实要摆脱很多桎梏自己的东西，但是也要学会接受，因为它们已经成为你的一部分。

王若虚：放屁亦有学问

王若虚，1984 年生，上海作家协会专业作家、理事，中国作家协会会员，毕业于上海大学金融专业。已出版长篇六部，中短篇集四部。作品见于《人民文学》《当代》《收获》《上海文学》《萌芽》《青年文学》《小说界》等。

小饭："一个故事的诞生很可能来源于一个白日梦。"这是我们一位共同的朋友说的，但我忘了是谁。你通常是怎么开始一次写作行为的？

王若虚：做梦不至于，一般就是外部性事件吧，听到的一个故事（《双凤贯耳》《尾巴》《此地无银》），或者自己接触到的事情（《马贼》《西湖水怪》《乌鸦的炸酱面》）。我写短篇的话一般是用 txt 写灵感总结和粗提纲，再用 word 软件写细提纲，涉及长篇就用 excel 软件打提纲，下分各种 sheet，人物塑造、背景、特征、情节点、时间线之类。今年要出版的长篇《狂热》，最大的一个 excel 提纲文件大约有 200K 的体量。

小饭：你这个方法我是第一次听到，也就是说，你会在创作中做尽可能的规划，甚至像是在做工作计划。那如果在过程中出现新的"灵感"，或者有些部分你无法让自己满意，你会怎么调整？

王若虚：小说尤其长篇小说，本身就是技术性很强的创作，十几二十万甚至三十多万字下来，要是前后不搭，无法自圆，岂不是对不起自己和读者——或者给审读编辑添麻烦，这种逻辑情节对称分明是作者的义务，为什么要别人提醒和指出，对吧？写小说再难总不能难过造航天飞船。可能有人觉得这个做法很匠气，但问题是匠人的基本手艺都达不到，做什么大师？素描基本功不扎实，那只能去画现代抽象画了。我初中语文老师教诲，好记性不如烂笔头。excel 就是我的烂笔头，里面堆满我的想法，我在里面做加法和减法，选取我需要的，就像逛超级市场。那些著名作家或许不用 excel，或许短篇是一挥而就，但不可能长篇他们都不打提纲。

写正文我轻易不落笔，哪怕早年写短篇，一万字一星期写完，前提是我提纲要想半个月乃至一个月。写长篇更是如此，等大纲、细纲非常完满了我才开始下笔。具体写作时肯定有新的想法，就看看怎么改。可能正因为之前想得比较满，所以即使有新想法，也能很好地融合进我的原计划。

当然，如果成稿出来，编辑觉得不行，我会修改，乃至推翻重写。我觉得"造房子"是不能将就的，验收不合格，你也不敢住进去。那就重建到满意为止，合格为止，你敢入住为止。如果实在造不出来、造不好，那就不要拿出来销售、居住，稿子封存。因为房子是你造的，是好是坏，都挂在作者名下。

小饭：嗯，那对你来说，在生活中有没有比文学，或者说写作更重要的事？如果有的话说几个？

王若虚：还挺多的，比如波本威士忌，《刺客信条》，研究做菜——我很想尝试做惠灵顿牛排和松鼠鲈鱼，但不敢下手，另外干煎带鱼和煮鸡蛋永远是我的软肋，仿佛受到了诅咒。调酒和做模型比写作稍微次要点。

小饭：你对厨艺似乎很有兴趣。你平时会有饥饿感吗？我说的也不完全是生理上的。比如，紧迫感？对有限的生命，对写作的荣誉，类似这些。

王若虚：年轻时候有，现在没了。加上我也不是那种需要日更多少字来养活自己的作者，那么急什么呢？慢工出细活吧。想写就写，有状态写就写，反之就不写。我觉得三天打鱼两天晒网对写作来说挺好的。当然，晒网的时候脑子里还是免不了要思考写作关隘的，是一种"伪躺平"。写作的荣誉这种东西，又不是光凭努力和紧迫感就能挣来的，还有很多因素。那我觉得就没必要被它所"绑架"。外在的荣誉，你给我，我收下，你不给，我总不能自己抢。我觉得自己给自己的荣耀更重要，不是"啊我可真是个优秀勤奋的写作者"这种，而是"啊我至少靠自己又完成了一件作品"。

小饭：说到勤奋的问题，有人说"来得早不如来得巧"，你同意这句话吗？平时你赶飞机愿意早一点，在机场等待，阅读，还是做出准确的预判，"准时出发"？

王若虚：日常生活和工作里，我是那种来得巧不如来得早的人。早不早我自己说了算，巧不巧不是我说了算的，我只搞定自己说了算的那部分。我喜欢制订计划，但至于怎么执行、要不要变更，我也一样充满灵活性。

小饭：在生活中你是一个有力的人还是一个乏力的人，面对生活的种种安排，你会采取主动还是更多采取被动？

王若虚：灵活性，能主动就主动，该被动就被动，再看看能不能化被动为主动。

小饭：你没有回答我关于有力还是乏力的问题，或者我换个问法，你对自己身上的力量，感知力、创造力是否有充分的自信？如果有的话这种自信从何而来？千万别回答说你不是一个自信的人。

王若虚：打个比方，我觉得我六门功课是全班前五，全年级前三十强。这种自信当然是来自自我催眠，以及少看朋友们的作品。他们出新书送我签名本我从来不看，包括你的。

小饭：那仅仅依靠"自我催眠"可以让自己继续保持"全班前五"吗？同辈作家的书或许有学习价值的不多，但经典作品里还是有很多维生素蛋白质的。你有没有成为全班第一的野心和计划？比如去获得一些文学奖项？怎么看待国内一些文学奖项？

王若虚：催眠越久越容易啊。不是说同辈作家的学习价值不多，你这是给我下套了，我意思是，同辈之间互相吸收养分是很有限的，比如小饭你吸收不了我，我吸收不了你小饭，但也许你我的作品分别或者共同对某个更年轻的写作者有一定的价值——也可能他/她觉得你和我都写得不咋地，很糟糕，但很喜欢张悦然或者周嘉宁，觉得她们是有价值的。而你我和张、周都是无法互相吸收的，就是这么个道理。

我没有当第一的野心和计划，我连做梦都没想过当第一。文无第一。你看我之前说的，都是"前五""前三十强"这种模糊概念。就像那个梗，众所周知，全中国最好的大学有两所。

获奖这个东西，是玄学，它本身就属于一种严肃的游戏，因素很多，就像狼人杀一样，每个因素都有自己的"技能"。我是猎人，你们投死我，杀死我，我就要带走一个人，你管我带走谁呢？我可能带走警察；我要是女巫，我这瓶毒药可能就不小心毒死警察，解药救了狼人。其他玩家可能火大，那你要么下次不玩了呗，对吧？你输了一盘游戏，不代表你是糟糕的玩家，是智障。同样，你没拿一个奖，也不代表你是糟糕的作者。

小饭：你有收集的兴趣吗？

王若虚：钱。但收集得不多。

小饭：多少都是相对的，怎么才算多呢？一个作家跟别人比钱多钱少，总是容易吃亏。你有藏书的习惯吗？或者记日记的习惯？

王若虚：我当然是跟其他作家比钱多钱少啦。没有藏书和日记习惯。我觉得日记如果是准备留给后世看的，就带有表演性。如果给自己看，记那么清楚是要写自传吗？藏书，我们家可没那么大空间。我自己家书架上只留两种书，一是买来还没看的，二是看完觉得不错的，且定期末位淘汰。其余的不是送人就是放到单位书架上。朋友送的签名本我也是放在单位书架上，那更多是一种社交意义。

小饭："末位淘汰"有点意思，你是如何给它们定"业绩"的？一本书给你提供多少帮助，怎么样的帮助才能避免被你从书架上请走？你最看重一本书哪方面的质地？

王若虚：也没那么严谨，就是书架上放不下了，我就脑子里过一遍这本书讲什么的，写得如何？是不是有不可替代性（比如这个题材就它一本）。我留在书架上的书没什么功利性，就是纯粹喜欢内容，有趣。那些对我写作有帮助的参考书，写完作品都拿去单位了。

小饭：你获过一次非虚构的奖项，这几乎是你第一次涉及这一领域的创作。感觉怎么样？以后会不会在更多领域尝试自己的才能？比如调酒师、斯诺克，或者写代码？

王若虚：其实获奖之前我看过不少非虚构作品，历史类居多，社会类其次。那次获奖的作品关于电信诈骗，跟人合著的，搭档在前方采访和搜集资料，我在后方负责撰写。挺神奇的，我下笔时感觉很奇怪，全身酥麻，初稿出来给搭档看，他说他有预感会拿奖，还真拿了奖。

非虚构写作，可能以后会再尝试下，但目前还是小说。我觉得我也没其他才能，之前当调酒师也是给朋友新开的餐厅帮忙一段时间，很业余。像我这种智商平平、工薪家庭的孩子，这辈子能做好一件专业的事就谢天谢地了。我从初中开始写过科幻、推理、冒险，到后来青春校园，现在转严肃文学——要是哪天允许写色情文学，我就想去写写看，哈哈哈，这是能说的吗？要是不允许，那就算啦。

小饭：如果不公开发表的话，写那样的小说——我们换个说法，成年人的爱情小说——也不是一种犯罪。既然提到这个，你会在小说中故意避免——自我审查——去写敏感话题，比如说性描写吗？在上个时代，性描写似乎是严肃文学的某种常规操作。但忽然之间，这个时代几乎看不到什么性描写了，你觉得这是怎么回事？你对性描写本身有什么高见？

王若虚：我以前写青少年题材从来不写性，因为不知道怎么写，也没有情节上的需求。我倒不是觉得性难以启齿，性在生活中是必需品，但在文学写作里是必需品吗？性是伟大的，食物也是伟大的，排泄和放屁也是伟大的，都是人类本能。文明社会人类不会当街做爱，也不会当街大小便，对吧？但也存在着情侣在小树林野合、酒鬼在绿化带里小解，都是一种对文明规则的逾越和突破。相比之下我更喜欢写放屁，我有个一直不投稿的小说，开篇用八百字写某地对各种屁的描述。我觉得这个比性描写有意思多了。

小饭：这也是我很多年的困惑，性描写是不是必需的。曾经有人跟我说《色，戒》里性爱的镜头是必要的——但我觉得可能不露点也能体现和承担所谓的"必要"。这就涉及一个度的问题。比如你说"开篇用八百字写某地对各种屁的描述"，茨威格也在《一个女人一生中的二十四小时》中写女主角的手花了好几页，这种描述得承担整篇小说的某种功能。说偏了，其实我想问的是，为什么你觉得屁描写会比性描写有意思？"有意思"如果是指趣味的话，在你整个创作中它们会怎么体现出来？细节上的有意思，和整体立意上的有意思，对你来说分别都有哪些可以聊聊的？

王若虚：我说写屁比写性有意思，因为性这个东西，正在越来越"去神秘化"。比如说中世纪的成人笑话，包括《十日谈》，谈男女之事，是带有词句和文字的隐喻的，比如钥匙开锁、长钉扎入木板、木桶落到井里打水、收刀入鞘之类。为什么这些在今天不是色情了，或者说不那么刺激了，因为我们有图片啊，有电影啊，有互联网啊。比如以前的人觉得《查泰莱夫人的情人》《尤利西斯》是诲淫诲盗，是禁书，现在一看，拜托，信箱里那些让男人找回自信的小广告都比你刺激好吧。如今很多文坛大佬八十、九十年代在作品里写的性，在今天年轻人看来很像上古文物。他打开一个正常电影网站，两边广告都是丰乳肥臀的二次元形象，今天来个××门，明天来个不雅视频事件——加上马赛克也没用，观众马上就能脑补。此外微博上各种福利姬、写真女郎、B站宅舞，哪个不是性的衍生品？所以落于文字的"性"正在越来越被消解，读者的阈值正在升高，"性"在文学当中的感官性已经接近于零，情节功能性加强（无必要则不写，写了就是很必要），那不就是中年夫妻交作业吗？

而屁就不一样，你说它雅吗？不雅。但比起不雅视频呢？那简直是超凡脱俗了。你可以管住自己的勃起不被别人注意到，屎尿你能憋一下，但屁难憋。你放个屁，大家是有耳朵、有鼻子的。所以屁是在雅、不雅，逾越和未逾越之间反复横跳的一种生理本能。而且，电梯一群人里忽然闻到屁味，悬疑感就出来了，谁放的？如果有人主动承认，但大家都怀疑他是替罪羊，罪魁祸首是领导、总经理，那又是悬疑套悬疑，是社会关系的一种折射。古代上朝皇帝放个响屁，老师在学生面前放屁，初次约会的恋人放屁，犯人在法官面前放屁，都是一种戏剧矛盾，而我们无法用互联网去消解，无法用法律去约束和规范，这就是有趣之处。我们日常里管"bullshit"就叫放屁，为什么？因为屁这玩意儿充满哲学啊。

小饭：很多人通过他人了解自己，有些人则通过写作表达自己（是什么样的人，有什么样的世界观），你了解自己吗？你会在自己的作品中暴露真实的自己吗？或者说你"暴露"的自己是真实的自己吗？

王若虚：2020年之前我不太在作品里暴露自己，那时候还是走情节派居多。后来转严肃文学了，就开始暴露了，但还是犹抱琵琶半遮面，这是个渐进的过程。至于了解自己，我这人听不进赞美，也听不进批评，有时候我自己对自己说的话我都听不进去。对写作者而言，（被）评论这个行为本身就是一种产业附加值，尤其赞美，让你自己夸自己，不太好意思，需要别人来担任这个角色。本质上就跟你参加婚礼对新人说百年好合白头到老没区别。批评也是一样的，我年轻时还会跟批评我的读者互怼，现在想想，人家爱怎么说怎么说，我可以接受采纳，也可以接受而不采纳，或者压根儿不听。所以借用蒙田的一句话，"我知道什么？"——我他妈什么都不知道。知道了就没意思了。

小饭：你的意思是，你现在拒绝与读者或者批评者进行真正有效的交流？或者说，你认为一个作者或者其他人在关于文本的判断上是不存在真正有效的交流的？那你认为创作与批评之间应该有怎样的关系？在想象中。

王若虚：我的意思是当你写到一定年纪，你不太会和活人去交流写作了，因为很多经验和经历已经把墙给垒好了，你可能还在学习，但不是那种大海无量型，而是钟乳石滴水，今天下去一点，明年下去一点。你可能更容易从先人的作品里获取对自己更有帮助的东西，但也是很慢、很随缘的。我倒挺喜欢看一个评论家去评论一个作家，不是看热闹不嫌事大，是不在此山中，能更看清一些东西。评论家和创作，是两种职业，各司其职，评论家进行评论，怎么评论是一回事，作家听不听（甚至是不是听岔了）是另一回事。

小饭：确实在你的作品中不太有明显的致敬和戏仿，你可以说说文学上你主要的输入渠道是什么吗？最喜欢哪些作家？

王若虚：那是因为我一开始根本不是文学青年。我女朋友从小看什么？毕飞宇、孙甘露、苏童、余华、林白……我从小看的是《七龙珠》《哆啦A梦》《哈尔罗杰历险记》《西游记》《福尔摩斯》，就很杂，到了高中才开始看严肃文学作品，比较喜欢王小波。大学学金融，还看点《门口的野蛮人》《洗劫东京》这种金融非虚构，当时最喜欢的是《八月炮火》的芭芭拉·塔奇曼和《厨师之旅》的安东尼·博尔顿。你要问我自认为最好的文学作品是什么，我会大言不惭地告诉你是法布尔的《昆虫记》。现在还喜欢哪些作家？基本没有，要是某个作家据说写得不错，我会看几篇，一旦看到特别好的，就不看他的其余作品了。麦克尤恩我只看过《折叠术》，双雪涛我只看过《飞行家》《平原上的摩西》，东野圭吾我只看过《嫌疑人X的献身》和《白夜行》。我是个原创作者，不是评论家，也不想成为第二个×××，看那么多干吗呢？兼收并蓄？兼得过来吗？有这本事吗？反正我没有。所有的偶像都会倒掉，不是塌房那种，而是在你心里该有个推倒的过程，在他／她的废墟上搭建你自己的建筑，哪怕最初只是个帐篷。

小饭：作家那多会把自己正在创作的小说给他太太看，同时也表示很信赖他太太的阅读品味，会很慎重对待他太太提出的意见和反馈。你会这么做吗？会和朋友，主要是女朋友交流你自己的创作吗？

王若虚：我女朋友是我这辈子见过的观点最犀利、言辞最狠辣的读者，她自己只写小说而不写评论，我觉得是写作圈的大幸，中国文坛的福气。但我还是会给她看的，她写完也会给我看，我们互相探讨、挑刺、拳击。这样发表以后谁来骂，我们都会觉得，就这？

小饭：有人说文学是一次马拉松，你会因为早年或者最近读得少而感觉到这次马拉松跑起来有点吃力吗？你平时是如何维持文学创作上的持续投入的？或者你不认为文学创作是马拉松，那如果类比的话更像什么？

王若虚：如果说写作是一项事业，那么干什么事业不吃力呢？不吃力，说明肯定有什么地方出错了。我不觉得我的吃力是读得少，而是走的地方、接触的人群不够多。文学上的持续投入，怎么说呢，以前是我的爱好，后来成了职业，我相对而言只适合这件事，那就是我的"宿命"。我不觉得写作是我的灵魂，反而觉得是我的身体躯干，"人形武器"。"写作"被很多人捧得很高，其实它只是一种表达的艺术，一种行为，不是灵魂本身，有了肉体才有灵魂。写作我觉得不像马拉松，而是一次次尝试做你从未做过的菜，你可以买好的厨具食材，备料，但从开始的那一刻，你还是在挑战自己，而不是挑战这道菜本身。

小饭：我们或多或少会做重复的菜品，也不可避免享用到重复的菜肴。一个歌手这辈子很可能长期重复歌唱他们赖以成名的作品，一个脱口秀演员在不同的线下演出时也长期重复他认为拿手的段子，那你对自己写作上的重复怎么看？会抗拒厌倦和恐惧这种重复吗？还是把某个题材某种类型写腻了就换一个战场？

王若虚：这也是我现在对自己的要求吧，就是不要重复。以前会重复，是为了多发表，搞点钱，有点名气，现在情况变了，目标是每篇作品都长进一公分。我现在中短篇都是走严肃文学路线，慢慢磨，但长篇是通俗方向。眼下在写的长篇就是古代题材。

小饭：这些年你花了大量时间通过办文学比赛培育和团结正在创作初期的年轻人，这方面有什么有趣或让你觉得有意义的能跟我们说说吗？在创作初期，你更看重一个年轻人身上什么样的品质和潜质？

王若虚：就是搞个写作活动而已，在高中生里挖掘写作爱好者，团结说不上，每个人都有自己的三观和想法，反正就是提供平台，大家都上来试试看。有意思的是每届选手里，进入大学后一直到现在坚持写作的都不是总冠军，我看不懂，但大为震撼。

最看重的品质，就两条，不抄袭，坚持写。

小饭：你说作家是你的职业，那你想过"退休"吗？或者说，你退休后还会写作吗？

王若虚：只要我还有自己想写的，就不会退休。

魏思孝：文学没有过时，也没有时髦过

魏思孝，1986 年生于山东淄博，出版有《小镇忧郁青年的十八种死法》等多部作品，近年完成"乡村三部曲"《余事勿取》《王能好》《都是人民群众》。

小饭：魏老师思孝好。其实我对你的名字就有点好奇，这名字无论从字面意思解读，或者别的角度，又传统，还有点"古板"，但挺好听好记，还"好看"。我想知道你这个名字的由来——尽管这不是你所决定的。

魏思孝：饭总好。这名字是我母亲起的，当时她起了两个，华邦和思孝，二选一。其中，"华""思"都是家族中我的辈分。没用前者，是担心上学会被同学们取笑叫"椰子"。至于叫思孝，大概就是寄托了美好的愿望，希望我孝顺而已。她没上过几天学，也谈不上有什么深远的考虑。

小饭：既然说起了，那我想问问，生活中你母亲是什么样的人？你父亲呢？我想这会让我了解你是如何成为现在的魏思孝的。

魏思孝：在《余事勿取》《王能好》《都是人民群众》里付英华的原型就是我母亲，村里人一般都称呼她为"老付"。老付是个朴实勤劳的农村妇女，身上有朴素、势利的一面，在我看来，她善良且在生活中从来不愿意占别人的便宜，这一点我很欣赏，具体来说，她也有些泼辣，绝对也不允许别人占她的便宜。靠力气吃饭，不投机取巧，是她的生存哲学。《余事勿取》里的卫学金的原型就是我父亲，村里人都喊他"老魏"。他比较沉默寡言，做事踏实认真，一板一眼。嘴拙，有些磨不开面子。我们家在对外交涉上，主要是老付出头，她善于和人打交道，什么话都说得出口，也骂得出来。反而衬托出老魏的老实，老魏在家里脾气有点急，但为人口碑很好。他俩作为夫妻，虽然在我记忆中就经常拌嘴和吵架，但相濡以沫，是比较融洽过日子的伴侣。可以这么说，除了家庭贫寒一些，我的确是有一个幸福的家庭成长环境。从性格方面来说，我的身上有老付和老魏的影子。我让他俩感到最大的意外就是，不爱上班和干活，为人懒散。这在相当一段时间内，让他俩很是苦恼。

小饭：总体来说，你写很多乡村。那你会不会介意别人评论你的作品"乡土文学"？或者"现实写作"？你觉得这是一种落伍的归类方式，还是一种无可奈何？"荒诞现实派"呢？更接近你写作的本真吗？你对这几种归类有什么自己的理解？

魏思孝：归类易于宣传，起码算是受到了一种关注吧。虽然我觉得乡土和城市的题材划分没有多大的意思，但目前来说也没其他的办法。我倒不觉得现实写作就显得落伍了。落笔现实主义，既有现实的观照，同时在写作的手法上，还有进一步拓展的空间和尝试。言之有物，很重要。不论是什么文学流派，有力量和生命力的，都不是空无一物的。可能刚开始接触写作时，都期望自己能贴上先锋啊荒诞啊实验啊这些好听的标签，显得独具一格。时间久了，这些标签都没有什么太大的意义。至于本真，我觉得自己身处的现实太丰富了，作为一个写作者显得极其渺小，能用自己的笔触，描绘一二人物的处境，就是很难的一件事了。我欠缺创新的能力，甚至自觉越来越局限，目前就想把自己的所感所想通过小说这种艺术形式表达出来。至于其他的，我也做不了什么。对于在小说这门艺术上进行尝试和探索的写作者们，唯有尊重。

小饭：那我们说说《王能好》吧，你在写作这本书的时候，有没有用剧本大纲的方式在写作？有没有学过编剧？以后会尝试编剧工作吗？

魏思孝：我尝试过编剧工作，写过一些，但都没有成形的作品。没有系统学过，就是看一些编剧方面的书而已，对自己喜欢的电影剧本也打印出来仔细研究过。总体来说，我对与人合作这件事，有些抵触。小说更个人，自己负责，也可以固执己见，不用身背太多的责任。至于《王能好》的创作，一开始就草拟了大概发生的事——后续写时又及时调整。第一稿粗略去写。第二稿细致化。第三稿最后修订。如果是改编自己的小说，可能更有兴趣尝试编剧。至于其他的，如果不是生存压力的话，还是能不碰编剧就不碰，在编剧这方面获得不了小说创作的满足和成就感。

小饭：你觉得"王能好"接近某些经典作品中的人物吗？比如，某种角度上，有点像鲁迅笔下的孔乙己，又有人觉得他像是《麦田里的守望者》里的主人公。也像余华《兄弟》里的兄弟之一。你到底想写一个什么样的人？

魏思孝：在写《王能好》时，的确有想塑造一个文学上典型人物的念头。可能这些年吧，很多文学作品，没有令人印象深刻的人物。希望王能好能成为当下文学生态的一个代表，后人谈及乡村光棍，就能想到他。在写的过程中，人物是按照表哥的原型去刻画的，但去文学化表达时，也没有刻意去靠拢，但没有办法，鲁迅刻画的阿Q就是代表着我们的国民性，躲不开。回头来看，我自觉人物刻画还算成功，虽然有取巧先辈成果的嫌疑。

小饭：尽管结果很好，《王能好》受到了诸多好评。但我想问你在写《王能好》的时候，有没有绝望的时刻？觉得这个人没意思，这样的写作没意思？陷入自我怀疑的时刻，在你所有的写作过程中，多吗？

魏思孝：绝望和自我怀疑，在每天具体的写作中都会反复出现，倒不是觉得这个人物没意思，这样的写作没意义，而是觉得对自己写出来的东西不满意，达不到自己的预期。我总是在写小说的过程中骂自己，对力有不逮的不满。但即便如此，写还是要写的，没有人要求我必须要写什么，还是自己有创作的冲动，不写作的日子，更觉得无所适从。写完每天规定的份额，就觉得自己不算虚度日子，就觉得满足。

小饭：所以，写作可以看成是你的生活方式？你是什么时候开始有这样的意识的？觉得写作是一件幸福的事？不写作不能幸福吗？

魏思孝：说是生活方式有点言过其实。就是我恰好热爱的和赖以生存的达成了一致。我总是说写作让自己有满足感，就是写出点东西，会让自己觉得没有虚度，也是一种自我价值的确认，认为自己是创造出些东西的。我总是在对自己说，这世界上本来没有这篇小说，但是你写出来，就多了一篇署名是你的小说。一想到这里，我就很有成就感。要是不写作的话，我感觉自己的确就一无是处了，没什么能力赚钱，也不擅长干别的。人总要找点事情打发时间，但没有创造性的消遣，我还没有到单纯去享受生活就能感到幸福的境界吧。

小饭：你早年写中短篇小说多，这几年开始写长篇，是出于什么样的考虑？写作上你是一个有计划性的作家吗？会给自己订一个五年十年写什么这样的计划吗？

魏思孝：具体一点来说，长篇写作能让自己处在一个相对长时间稳定的创作状态下，减少焦虑。中短篇写作，在写完一篇后，创作间隔期就很焦虑。除此之外，其实也没有特别刻意，就是恰好想写的东西更合适小长篇这样的篇幅去表达。从 2021 年 9 月份到 2022 年 11 月份，我也陆续写了十几个短篇。当然了，短篇在我这里，更现实的考虑就是能发表赚稿费了。计划总是在变，但总会有未来一两个写作的项目在等待自己，暂且还没有写作枯竭的情况。我最多就是知道，自己未来两三年要写什么。五年或十年太久远了，难免会随着自己的成长，改变写作计划。

小饭：你说随着成长会改变。那我很想知道这些年来，发生在你身上，有哪种可以称得上是"巨大的改变"？我想主要是思维层面和价值观层面的，或者说是对小说的某种理解上的？抑或是对生活本身的理解。

魏思孝：目前为止，我还没有那种所谓的顿悟时刻，就是一下子开悟了，觉得自己不一样了，拥有了超过个人预期的能力和想法了。但回顾几年，甚至十几年，会感受到自身想法的变化，而这种潜移默化，一来还是生活带来的，比如你身份的改变，为人父母啊这样的，另外就是你眼下所经历的，目睹了一些人事变迁。而这些有关生命的体验，难免就会代入到你个人的阅读上。这种应该是我们的常态吧。这两年可能做事情更"功利"些吧，觉得这个事没意思，浪费时间不想去做，那种二十来岁多去尝试的想法不多了。就是自己表现出来的，可能越来越理解一些事情和现象，但具体到自己的内心，倒是越来越固守，远离热闹，回缩，专心做点自己的事情。但很多时候也会自我审视，作为一个写作者，不去表达和批评一些不公的事情，是否没尽到本分。我对自己的定位就是，尽可能为弱者和被忽视的群体去发声，这种发声大致就落实在自己的写作上吧。回到写作者的身份上，我还是那种需要靠好的作品和作家去引导的写作者，可能偶然读到好的东西，就受影响。那说明，这个作家，肯定是写出了暗合你内心的东西，甚至解答了你长久的疑惑。韩东的一些言论和思考，时常给我这种感受。

小饭：你说"图书出版已经很萧条了，没必要对营销太过苛责"，那么在你心目中，有没有理想的"营销"手段？比如海明威的《老人与海》，出版人"欺骗"一位——不止一位，欺骗了很多年轻作家为海明威的作品写书评——你觉得这个手段是不是可以被接受？

魏思孝：我都不知道海明威的《老人与海》有这样的幕后故事。可见这些有些见不得光的营销手段，并不能减损一部伟大的小说。我个人的看法还是，如果是一本文学品质过硬的小说，有些不过激且聪明的营销手段让更多人读到，就是好的。但现实情况更多的是，很多的营销都太过用力，用词名不副实。但时间是公平的，营销再怎么过分，读者都会自己去投票的，留不住就是留不住，没什么好商量的。在这个前提下，我就认为，没必要对营销太苛刻，因为这都是短期效应，没什么用的。很多时候，过度的营销反而适得其反。至于我心目中，最省事的营销当然是有话语权、流量的人去带货，大众去盲从购买。或者是有权威和公信力的奖项和榜单，目之所及，我们的文学更多地陷入了人情和世故。反而在文学期刊体制之外，更有一丝清新的空气。最健康的营销，是没营销，靠书本身的质量，自生自灭。但这又太过残酷，好东西并不总是能被普通读者认出来的。

小饭：如果有人跟你说，海明威、福克纳的时代，人人都尊敬作家的时代、文学的好时代过去了，你会怎么反驳，如果必须就此说点什么的话？

魏思孝：如果不是写作者，和我聊这个话题，我就表示同意，没有争辩的必要。倒是写作者和我说这话时，我的情绪会大一点，是不是过去了，起码不是一个热爱写作的人应过多考虑的问题，尽自己写作的本分，难道说文学的时代过去了就不写了？延伸来说，我也不觉得文学的时代过去了。是期刊文学式微，论坛、博客等这些文学载体的时代过去了。如果局限于国内的情况，把上世纪八九十年代归类为文学的时代，这是不妥的，那只是发表文学作品成为人生（解决工作调动）捷径的时期，如同新概念（作文大赛）在最初那两年的情形一样，可以免试升学。文学没有过时，也没有时髦过。可能抄写诗句、写点记录内心的文字，曾经是一代青年人通用的表达方式，但并不能错以为那就是文学的时代。一如当下的人们把拍摄短视频当作记录或是谋生的手段，可以称之为短视频的时代，但还不能将短视频上升到一种艺术形式。文学是一种艺术门类。某个年代，好的作品以及文学经典都为数寥寥。可能我们身处的现在，更为凋零而已。以上是我粗浅的认知。

小饭：那么现在，读什么样的书（小说）会让你感到兴奋？同样，写到什么题材会让你兴奋？反之，什么样的作品会让你感到厌倦？无论阅读还是写作？

魏思孝：我对书和小说的要求不太一样。书的话，主要是读到自己不了解的东西，就觉得很有意思，比如最近这一两个月一直在看《洪业》，讲清朝入关，南明灭亡的事情。对小说的话，要求更为严格一点了，要求文字凝练，言之有物，作者对生活独到的观察。这两年写作比较密集，小说阅读上不是特别多，主要还是重读以前读过的东西，很多情况都是拿出来再看那么几段就很满足，比如安妮·普鲁《身居地狱但求杯水》之类的短篇。我还是对那种写实的，立足于日常生活的东西感兴趣。第一次读到丹尼斯·约翰逊的《火车梦》，至今想一下，还很激动。我对建立不起信任感的文字很排斥，这里倒不是说题材上有什么限制，就是编造的痕迹过重，浮于表面。单纯的故事对我并没有吸引力。

小饭：看完你这个短篇（《叙旧》），我想问，法国的新小说、中国的先锋文学，以及韩东那一波作家，他们对你的影响大吗？这些影响是否持续至今？

魏思孝：我知道法国新小说的那些作家，但没有读过。中国的先锋文学如果是文学史上的那些作家和作品的话，我没怎么读过，也谈不上影响。如果先锋文学是指第三代诗人那些，包括韩东在内，倒是对我有很大的影响。对我这个野路子出身，没有系统阅读和写作训练的写作者来说，第三代诗人以及包括"他们""橡皮"等论坛文学，对我来说是文学上的启蒙，解决了怎么下笔去写的问题，松开了手脚。这个影响还在持续，但已经在逐渐减弱。这也是必然的过程，文学审美是在变化的。不过自始至终，这都是我文学的底色和底座。我也从随心所欲去写，过渡到了自我要求更多一些，当然也可以说是有些被束缚。而这种束缚，更接近自己当下对写作的追求。

小饭：如果你愿意说的话，很想具体听听你自己当下对写作的追求是什么？这种追求是从何而来？这种追求更适合体现在你短篇小说的创作中还是长篇小说的创作中？

魏思孝：可能更多的还是作为一个记录者的身份吧，最近发现越来越羞于表达和书写自己的内心的想法，总是想展现和试图去表达他人的，比如说村民。这个不太好，感觉有点丢掉了写作者首先要对自己坦诚的前提，我想自己应该去克服一下。这侧面是不是也说明自己的想法，有点见不得光，生怕被人知道。我想可能有一点。我自己的这种写作风格，短篇可能更适合以"我"来写自己内心的想法。长篇更适合一个记录者的身份，去客观呈现你眼中的世界。我听到别人说我写的小说，记录了被忽略的人和事——主要是当下的乡村——我心里还挺满足，这大概也能说明这几年自己的一个追求吧。

小饭：在写作之初，你经常在网络上发表自己的小说。能说说那段时间对你的学习和成长的作用吗？

魏思孝：作为初写者，当然渴望被阅读和关注，贴出来让大家看到，也是希望能有交流和反馈。零星的认可，也对自己是莫大的鼓励。这应该是写作者必然都经历的一个阶段。但初写者的另一面是，无知无畏，盲目自大，总觉得自己得不到认可，个人情绪太重了，发表和出版的挫败，会让自己过于苦闷。一些写作上的问题和缺陷，我都是在自己写作的过程中去体悟的，这个时间铺得有点长。当然，到目前为止，我也不能说自己就有更为清晰的认知了，最多可能就是不被发表和出版所困扰，文学审美上更为笃定去写。但还远没有达到内心中对"好"的标准。

小饭：会经常去网络上看读者对你作品的读后感吗？有没有一些你印象深刻的评论，曾经改变过你的写作？

魏思孝：我经常去看读者的评价，评价总是让我感觉太过誉，或是太贬低了。我其实对自己认知还比较清醒一点，也可以说对"好"的标准更严苛。写作从开始到现在，没有按照读者的评价去改变写作。改变自己写作的，是通过阅读建立的审美，以及对生活的观察。

小饭：有没有想擦去的作品和人生？或者有没有不想承认的自己过去写的作品？

魏思孝：想擦去的作品，其实已经没什么人去读了，所以擦不擦都没什么关系。至于自己的人生，悔恨和羞于提及的事情，都是逐年增加，我不能说自己活得很通透。既然是自己写的，好坏都还是要认的，毕竟没有抄袭过。

小饭：那你会因为什么样的事情而悔恨？可以举一两件事吗？类似的悔恨会成为你写作的某种组成元素吗？写作可以解决你一部分悔恨之心吗？

魏思孝：悔恨更多的是，所作所为没有达到对自己的要求，辜负自己，更辜负他人，并在其中意识到自己缺乏应有的磊落和勇敢。在这里，我就没办法勇敢说出几件让自己悔恨的事。写作的确是自我疗愈和自己内心达成和解的一种方式。我想，自己以后可能就越来越谅解自己。苛责自己，容易病态。我应该时常去审视自己。

小饭：你对体育很感兴趣，尤其是篮球。以后会写有关篮球的小说吗？或者类似球评之类的作品？

魏思孝：我看篮球，就是外行看热闹。说是热爱篮球，不如说是更热爱詹姆斯。至于关于篮球的小说，从来没有想过。平时倒是喜欢看球评，我很喜欢一个叫猫三的写的球评，尤其是写人物的，行文有文学性，简直是文学作品。比如他有篇写老 K 教练的《沙皇、戏子、咖啡与蝴蝶》。他的公号叫"猫三的大排档"。这几年我迷上了综合格斗，主要是 UFC 的比赛，也冒出过写那些格斗选手的念头，但很快就打消了。小说还没写好，还处在卖字求生的阶段，写别的东西，好像有点不务正业，功利的角度来讲，也不合算。竞技体育也是看待人生和生活的一个角度，比如2021 年 1 月 17 日，阿根廷 UFC 选手庞齐尼比奥在被李景亮 KO

后说:"现在我无法用语言来形容我的悲伤。我想在复出战中给自己一个胜利,因为我付出太多这是我应得的回报,我为这次比赛付出了辛勤的备战,整整一年的准备工作,但是这项运动就是这样,有一点失误,就会被对手一拳捣入,一切都会结束了。我一生都在逆境中锻造,这次也一样。我比以往任何时候都更加强大!"这段话,给予我力量。

小饭:谢谢思孝,这段话很精彩,也给了我力量。能不能再告诉我一段话,能让所有人觉得幸福的话,如果你听过某句或某段让你觉得幸福的话。尤其是让写作者幸福的那种话。不要拒绝我。

魏思孝:很多时候,觉得别人能理解自己艰难的处境,低谷时心灵深处的取暖就足够了,反而不是因达到某种目的和需求后产生的幸福感,毕竟后者是稀缺,而我们可能更多是处在困境,却毫无办法。什么话让自己感到幸福,可能和当时自己需要什么有关系,尤其是在这两年,可能实在的物质上的收入,会更好一些。作为写作者来说,能坚定写下去的信念就很难得了,毕竟我们总是面临自我怀疑以及外界反馈的夹击。海明威说,你越写,越懂得写作。这是学写作唯一的方法。共勉。

图书在版编目（CIP）数据

后台谈话 / 小饭著 . -- 北京：作家出版社，2023. 11
ISBN 978-7-5212-2567-9

Ⅰ.①后… Ⅱ.①小… Ⅲ.①作家—访问记—中国—现代
Ⅳ.① K825.6

中国国家版本馆 CIP 数据核字（2023）第 196975 号

后台谈话

作　　者：小　饭
责任编辑：省登宇　周李立
装帧设计：TT Studio
出版发行：作家出版社有限公司
社　　址：北京农展馆南里 10 号　　邮　　编：100125
电话传真：86-10-65067186（发行中心及邮购部）
　　　　　86-10-65004079（总编室）
E-mail:zuojia @ zuojia.net.cn
http://www.zuojiachubanshe.com
印　　刷：北京盛通印刷股份有限公司
成品尺寸：142×210
字　　数：220 千
印　　张：10
版　　次：2023 年 11 月第 1 版
印　　次：2023 年 11 月第 1 次印刷
ISBN　978-7-5212-2567-9
定　　价：52.00 元